Panico

Fachwissen mit Hand

sicher sichern

W0321636

Titelbilder 1 Ronald Nordmann, 2 Klaus Fengler, 3 Lorenz A. Fischer,
4 Michael Hoffmann, 5 Jörg Zeidelhack

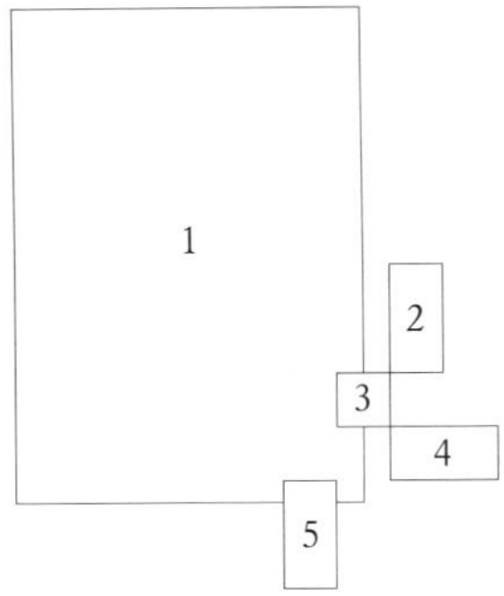

Illustrationen Sebastian Schrank

3. Auflage 2008
ISBN 978-3-936740-18-9

© Panico Alpinverlag
Golterstraße 12
D-73257 Köngen
www.panico.de

printet by Dr. Cantz'sche Druckerei GmbH&Co.KG
Zeppelinstr. 29-31
D- 73760 Ostfildern
www.cantz.de

Alle Rechte, auch auszugsweise, vorbehalten.

Michael Hoffmann

sicher sichern

SportKlettern - Eis - BigWall

ISBN 978-3-936740-18-9

Inhalt

Einleitung

Hintergründe statt Vorschriften

Querdenken statt auswendig lernen

Viele Wege führen nach Rom. Mag einer kurz, hart und holprig sein, ein anderer länger und geschmeidig zu befahren. Mag einer mit restriktiven Sicherheitsvorschriften gespickt sein, ein anderer konsequentes Mitdenken erfordern. Viele Situationen lassen mehrere Lösungen zu und wir sollten zurückhaltend sein, eine ganz bestimmte als die allein Seligmachende zu betrachten. Gönnen wir uns eine gewisse Mehrperspektivität! Verzichten wir auf Schwarz-Weiß-Malerei im Sinne von »dem« Anseilknoten oder »dem« Sicherungsgerät.

Mit- aber auch Querdenken ist angesagt. Das vorliegende Buch behandelt die Sicherungstechniken aller Bergsportdisziplinen. Wo werden gleiche oder ähnliche Methoden benutzt und wo bestehen situativ wichtige Unterschiede? Wann darf eine Sicherungstechnik aus der Kletterhalle in alpines Gelände übertragen werden und wann nicht? Wo benötigt man einen nach allen Regeln der Kunst gebauten »Stand« und wo genügt die »Köpfelsicherung«?

»»» Seite 138, 139

Die Methoden der behelfsmäßigen Bergrettung wurden jahrelang optimiert und vereinfacht. Sie sind jetzt überwiegend aus Standardelementen zusammengesetzt. Wer die Elemente und das jeweilige Funktionsprinzip kennt, kann eine entsprechende Technik meist selbst herleiten oder sie bei Bedarf situationsgerecht modifizieren.

»»› Seite 198

Natürlich wird auch das Hintergrundwissen für Prinzipien wie Redundanz, Lose Rolle oder Fixpunktsicherung dargelegt. Solche Prinzipien wirklich zu verstehen, hat oberste Priorität. Bergsteigen bedeutet Verantwortung. Es geht nicht darum, Vorschriften zu befolgen. Mit- und Querdenken ist effektiver als auswendig lernen.

»»› Seite 20
»»› Seite 215
»»› Seite 73

Querdenken im obigen Sinn bedeutet aber auch eine klare Absage an die geistige Grundhaltung »Das haben wir schon immer so gemacht«.

Die Gliederung erfolgt thematisch. Als Einsteiger werden Sie deshalb immer wieder mit Ideen und Techniken konfrontiert, deren Sinn Ihnen nicht unmittelbar einleuchten dürfte. Lassen Sie sich davon nicht beunruhigen. Lesen Sie weiter und vollziehen Sie die Gedanken zu einem späteren Zeitpunkt nach. Mit entsprechendem Hintergrundwissen werden Sie alle in diesem Buch dargelegten Methoden als in sich schlüssig erleben.

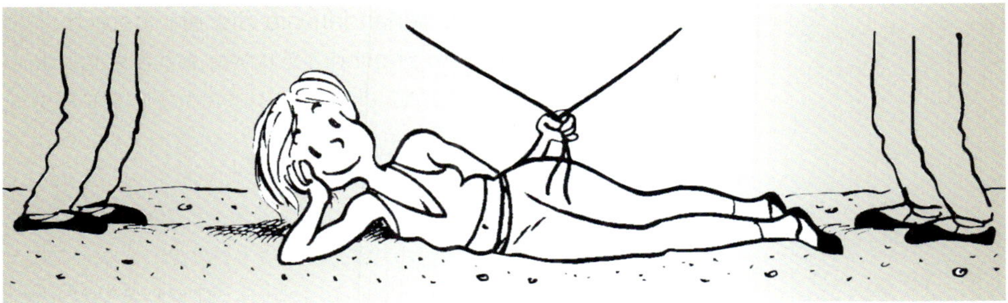

Basics und Kommunikation

Keine lange Vorrede mehr. Anseilen, Partnercheck und Seilkommandos sind Stichworte dieses Kapitels. Auch das Grundprinzip, redundante Systeme zu benutzen, wird erläutert.

Anseilknoten

Mit einem Blick kontrollierbar

Löst sich nicht ungewollt

Lässt sich nach Belastung leicht wieder lösen

Was den Anseilknoten betrifft, wünsche ich mir, ihn mit einem Blick überprüfen zu können. Ich wünsche mir, dass er auch noch hält, wenn er sich während des Gebrauchs lockert und sogar noch, wenn das Seil-Ende durch die letzte Umschlingung zurückrutscht (so was kommt schon mal vor). Als Sportkletterer wünsche ich mir zudem, dass sich der Knoten nach einem Sturz leicht wieder lösen lässt. Ich habe gerade alles gegeben, bin aber trotzdem mit einer größeren »Bretze« im Seil gelandet. Ich bin genervt und möchte momentan nichts anderes als den Knoten lösen – mit einigermaßen gelassener Miene, versteht sich.

Neben einigen Exoten gibt es drei etablierte Anseilknoten: Der erste ist der »Sackstich«. Zum Anseilen benutzt man ihn in »Tropfenform« und er muss »gesteckt« werden. Da sich der Sackstich besonders bei neuen, glatten Seilen leicht lockert, soll er gut festgezogen werden und es soll ein »Sicherungsschlag« unmittelbar dahinter geknüpft werden. Angenehm dabei ist, dass man zum Einbinden mit zusätzlichem Brustgurt eine sehr ähnliche Konstruktion benutzen kann. Als Anfänger kommt man insofern für beide Verfahren mit den Elementen Sackstich und Sicherungsschlag aus. Beide muss man ohnehin auch für andere Zwecke beherrschen.

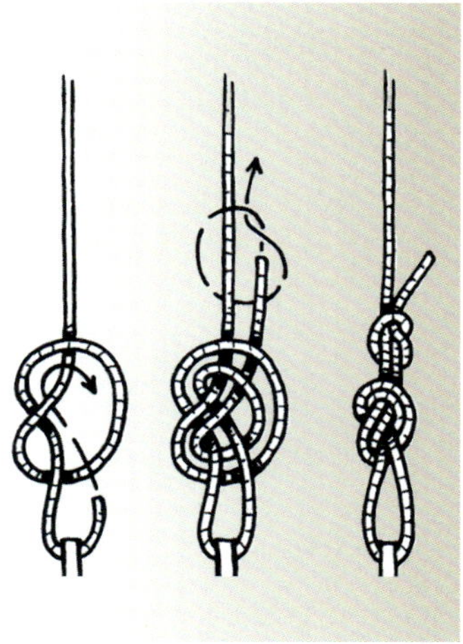

Sackstich & Sicherungsschlag

Der Sicherungsschlag bei Verwendung des Sackstichs als Anseilknoten ist leider nach wie vor unter Experten nicht konsensfähig, so dass gelegentlich auch ein Sackstich ohne Sicherungsschlag empfohlen wird. Bei mir persönlich hat sich vor längerer Zeit ein solcher während des Kletterns halb gelöst. Ich hatte enormes Glück, dass ich damals nicht abgestürzt bin und binde mich seither nicht mehr so ein. Ein weniger glückliches Beispiel ereignete sich bei einem Kletter-Event 2004 in München. Der ungesicherte Anseil-Sackstich löste sich und führte zu einem folgenschweren Unfall.

Der »Achterknoten« verdankt seine Verbreitung teils dem Streit um den Sicherungsschlag (eine salomonische Lösung) und teils den internationalen Bestimmungen für Sportkletterwettkämpfe. Diese

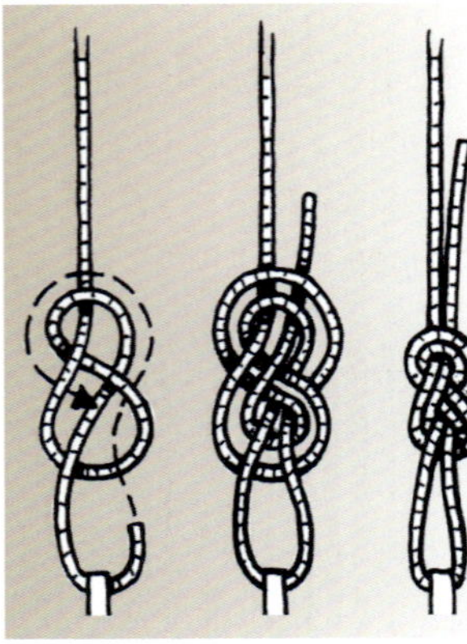

Achterknoten

schreiben ihn zum Anseilen vor, genau genommen sogar mit zusätzlichem Sicherungsschlag. In der Praxis wird der Achter aber seit eh und je ohne Schlag benutzt – man achtet lediglich darauf, dass er an allen Strängen fest zugezogen ist. Das Knotenbild des Achters ist gut zu überblicken – ein Plus in punkto Partnercheck (›››› Seite 29). Auch lässt sich der Achter nach Belastung geringfügig leichter lösen als der Sackstich, wobei die Betonung auf »geringfügig« liegt. Denn vom formulierten Ideal (leichtes Lösen nach Sturzbelastung, ›››› Seite 8) ist selbst er noch meilenweit entfernt.

Tipp Das Seil-Ende soll 10 – 20 cm aus dem Knoten herausschauen!

Ganz anders der »doppelte Bulin«. Er verkörpert die Ideallösung hinsichtlich des Nicht-Zuziehens. Er ist dafür etwas aufwändiger zu knüpfen und das Erkennen des Knotenbildes bedarf einer gewissen Übung. Der doppelte Bulin ist der große Bruder des einfachen Bulins (Palstek). Dieser wurde in den 70er-Jahren zum Anseilen benutzt und kam seinerzeit in Verruf, als sich herausstellte, dass er bei Ringbelastung aufgezogen werden kann. Diese Belastung tritt beispielsweise auf, wenn man eine Exe in die Anseilschlaufe einklinkt und sich daran fixiert. Das ist natürlich heute noch genau so gefährlich wie früher. Der einfache Bulin wird deshalb nicht mehr zum Anseilen empfohlen. Er hält allerdings sehr wohl bei Zug am Kletterseil, so dass die gesamte Erweiterung zum doppelten Bulin als Hintersicherung betrachtet werden kann. Sollte beim diesem einmal das Ende durchrutschen, besteht also kein Grund zur Beunruhigung. Man klettert weiter, bis man gut steht und bringt das Seil-Ende in aller Gemütsruhe wieder in die korrekte Position.

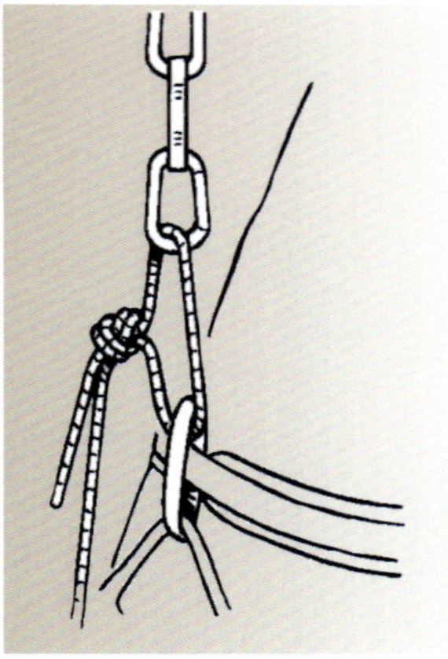

Ringbelastung

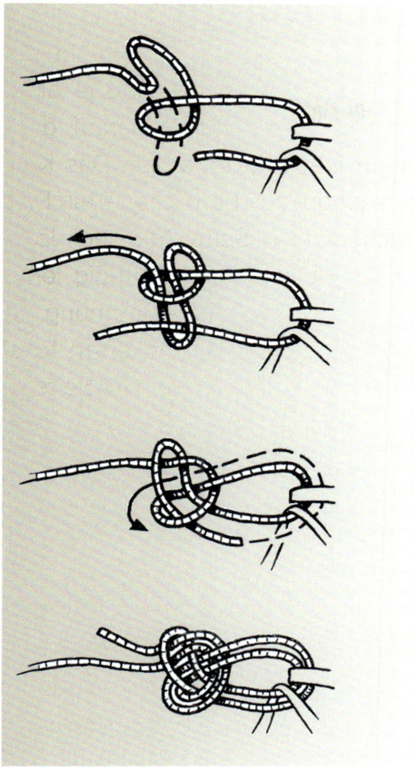

Technik Doppelter Bulin

Länge — *Stecke das Seil von oben nach unten durch beide Gurtschlaufen und lasse das Ende bis zum Boden hängen.*

Luftschlaufe — *Bilde unmittelbar über dem Gurt ein Auge und stecke das zum Partner führende Seil als Schlaufe durch (nicht das zum Gurt führende Seil durchschlaufen).*

Einfacher Bulin — *Stecke das Ende durch die Schlaufe, halte den Knoten fest und ziehe mit der anderen Hand an dem zum Partner führenden Seil.*

Hintersichern — *Verfolge mit dem Ende den gesamten Knotenverlauf zurück (also zunächst von unten nach oben durch beide Gurtschlaufen).*

Noch ein Vorteil des doppelten Bulins sei hier erwähnt: Bindet man sich aus, ist gleichzeitig auch das Seil wieder knotenfrei. Bei Sackstich und Achter bleibt ein Restknoten erhalten. Man muss ihn extra lösen, was mitunter nicht geschieht.

Restknoten-nicht-Rausmachen ist eine Kletterhallenkrankheit. Sie existiert vermutlich deshalb, weil der Partner den Teilknoten »ja eh wieder« braucht. An Naturfelsen führt dies immer wieder dazu, dass das Seil zu guter Letzt beim Abziehen in der Umlenkung hängen bleibt.

Tipp Entferne auch den Restknoten aus dem Seil-Ende, wenn du dich ausbindest!

Anseilen mit Hüftgurt

Beide Gurtschlaufen werden gleichmäßig belastet

Knoten nahe am Körper

Minimaler Verschleiß

Anseilen mit Hüftgurt kann aus heutiger Sicht als Standardmethode betrachtet werden. Wurde noch in den 90er-Jahren ein Brustgurt für viele Bereiche des Bergsteigens empfohlen, so näherte man sich danach der französischen Sichtweise an.

In Frankreich wird schon seit der »alpinistischen Steinzeit« um die Hüfte angeseilt – damals allerdings nur mit dem Seil. In der »Eisenzeit« kamen dann richtige Hüftgurte auf. Seit 2002 akzeptiert auch der Deutsche Alpenverein die alleinige Hüftgurtverwendung – und zwar für alle Bereiche des Bergsteigens. Es ist aber keineswegs so, dass der Brustgurt vollständig aus der Mode gekommen wäre. Wer seinen Brustgurt weiterhin nützen möchte, kann dies selbstverständlich tun, und im nächsten Kapitel erläutere ich Situationen, in denen er nach wie vor »offiziell« empfohlen wird.

Dass es bezüglich des Brustgurtes zu einem Paradigmenwechsel gekommen ist, hängt unter anderem mit der Publikation zweier Innsbrucker Ärzte zusammen (Lutz, Mair 2002). Sie haben im Lauf von 25 Jahren fast 60 Unfälle analysiert und kommen zu dem Schluss, dass die Anseilart keinen Einfluss auf die sturzbedingten Verletzungen ihrer Patienten hatte. Das prognostizierte Unfallmuster »Abknicken der Wirbelsäule nach hinten« war nicht dabei. Vielmehr ist von Bedeutung, wie man am Fels anprallt – und das hängt primär mit der Steilheit der Route und der Absicherung zusammen. In diesem Kontext müssen einige Darstellungen des Alpinlehrplans für Sicherheit am Berg (Schubert 2003) in Frage gestellt werden. Der Autor warnt in dem Kapitel »Gefahren alternativer Anseilmethoden« eindringlich vor genau dem, was hier im Folgenden beschrieben wird, nämlich dem alleinigen Anseilen mit Hüftgurt.

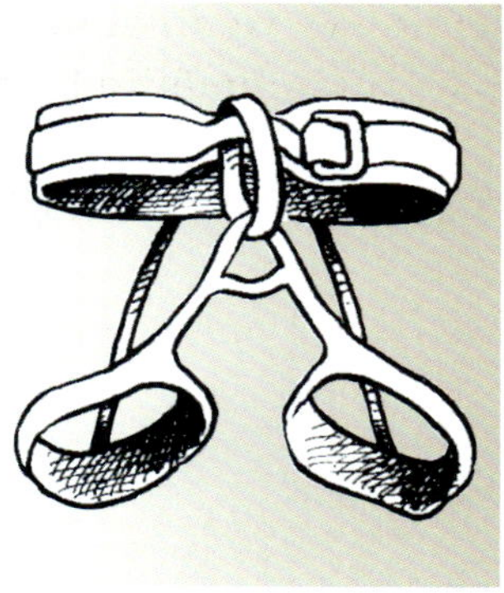

Hüftgurt

Die Konstruktion der Hüftgurte hat sich gegenüber früher ziemlich vereinheitlicht. Fast alle Modelle haben »Bauchgurt-Öse« und »Beinschlaufensteg«; die meisten darüber hinaus einen »Sicherungsring«. Um im Gurt so zu hängen, wie der Hersteller es vorgesehen hat, müssen Bauchgurt-Öse und Beinschlaufensteg gleichermaßen belastet werden. Dies ist der Fall, wenn man sich um beide gemeinsam anseilt und auch, wenn man lediglich den Sicherungsring benutzt.

Dagegen führt Anseilen um Bauchgurt-Öse und Sicherungsring zu einer aufrechteren Hängeposition und Anseilen um Sicherungsring und Beinschlaufensteg zu mehr Rücklage. Beide Methoden sind daher nicht als Standard geeignet und machen nur Sinn, wenn man die vom Hersteller vorgesehene Position bewusst in die eine oder andere Richtung manipulieren möchte. Bleiben die beiden zuerst genannten Möglichkeiten. Beide wirken prinzipiell gleich und sind auch hinsichtlich der Sicherheit als gleichwertig zu beurteilen. Obwohl einige Herstel-

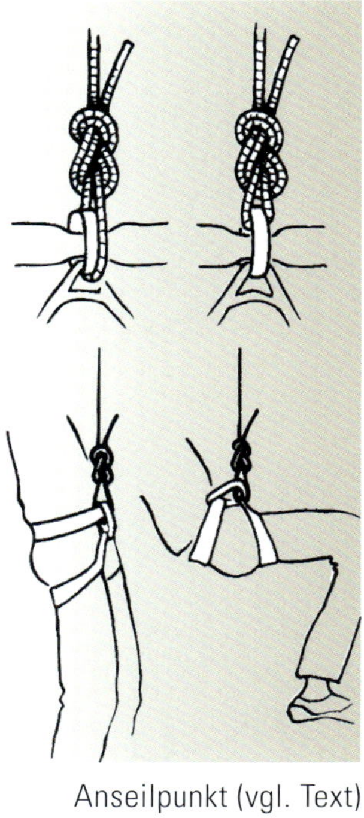

Anseilpunkt (vgl. Text)

ler das Anseilen im Sicherungsring ablehnen, ist dieser bei allen normgerechten Gurten ausreichend dimensioniert. Er taugt also zum Anseilen – glauben Sie aber nicht, damit den Verschleiß reduzieren zu können. Die Ende der 90er-Jahre postulierte These, Anseilen um Bauchgurt-Öse und Beinschlaufensteg führe zu einem erhöhten Verschleiß des Beinschlaufenstegs, wurde bald darauf durch eine Untersuchung der Firma Mammut widerlegt. Unabhängig von der Wahl der Anseilmethode ist der Beinschlaufensteg das Hauptverschleißteil des Gurtes. Allzu verschlissene Gurte ausmustern!

Tipp **Prüfe den Beinschlaufensteg des Hüftgurtes regelmäßig auf Verschleiß!**

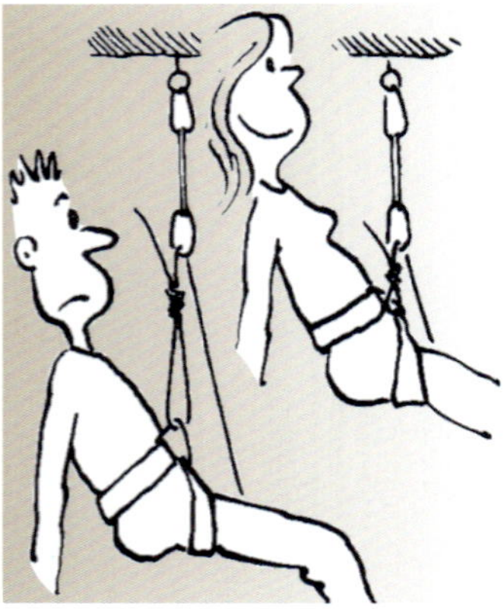

Knoten nahe am Körper

Eine Überlegung, die besonders die Spezies der Sportkletterer betrifft, darf hier nicht fehlen. Wer Routen ausbouldert, hängt trotz letztendlicher Freikletter-Ambition viel im Seil und ist immer wieder gezwungen, aus dem Hängen zurück in die Kletterstellung zu kommen. Ist die Route steil, zieht man sich so nahe wie möglich an den Fels bzw. an den Haken. Je näher dabei der Anseilknoten beim Körper ist, desto näher kann man sich zur Wand hinziehen. Dies spricht für die Anseilmethode um Bauchgurt-Öse und Beinschlaufensteg – in Verbindung mit einer bewusst klein geknüpften Anseilschlaufe natürlich.

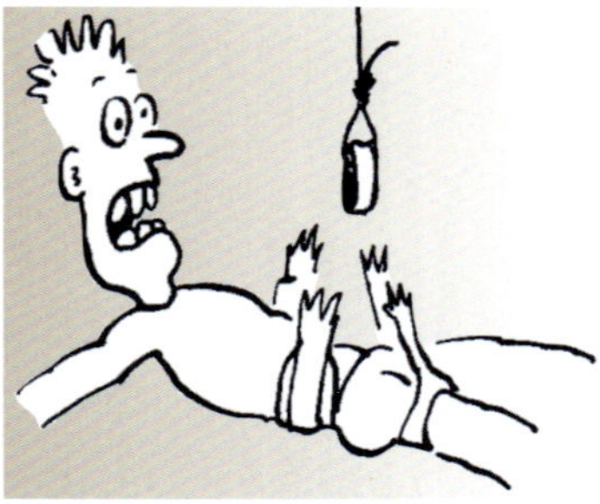

Exkurs für Mitdenker: Sicherheitsfanatiker gewinnen wenig, wenn sie das Seil zusätzlich zu beiden Ösen auch durch den Sicherungsring fädeln. Sollten tatsächlich alle zwei Gurt-Ösen reißen (ähnlich wie in dem Actionfilm »Cliffhanger«), kommt es in beiden Fällen zum Total-Absturz – im zweiten Fall wird lediglich der Sicherungsring gerettet und hängt noch oben am Seil.

Zusätzlicher Brustgurt?

Aufhängepunkt zwischen Brustgurt und Hüftgurt

Kopfüberhängen wird verhindert

Überstrecken der Wirbelsäule nach hinten wird verhindert

Dass ein zusätzlicher Brustgurt erforderlich ist, um eine Kopf-oben-Hängeposition zu gewährleisten, wird auch von Lutz und Mair bestätigt. Die Mediziner bezweifeln allerdings, dass ein »bewusstloser Schädel-Hirn-Traumatisierter ohne entsprechende Erste-Hilfe-Maßnahmen in aufrechter Position eine bessere Überlebenswahrscheinlichkeit hat«. Auch ergab ihre Untersuchung in keinem einzigen Fall ein Verletzungsmuster, das durch ein Abknicken der Wirbelsäule infolge alleiniger Hüftgurtverwendung zu begründen wäre. Diese viel beschworene Gefahr scheint also in der Realität keine so wesentliche Rolle zu spielen. Die Konsequenz: Wer über entsprechende Sturzerfahrung verfügt, kann auf den Brustgurt verzichten.

»»» Seite 80

Trotzdem gibt es Gründe für die zusätzliche Brustgurtverwendung. Anfänger ohne Sturzerfahrung und dabei besonders Personen mit wenig ausgeprägter Rumpfmuskulatur sollten für Vorstiege einen Brustgurt benutzen. Im Sturzfall führt ein harter Fangstoß unter Umständen dazu, dass man seitlich oder nach hinten abknickt. So etwas kann schon ganz ordentlich weh tun, auch ohne dass gleich ein Wirbel bricht. Klettert man mit schwerem Rucksack, sollte man einen Brustgurt anlegen. Klar, dass man ansonsten kopfüber hängen kann. Darüber hinaus sind bei schwerem Rucksack selbst Manöver wie Abseilen ziemlich unbequem.

Günstige Hängeposition

Neben den genannten Punkten gibt es noch die Problematik, dass jemand kopfüber aus dem Gurt rutschen könnte. Das betrifft primär Kinder und übergewichtige Personen. Während es bei Kindern oft an wirklich passenden Hüftgurten mangelt, liegt es beim Übergewichtigen an seiner wenig ausgeprägten Taille. In beiden Fällen hilft ein Kopfüber-Hängetest, den man vorzugsweise über einer Weichbodenmatte durchführt. Ist Herausrutschen unmöglich, kann der Brustgurt zu Hause bleiben.

Übersicht	***Wann zusätzlicher Brustgurt***
Anfängervorstiege	*Verletzung durch Fangstoßeinwirkung.*
Schwerer Rucksack	*Gefahr kopfüber zu hängen.*
Rausrutsch-Thematik	*Primär Kinder und Übergewichtige.*
In jedem Fall	*Eigenverantwortliche Entscheidung.*

Anseilpunkt zu hoch

Die Idee beim Anseilen mit Brustgurt ist, einen Aufhängepunkt zwischen beiden Gurten zu realisieren. Das Körpergewicht soll vom Hüftgurt getragen werden – der Brustgurt verhindert lediglich das Abkippen. Um ein Überstrecken der Wirbelsäule nach hinten auszuschließen, genügt es, wenn der Brustgurt in horizontaler Position voll greift. Die aufrechteste, noch sinnvolle Oberkörperhaltung dürfte circa 45° Rücklage betragen. Eine brauchbare Aufhängung ergibt sich, wenn der Anseilpunkt in der Mitte zwischen beiden Gurten liegt. Er soll keinesfalls zu hoch gewählt werden – man bekommt ansonsten bei einem Sturz die Füße nicht an die

Wand (Anprall mit Körper) und riskiert beim Hängen, dass der Brustgurt unter den Achseln einschneidet. Dies kann bei längerer Hängedauer zu einem orthostatischen Schock führen. Wäre noch zu klären, wie man Hüft- und Brustgurt praktisch miteinander verbindet. Ähnlich dem Anseilknoten gibt es drei etablierte Methoden und wieder ein Streit-Thema. Es betrifft das so genannte »Achterband«, mir dem man die Gurte verbindet.

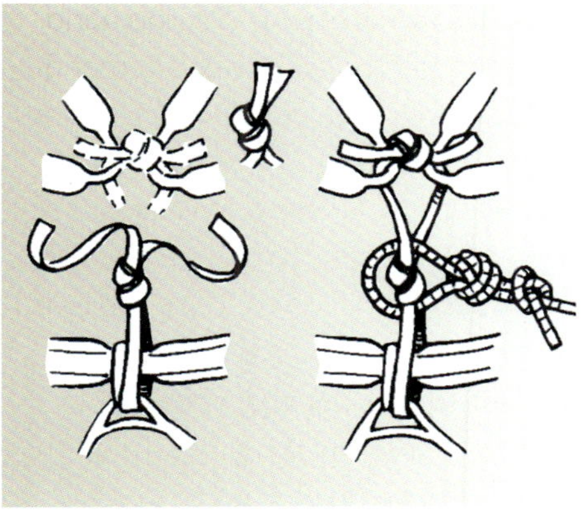

Technik Anseilen mit Achterband

Schritt 1 *Befestige ein circa 1,5 m langes Schlauchbandstück mit »gelegtem« Sackstich und gleichlangen Enden am Hüftgurt.*

Schritt 2 *Führe die Enden durch die Brustgurtschlaufen und verknote sie oben (gelegter Sackstich oder Bandschlingenknoten).*

Schritt 3 *Seile dich um den mittleren Knoten herum an.*

Der Streit betrifft den oberen Knoten. Es ist möglich, Bandmaterial von der Rolle zu kaufen und daraus Bandschlingen zu knüpfen. Der in diesem Fall allgemein übliche Knoten ist der »Bandschlingenknoten« (Sackstich gesteckt in Ringform). Konsequenterweise sollte dieser Knoten also auch zum Schließen des Achterbandes benutzt werden.

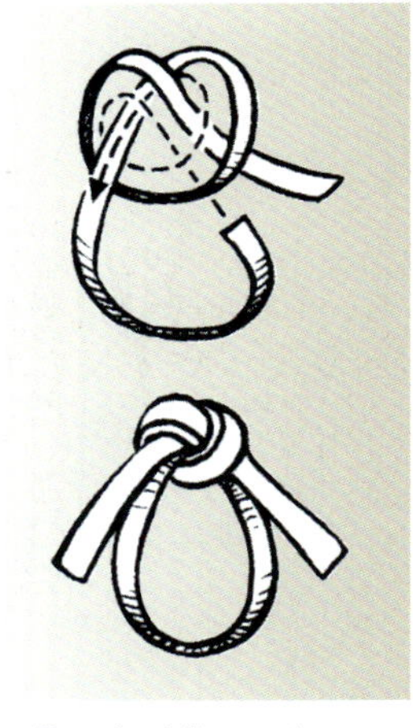

Bandschlingenknoten

Andererseits ist es ziemlich mühsam, den oberen Knoten zu knüpfen. Das fertige Achterband soll bei gerader Haltung am Körper anliegen, ohne zu schlabbern. Man muss sich wie ein Wurm krümmen und in dieser lästigen Position den Knoten zurechtfummeln. Der Bandschlingenknoten dauert da ohne weiteres fünf Mal so lang wie ein gelegter

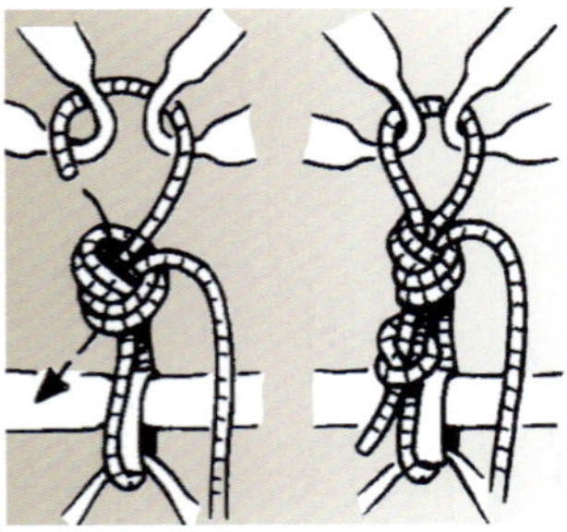

Direktes Anseilen

Sackstich. Und Anseilen tut man sich ohnehin um den mittleren Knoten. Man stürzt also selbst dann nicht ab, wenn sich der obere Knoten lösen sollte (Redundanz).

Beide Seiten haben ihre Argumente und der Streit erinnert ein wenig an den Streit der grünen Realos gegen die Fundamentalisten. Natürlich gibt es auch hier eine salomonische Lösung. Sie besteht im direkten Anseilen mit Hüft- und Brustgurt.

Technik Direktes Anseilen (Hüft- und Brustgurt)

Schritt 1 *Seile dich mit Sackstich und einer etwas längeren Seilschlaufe am Hüftgurt an (Länge des Seil-Endes circa ein Meter).*

Schritt 2 *Führe das Seil-Ende durch die Schlaufen des Brustgurtes und stecke es von oben nach unten durch den etwas gelockerten Sackstich.*

Schritt 3 *Knüpfe einen Sicherungsschlag um einen der nach unten führenden Seilstränge (nicht um beide!).*

Technik Alternative mit doppeltem Bulin

Schritt 1 *Seile dich mit einfachem Bulin und einer etwas längeren Seilschlaufe am Hüftgurt an (Länge des Seil-Endes circa ein Meter).*

Schritt 2 *Führe das Seil-Ende durch die Schlaufen des Brustgurtes und vervollständige den doppelten Bulin.*

Schritt 3 *Knüpfe einen Sicherungsschlag um das zum Partner führende Seil.*

Alternative

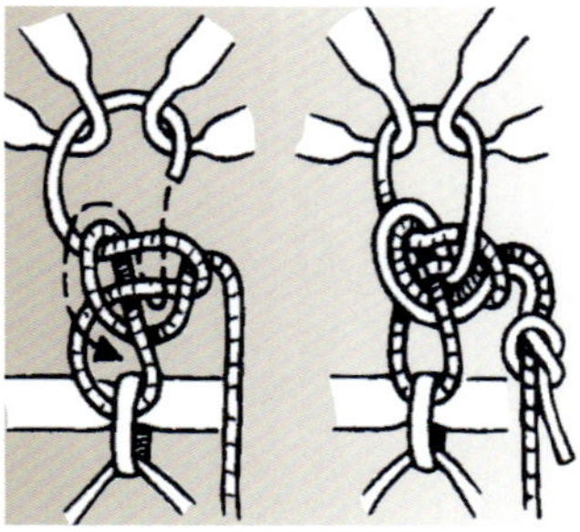

Beide Alternativen liefern eine Konstruktion, die genau so wirkt wie Anseilen mit Achterband. Man spart dabei das spezielle Schlauchbandstück und gewöhnt sich daran, nicht ständig wie ein zugeschnürtes Weihnachtspäckchen herumzulaufen. Man hat allerdings keine fixe Verbindung mehr zwischen den Gurten, was beim Abseilen mit schwerem Rucksack von Nachteil sein kann.

Sollten sich die Ösen des Brustgurtes ohne große Spannung bis zum Sicherungsring des Hüftgurtes bewegen lassen, kommt eine dritte Anseilmethode in Betracht. Wie man sich vorstellen kann, ist dies am ehesten bei Kindern oder kleinen Personen der Fall. Seilen Sie sich bzw. Ihr Kind in diesem Fall einfach um alle Ösen gemeinsam an. Diese Methode wurde früher als Standard benutzt, hat aber im Normalfall (Schlaufen nicht beieinander) gravierende Nachteile. Beim Hängen wird man durch das Zusammenziehen der Gurte massiv eingeengt, beim Vorsteigen zerrt das Seil mit Flaschenzugeffekt am Brustgurt und bei einem Sturz prallt man mit der Nase gegen den Fels. Prost Mahlzeit!

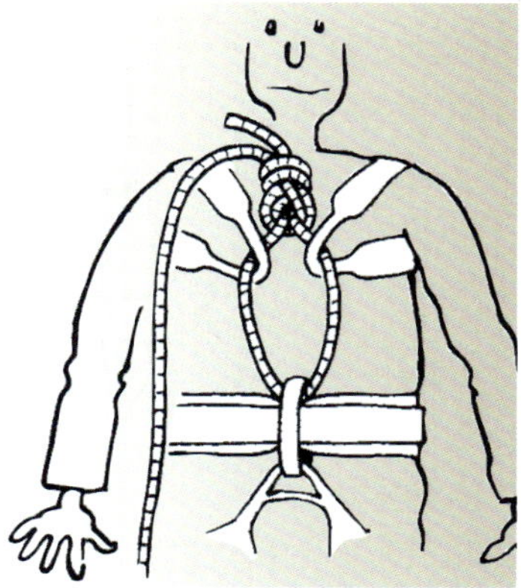

Anseilen durch alle Ösen

Sie können die Thematik »Anseilen mit Brustgurt« natürlich umgehen, indem Sie einen Komplettgurt kaufen. Der Hängekomfort dieser Gurte ist aber so miserabel, dass ich Ihnen von einem Neukauf abrate und Sie, sollten Sie Komplettgurt-Benutzer sein, sogar ermuntern möchte, einen aktuellen Hüftgurt zu erwerben. Den passenden Brustgurt können Sie natürlich auch gleich mit dazu nehmen (»darf's a bisserl mehr sein?«). Der Brustgurt in Achterform – er stellt in jedem Fall die beste Option dar – kann aber auch problemlos aus einer 80 – 90 cm langen Bandschlinge improvisiert werden. Man kauft sie fertig vernäht oder benötigt etwa 2,2 m Bandmaterial von der Rolle.

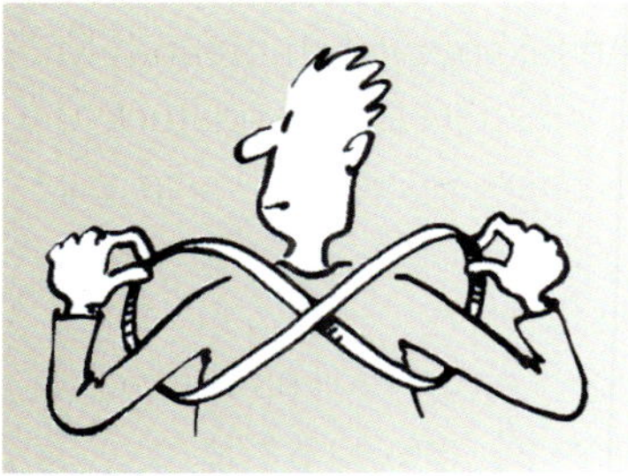

Übersicht	***Gurte***
Hüftgurt	*Modelle mit Sicherungsring (Standard).*
Brustgurt	*Achterform (Improvisieren möglich).*
Komplettgurt	*Mega out.*

Redundanz

Hintersicherung hält bei Versagen

Hintersicherung verhindert Versagen

Verschlusskarabiner, wenn Ausklinken ernste Folgen hat

Das Kapitel Anseilen bietet Gelegenheit, einige grundlegende Gedanken zum Thema »Redundanz« zu erörtern. Redundanz (oder neuerdings »Backup«) steht für Systeme, die hintersichert sind. Die Wirkungsweise dieser Hintersicherung kann unterschiedlich sein.

Oft verwendet man das folgende Prinzip: Die Hintersicherung vermeidet ernsthafte Folgen, sofern es zum Versagen der ursprünglichen Konstruktion kommt. Ein unterhalb eines rostigen alten Hakens zusätzlich gelegter Klemmkeil oder die zwischenzeitliche Fixierung des Kletterseils beim Fädeln der Umlenkung seien als Beispiele genannt. Alternativ ist die Hintersicherung so aufgebaut, dass sie die zentrale Konstruktion schützt. Der bereits behandelte Sackstich mit Sicherungsschlag verdeutlicht dieses Prinzip genauso wie die gezielte Anwendung von Verschlusskarabinern.

»»› Seite 99

»»› Seite 122

»»› Seite 9

Im Sinne eines redundanten Systems benutzt man Verschlusskarabiner immer dann an Stelle normaler

Schnapper, wenn Ausklinken gravierende Folgen hätte. Diese Überlegung ist eine Minimalforderung und kann hilfreich sein bei der Entscheidung, wo Verschlusskarabiner dringend erforderlich sind und wo nicht. Im Zweifelsfall benutzt man natürlich lieber mal einen zu viel und ohnehin dürfen Verschlusskarabiner auch in allen anderen Situationen eingesetzt werden. Wenn man beispielsweise eine Verlängerung der Sturzstrecke fürchtet – weil sich die Exe aus dem Haken ausklinken könnte. Oder auch in anderen Situationen, in denen es der Psyche gut tut.

»»› Seite 24, 142

»»› Seite 93

Tipp Verschlusskarabiner immer dann, wenn ungewolltes Ausklinken gravierende Folgen hat!

Leider ist Anwendung nicht gleich Anwendung und Verschlusskarabiner nicht gleich Verschlusskarabiner. Ein in einem Karabiner umgelenktes Toprope hat deutlich weniger Chancen sich auszuklinken als ein Seil, das durch eine HMS-Sicherung läuft. Beim Sichern wird das Seil im Karabiner bewegt und liegt nicht immer brav in einer der Krümmungen.

»»› Seite 50

Auch die Verschlüsse sind unterschiedlich. Der früher häufig verwendete »Twistlock«, der den Schnapper bereits nach einer Vierteldrehung freigibt, kann leicht durch ein über den Schnapper laufendes Seil geöffnet werden. Der Twistlock-Karabiner ist daher weder zum Anseilen noch zum HMS-Sichern geeignet. Der klassische »Schrauber« ist in Ordnung, solange der Schraubverschluss geschlossen ist. Sein Problem (bzw. das des Anwenders) besteht darin, dass sich der Verschluss im Lauf der Zeit zurückdrehen kann und das in der Praxis auch tut. Der Schrauber ist dann gerade mal so gut wie ein einfacher Schnappkarabiner.

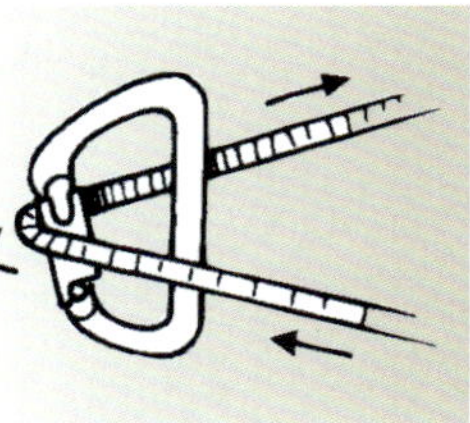

Problemfall Twistlock

Diese Thematik spielt besonders beim Anseilen mit Karabiner eine bedeutende Rolle. Ich jedenfalls kann nicht von mir behaupten, dass ich den Anseilkarabiner regelmäßig kontrolliere, wenn ich versunken über ein Gletscherplateau wandere und die weitläufige Eislandschaft auf mein Wesen wirken lasse.
Sowohl Twistlock als auch Schrauber haben also ihre Schwächen. Die Lösung stellen gesicherte Verschlusskarabiner dar, die es selbstverriegelnd und nicht selbstverriegelnd gibt. Beide Typen sind zum Anseilen wie zum Sichern geeignet. Beide weisen aber eine ganz andere, typisch deutsche Problematik auf, nämlich das Wortmonstersyndrom: »Selbstverriegelnde oder nicht selbstverriegelnde gesicherte Verschlusskarabiner«.

Da ich mich mit diesem Ungeheuer keinesfalls weiter herumschlagen möchte, werden sie ab sofort als »Safebiner« bezeichnet (»Safe-Lock-Karabiner« im Ausbilderhandbuch des DAV). In punkto Sicherheit äußerst empfehlenswert ist das Ball-Lock-System. Push & Twist überzeugt weniger. Die beim Twistlock beschriebene Problematik (›››› Seite 21) kann auch hier nicht ausgeschlossen werden.

Tipp Benutze »Safebiner« zum Anseilen und zum Sichern!

Safebiner. Push & Twist wird seit Sommer 2008 nicht mehr dazu gezählt.

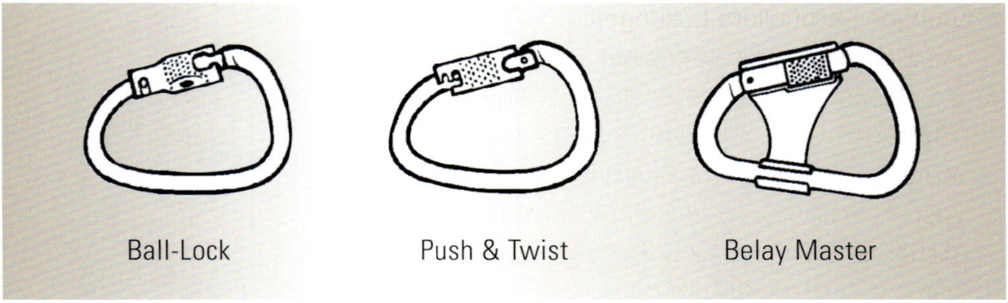

Anseilen mit Karabiner

Geht schnell und ist auch in der Seilmitte möglich

Kann bei gespanntem Seil gelöst werden

Karabiner muss verlässlich geschlossen sein

Im Vorstieg bindet man sich schon seit eh und je direkt ins Seil ein, und das soll auch so bleiben. Der Nachstieg muss differenziert betrachtet werden. In einer klassischen alpinen Seilschaft sind beide Partner direkt eingebunden. Hier wechselt die Führung in der Regel ohnehin (überschlagen Klettern). Doch die Zeiten ändern sich. Mit dem Sportklettern kam das Toprope, und mit dem Funsport-Zeitalter kamen Kindergeburtstage in Kletterhallen und ähnliche Events.

»»» Seite 157

Während jedem, der ernsthaft klettern möchte, auch im Toprope das direkte Einbinden ohne Karabiner empfohlen sei, benötigt man für »Massenabfertigungen« schnellere Lösungen.
Es wird entweder ein Safebiner empfohlen oder die Kombination von zwei Karabinern neben einander. Bei zwei Karabinern können Sie aus größerer Entfernung beurteilen, ob jemand »korrekt« angeseilt ist. Dieser Effekt erleichtert es dem Verantwortlichen entsprechender Veranstaltungen, seine »Schäfchen« sicher die Wand rauf und wieder run-

»»» Seite 8, 12

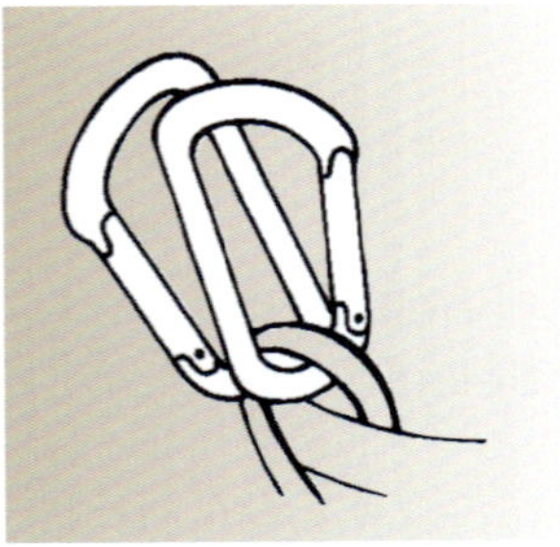
Schnapper gegenläufig

ter zu bringen. Bei zwei Karabinern nebeneinander ist es sogar ziemlich egal, ob Verschlusskarabiner oder normale Schnapper benutzt werden. Zwei normale Schnappkarabiner sollen allerdings gegenläufig positioniert sein.

Eine ähnliche, mitunter in Kletterhallen nördlicher Gefilde anzutreffende Situation stellen Topropeseile dar, die bereits fest zugezurrte Knoten aufweisen. Hier ist Anseilen mit Karabiner nicht zu vermeiden und ein Safebiner die angemessene Antwort. Zwei Karabiner nebeneinander sind ebenfalls geeignet. Ein einzelner Schrauber wird als problematisch angesehen. Es gab mehrere Unfälle, bei denen sich der Schrauber aufgedreht und ausgeklinkt hat.

Übersicht	***Anseilen mit Karabiner***
Vorstieg, Nachstieg, Toprope	*Direktes Einbinden.*
Toprope bei fixen Knoten	*Safebiner, ggf. zwei Karabiner nebeneinander. Einzelner Schrauber problematisch.*
Gletscher, Weiche	*Wie oben, aber einzelner Schrauber akzeptabel.*

Auf Gletschern seilt man sich mit Karabiner an, und zwar aus guten Gründen. Es geht schnell, was eine sehr geringe Hemmschwelle bedeutet, das Seil auch wirklich anzulegen. Man kann sich an jeder beliebigen Stelle des Seils einbinden, was für die gewünschten größeren Gletscherseilschaften erforderlich ist. Und man kann sich auch vom gespannten Seil wieder lösen, beispielsweise um einen in eine Spalte gestürzten Partner zu bergen. Die Anseilschlaufe kann aus Sackstich, Achter

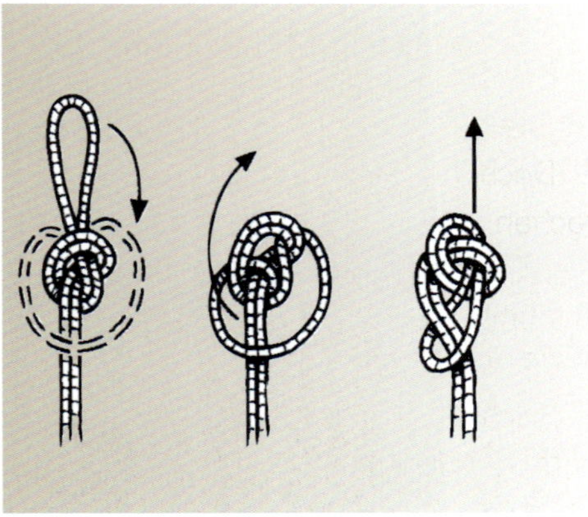
Gelegter doppelter Bulin

oder für die Endleute auch aus gelegtem doppelten Bulin bestehen. Für die Mittelleute ist dieser oftmals praktische Knoten allerdings nicht geeignet.

»»» Seite 167

Umlenkung

Seil darf sich nicht ungewollt ausklinken

Karabiner oder Metall-Öse (nie Seil auf Seil)

Nur ein Seil pro Öse

Umlenkung nicht ansägen

Wie auch immer eine Umlenkung aufgebaut sein mag – bevor man sie belastet, werfe man einen kritischen Blick auf ihre einzelnen Bauteile. In der freien Wildbahn gibt es keine Gewähr, dass diese Teile geeignet sind. Hinz und Kunz dürfen Routen erschließen und Umlenkungen einrichten. Doch auch in Kletterhallen sind schon Haken gebrochen.

Soll an einer Umlenkung Toprope geklettert und abgelassen werden, muss das Seil immer durch eine Metall-Öse laufen. Fädelt man es oben durch eine Schlinge aus Reepschnur oder Bandmaterial, wird diese bereits nach wenigen Metern flotten Ablassens durchbrennen (schneller als erwartet).

Tipp Vermeide Seilbewegungen unter Last, wenn Seil auf Seil liegt!

Die zum Ablassen erforderliche Metall-Öse ist meist Bestandteil der Umlenkung. Es kommt aber auch vor, dass die Umlenkung nur aus Schlingen besteht. Man muss in diesem Fall zwingend eigene Karabiner dazwischenschalten. Wegen der Reibungshitze sollen darüber hinaus nie zwei Seile in der selben Umlenk-Öse hängen (außer bei Doppel- oder Zwillingsseilsträngen, ›››› Seite 158).

Ist die vorhandene Öse durch ein anderes Seil belegt, hängt man das eigene Seil mit zusätzlichen Karabinern ein. Kann ich umgekehrt nicht verhindern, dass jemand sein Seil durch eine von mir belegte Öse fädelt, greife ich zur brutalstmöglichen Maßnahme. Ich ziehe mein Seil unverzüglich ab. Ärgerlich, bemerkte Schlich.

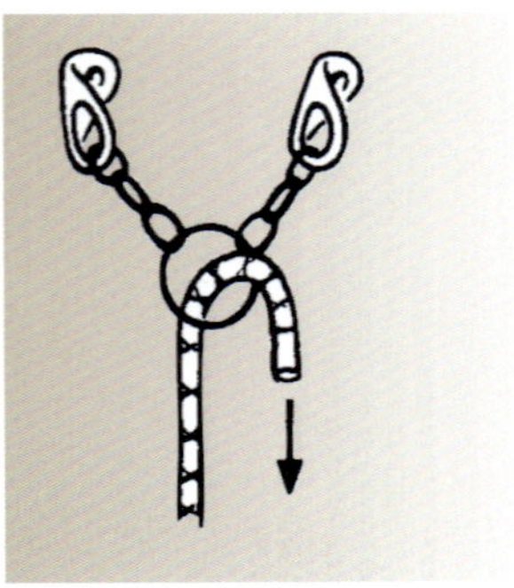

Eine Kette ist nur so stark wie ihr schwächstes Glied. Diese Binsenweisheit kann sehr konkrete Folgen haben. An Umlenkhaken sind mitunter Ketten-Exemplare angebracht, die keinesfalls der Normforderung für künstliche Anlagen genügen würden (20 kN). Wer sein Seil einfach über die Kette legt, realisiert zwar die ideale Lastverteilung (›››› Seite 145) – gleichzeitig hat er aber die optimale Chance, das schwächste Glied der Kette zu finden.

Tipp Lege das Seil nicht über die Kette, sondern fädle es an geeigneter Stelle!

Ein weiteres Problem ist das »Ansägen« der Umlenkungen. Seile, mit denen in Granit oder Sandstein geklettert wird, enthalten Quarzkörnchen. Da Quarz härter ist als Stahl, wirkt das Seil wie eine überdi-

mensionale Feile und macht allen auf dem Markt befindlichen Umlenkungen zu schaffen (lediglich Ringe sind durch ihre Beweglichkeit gegen dieses Problem weit gehend resistent). Es ist daher eine Frage guten Stils, zum Topropeklettern eigene Karabiner zu benutzen.
Auch für Nicht-Saubermänner: Waschen Sie ihr Seil hin und wieder (ohne Waschmittel). Die Quarzkörnchen sägen nämlich nicht nur an den Umlenkungen, sondern zermürben auch das interne Seilgefüge. Erhöhter Verschleiß ist die Folge.

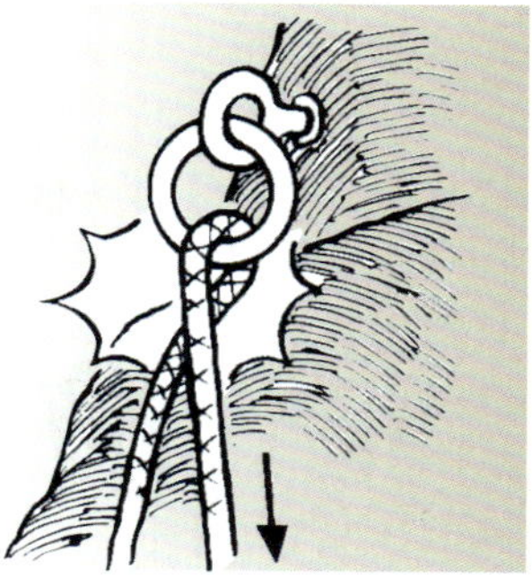

Abklemmen

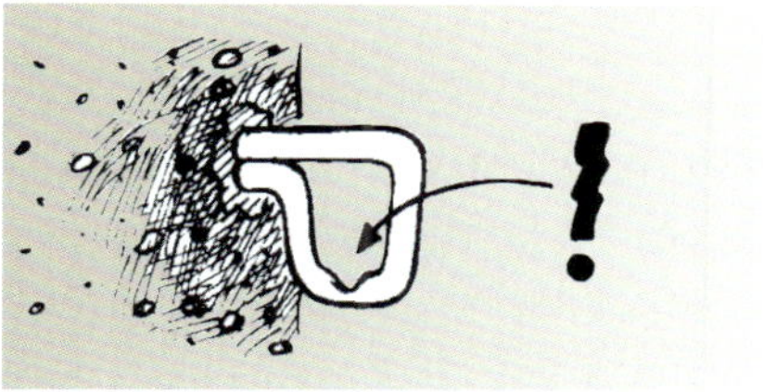

Feststehende Ösen werden durch häufiges Ablassen »angesägt«.
Hänge bei mehrfacher Benutzung eigene Karabiner ein!

Ringhaken sind zwar gegen Ansägen immun, dafür können sie aber das Seil abklemmen. Belastung am äußeren Seilstrang drückt den Ring gegen den Fels. In solchen Fällen wird man zum Topropen Karabiner zwischenschalten und beim späteren Abbauen auf die Fädelrichtung achten. Beim Abseilen ist der innere Strang abzuziehen.

»»› Seite 122
»»› Seite 127

Offizielle Umlenk-Karabiner bestehen aus überdimensioniertem Stahl und besitzen einen schwer zu öffnenden Schnapper. Umlenk-Karabiner können aber auch aus Baumarktkarabinern, üblichen Verschlusskarabinern oder normalen Schnappern bestehen. Bei allen nicht wirklich verlässlichen Modellen hängt man eine zusätzliche Exe ein. Wer auf Nummer sicher gehen möchte, hängt diese Exe in jedem Fall dazu. Beachten sie, dass auch Karabiner angesägt bzw. eingeschliffen sein können.

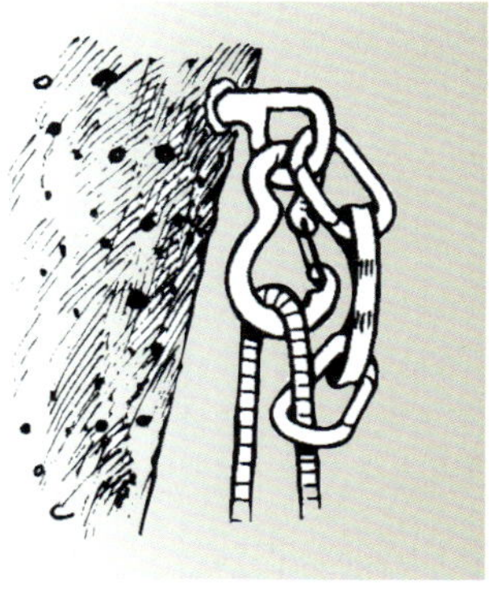

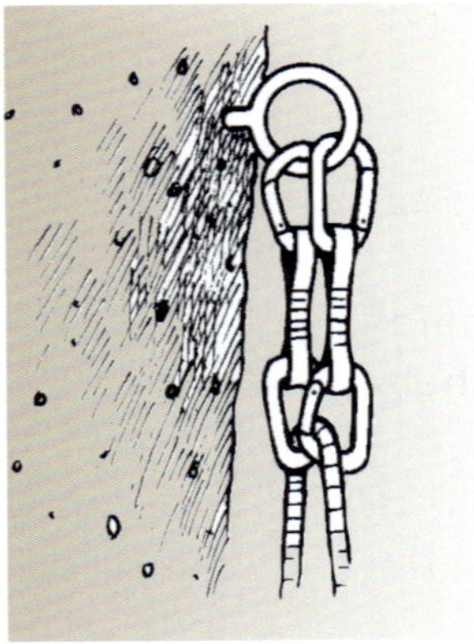

Aus dem Gesagten folgt, dass Topropen an einer einzelnen Exe gefährlich ist. Man benutzt daher zwei Stück nebeneinander oder einen Verschlusskarabiner. Die Ausklinkproblematik bei einzelnen Exen wird im Kapitel »Zwischensicherung« behandelt (›››› Seite 92, 93).

Die Gefahr steigt zusätzlich, wenn man die Umlenkung überklettert (»weil das ja klar ist«). Es gilt daher der Grundsatz, mit dem Anseilpunkt unterhalb der Umlenkung zu bleiben. Wollen Sie weiter klettern, sollen immer mindestens zwei Haken eingehängt sein (›››› Seite 62).

Haben Sie schon einmal ein Seil gesehen, das frei hängend so ähnlich aussieht wie eine Spiralfeder oder wie ein riesiger Korkenzieher? Noch schlimmer – besitzen Sie vielleicht selbst so ein Seil? Derartige Seile werden normalerweise als »Everkrangel« oder so ähnlich beschimpft. Man schwört, dieses Fabrikat nie wieder zu kaufen. Dabei kann das arme Seil gar nichts dafür. Es wurde lediglich einmal mangels Kenntnis der Problematik »verschert« zum Ablassen benutzt. Mit verschert meine ich: Die Karabiner-Ebene steht nicht senkrecht auf der Seil-Ebene.

Langsam, das ist ganz einfach! Sie wollen beispielsweise die Nebentour erkunden, hängen an Ihrer stehenden Umlenk-Öse einen Schrauber ein, queren seitlich bis zur nächsten stehenden Öse, hängen wieder einen Schrauber ein und werden abgelassen. Beide Karabiner hängen parallel zur Wand und der türstockförmige Seilverlauf ist auch parallel zur Wand (Karabiner-Ebene parallel Seil-Ebene). Das genügt schon! Wenn Sie unten sind, ist Ihr Seil ein Korkenzieher. Hängen Sie dagegen in jeden Haken zwei Karabiner oder jeweils eine Exe ein, tritt dieses leidige Phänomen nicht auf.

Everkrangel

Partnercheck und Kommunikation

Vier Augen sehen mehr

Routinefehler ausschalten

Missverständnisse vermeiden

Ganz pauschal beruhen Unfälle meist auf Fehlerketten. Oft ist ein Leichtsinnsfehler in Kombination mit einem nicht redundanten System verantwortlich. Tausendmal schon hat man das Klettband des Hüftgurtes zusammengeheftet, tausendmal den Anseilknoten geknüpft. Dabei mit dem Partner gesprochen, Geschichten erzählt, Geschichten gehört. Auch Spannende.

Da kommt es schon mal vor, dass man vergisst, die Gurtschnalle zurück zu schlaufen oder den Knoten zu vollenden. Halb so schlimm, wenn man sich angewöhnt hat, unmittelbar vor dem Start sowohl die eigenen Maßnahmen als auch die des Partners zu prüfen. Vier Augen sehen mehr als zwei.

Übersicht Selbstkontrolle und Partnercheck

Gurt *Ist der Anseilgurt korrekt geschlossen?*

Knoten *Ist der Anseilknoten richtig geknüpft?*

Sicherung *Ist die Partnersicherung ordnungsgemäß eingelegt?*

Seil *Ist das Seil-Ende gesichert?*

Der Partnercheck schützt vor Leichtsinnsfehlern, nicht aber vor Missverständnissen. Letztere können in allen Lebenslagen auftreten und werden sich nie vollständig ausschließen lassen. In punkto Klettern gibt es da allerdings einige Klassiker, die man kennen sollte.

»Seil« schreit jemand im Menschengewühl der Halle, und als gewissenhafter Sicherer geben Sie sofort Seil aus. Dabei war es gar nicht Ihr Partner, der gerufen hat. Der versucht nämlich gerade einen verwegenen Zug an der Leistungsgrenze.

Oder Ihr aus der Sportkletterszene stammender Partner hat sich mit Ihnen in einen alpinen Klettergarten verirrt. Er ruft »Stand« und als Alpinist nehmen Sie ihn völlig selbstverständlich aus der Sicherung. Er wollte aber fädeln und abgelassen werden ... Da es immer wieder vorkommen wird, dass ein Sportkletterer die Bedeutung des Kommandos »Stand« nicht kennt, sollten Sie einen Partner im Klettergarten erst dann aus der Sicherung nehmen, wenn Sie es ihm mitgeteilt haben und er die Botschaft bestätigt hat.

Tipp **Kommando »Stand« nur, wenn man wirklich aus der Sicherung genommen werden möchte!**

Probleme können aber auch infolge mangelnder Information auftreten. Sofern ich nicht mitbekomme, dass Sie stürzen, kann ich Sie nicht aktiv sichern. Geben Sie insofern Bescheid, bevor Sie sich ins Seil hängen oder kontrolliert abspringen. Umgekehrt werde ich es ansprechen, wenn Probleme beim Sichern auftreten – wenn beispielsweise das auszugebende Seil wieder mal einen gordischen Knoten gebildet hat.

»»» Seite 66

»»» Seite 82

»»» Seite 151, 152

Ordnung

Knoten im Seil verhindern

Benötigtes Material ist griffbereit

Stolpern ausschließen

Gordische Knoten leiten zu einem Kapitel über, das so manchem Kletterfreak ein Dorn im Auge sein muss. Gleichwohl stellt »Ordnung halten« einen wichtigen Baustein erfolgreichen Bergsteigens dar und hat auch in anderen Lebensbereichen pragmatischen Stellenwert. Stichwort Seilausgeben: Um gordische Knoten von vorne herein zu verhindern, bestehen mehrere Möglichkeiten.

Übersicht	***Seil knotenfrei ausgeben***
Durchziehen	*Ziehe das Seil komplett durch, bevor du einen Vorsteiger sicherst.*
Seilsack	*Lege das Seil Meter für Meter in den Sack. Benutze das oben liegende Ende zum Seilausgeben.*
Seil aufnehmen	*Nimm das Seil von einem Ende her alternierend auf. Klappe das so aufgenommene Seilbündel auseinander. Lege es aufgeklappt auf den Boden und benutze das oben liegende Ende zum Seilausgeben.*

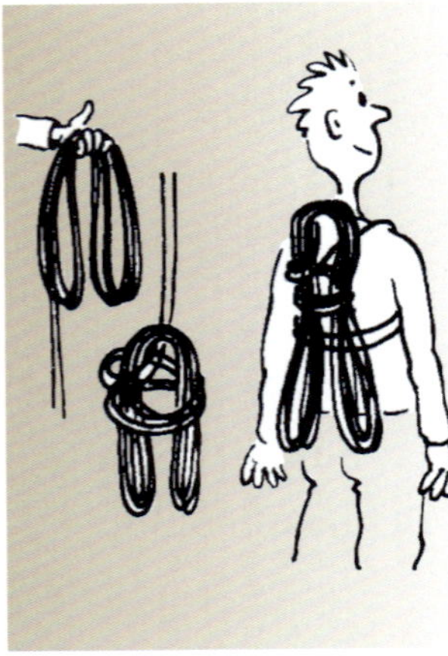
Seil als Rucksack aufnehmen

Soll das aufgenommene Seil als Rucksack getragen werden, muss es zwei lange Enden haben (je circa zwei Meter). Man belässt in diesem Fall bereits das erste Ende etwa drei Meter lang. Umwickeln und Fixieren erfolgt mit beiden Strängen.

Es mag pedantisch klingen, doch auch was den Rest der Ausrüstung betrifft, kann überlegtes Handeln Zeit und Ärger sparen. Bestimmen Sie daher eine zweckmäßige Ordnung für Ihr Material und stellen Sie diese Ordnung regelmäßig wieder her. »Zweckmäßig« ist dabei kein Standard, sondern je nach Tour unterschiedlich.

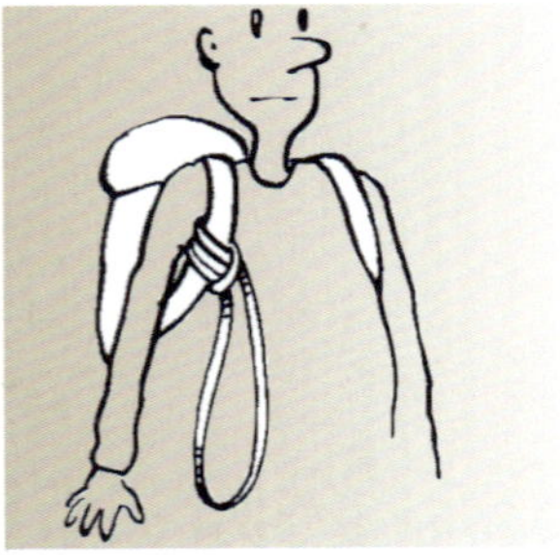
Ankerstich

Hat man in einer bohrhakengesicherten Route zur Sicherheit ein Bündel Keile und zwei Friends dabei, dann sind diese an insgesamt zwei Karabinern und hinten am Gurt gut aufgehoben. Vorne hängen die Exen – sinnvollerweise alle gleich in den Materialschlaufen eingeklinkt. Bei überwiegend selbst abzusichernden Routen hängen jeweils drei bis vier Keile nach Größe abgestimmt an einem Karabiner und die Friends am besten einzeln.

Trägt man einen Rucksack, ist es angenehm, die Bandschlingen mit »Ankerstichen« an den Trageriemen zu befestigen. So können sie nie unter dem Rucksack landen und der Rucksack ist jederzeit abnehmbar. Am Gurt befestigtes Material soll nicht tiefer als bis zur Mitte der Oberschenkel herunter hängen. Man kann sich ansonsten mit den Steigeisen oder beim Klettern darin verfangen.

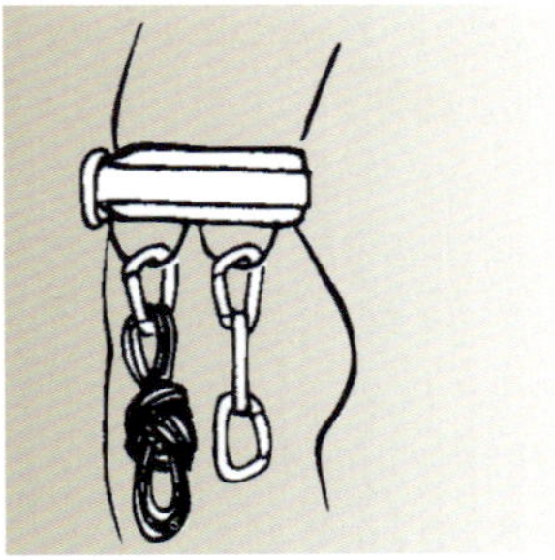
Kurz und bündig (vgl. Text)

Prusikschlingen werden mehrfach genommen und mit Ankerstich an einer Materialschlaufe befestigt oder alternativ als kurzes Bündel zusammengeknotet und an einen Karabiner gehängt. Für längere

Tourenabschnitte nicht benötigtes Material kann vorübergehend in den Rucksack wandern.

An dieser Stelle noch ein taktischer Aspekt. Fehlen entscheidende Sicherungsmittel, bedeutet dies ein erhöhtes Risiko oder es kann sogar zum Abbruch der Tour führen. Hat man andererseits unnötige Gegenstände dabei, geht das auf Kosten der Zeit. Dadurch nimmt das Risiko ebenfalls zu. Besorgen Sie sich insofern alle verfügbaren Informationen über die Route und ermitteln Sie den Ausrüstungsbedarf so realistisch wie möglich.

Seilkommandos

Kurze, klare Information

Einheitliches Verständnis der Begriffe

Die übliche Trennung in »Alpine Seilkommandos« und »Klettergarten-Kommandos« macht wenig Sinn. Vielmehr entsteht das geschilderte Missverständnis bezüglich »Stand« ja genau dadurch, dass der Sportkletterfuzzi die Bedeutung eben nicht kennt. Er steht halt oben und hat Stand. Glücklicherweise ist »Stand« das einzige Kommando, das

»»› Seite 30

eine vergleichbare Fehlinterpretation zulässt. Alle anderen sind in ihrer Aussage ziemlich eindeutig.

Übersicht	**Seilkommandos**
»Seil«	*Gib mir Seil.*
»Seil ein«	*Zieh Schlappseil ein.*
»Seil aus«	*Es steht kein Seil mehr zur Verfügung.*
»Seil frei«	*Ich bin aus dem Seil ausgebunden bzw. ausgeklinkt.*
»Zu«	*Mach das Seil so straff wie möglich.*
»Ab«	*Lass mich ab.*
»Stand«	*Ich bin fixiert, nimm mich aus der Sicherung.*
»Nachkommen«	*Du bist gesichert und kannst nachkommen.*
»Ich komme«	*Ich komme nach, zieh das Seil ein.*

Die wichtigsten Kommandos sind »Seil«, »Zu«, »Ab«, »Stand« und »Nachkommen«. Alle weiteren stellen hilfreiche Informationen dar, sind aber nicht zwingend erforderlich.
Hat der Kletternde die Umlenkung geclippt und will abgelassen werden, ruft er »Zu«, woraufhin sein Partner das Seil spannt. Der Abzulassende belastet das Seil. Sinnvollerweise behält er das gegenläufige Seil dabei noch locker in der Hand. Ich persönlich gebe es erst frei, wenn ich nach »Ab« gleichmäßig zu Tal gleite. Der Ablassvorgang benötigt somit nur zwei Kommandos.

Übersicht	**Klassische alpine Kommandosequenz**
Unterer	*»Noch soundso viele Meter Seil«.*
Oberer	*»Stand«.*
Unterer	*»Seil ein«.*
Unterer	*»Seil aus«.*
Oberer	*»Nachkommen«.*
Unterer	*»Ich komme«.*

Es geht aber auch kürzer. Eingespielte Seilschaften kommen mit zwei Kommandos aus. Nach »Stand« hängt der untere die Partnersicherung aus, und auf das Kommando »Nachkommen« hin klettert er los. Alles Weitere betrifft zwingende Abläufe, die auch ohne Worte erledigt werden können.

Tipp **Einer eingespielten Seilschaft genügen die Kommandos »Stand« und »Nachkommen«!**

Im Gebirge gibt es immer wieder Situationen, in denen man den Partner nicht hört – geschweige denn sieht. In so einem Fall sind Seilmorsezeichen hilfreich. Ein weit verbreitetes Morsezeichen ist dreimal Ziehen.

Übersicht	***Morsen***
3 x Ziehen	*= »Stand«.* *Unterer hängt aus.* *Seil einziehen.* *Sicherung einhängen.*
Nochmal 3 x Ziehen	*= »Nachkommen«.* *Unterer hängt Selbstsicherung aus und kommt nach.*

Mit Zwillingsseilen geht es noch eleganter. Hier kann das Hochziehen eines einzelnen Stranges »Stand« bedeuten, und sobald das letzte Schlappseil des längeren Stranges unten verschwindet, ist »Nachkommen« angesagt. Schön, doch klären Sie Morsezeichen vorab mit Ihrem Partner. Es handelt sich nicht um Standards, und falsch verstandenes Morsen kann folgenschwere Konsequenzen haben.

Partnersicherung

Im Prinzip ist alles ganz einfach. Einer klettert und der andere sichert. Entweder man wird wieder abgelassen oder die Seilschaft bewegt sich raupenartig in Richtung Gipfel.
Wenn da nicht das Problem mit dem Stürzen wäre. M mal g mal h lautet die physikalische Formel für die Sturzenergie, und die kann ganz ordentlich groß werden. Viel größer jedenfalls als wenn wir unseren Partner nur halten oder ablassen.

Man darf also keinesfalls aus der Halte- oder Ablass-Situation auf die Sturzsituation schließen. Beispielsweise funktioniert es wunderbar, einen gleich schweren Vorsteiger abzulassen, wenn man fünf Meter von der Wand entfernt steht. Diese Erfahrung machen Kletterhallenbenutzer jeden Tag. Die andere Erfahrung – nämlich dass man bei einem größeren Sturz unsanft bis zur Wand gerissen wird und dann wegen der Sturzstreckenverlängerung möglicherweise noch mit dem Partner kollidiert – macht man unter Umständen ziemlich lange nicht. Kommt der Sturz irgendwann doch zustande, kann es für beide schmerzhaft sein.

Glücklicherweise besitzt der Mensch noch andere Möglichkeiten zu lernen. Es heißt zwar meine Person betreffend, dass ich als kleines Kind nicht nur eine, sondern jede Treppe einmal runter gefallen sei. Doch »die Zeiten ändern sich und wir uns mit ihnen«.
So überlege ich mir in entsprechenden Situationen möglichst genau, was das Seil bei einem Faktor-Zwei-Sturz machen würde und wie ich das Bremsseil halten muss, um nicht die Finger eingeklemmt

»»› Seite 74

zu bekommen. Ach ja, »Sturzfaktor Zwei« heißt, dass mein Partner ohne Zwischensicherung direkt in den Stand knallt.

»»» Seite 181

Klar, dass man den Begriff Sturzfaktor als alter Hase kennen muss – man sollte aber auch wissen, dass er nur im Falle einer statischen Sicherung wirklich von Bedeutung ist. Er liefert dann ein Maß für die Härte des »Fangstoßes«.

Der Fangstoß ist die maximale Bremskraft, die auf den Stürzenden einwirkt. Man beachte, dass diese Kraft bei statischer Sicherung tatsächlich kaum von der Sturzweite abhängt, sondern eben überwiegend vom Sturzfaktor.

Leider gilt diese Betrachtung in der Praxis nur für kleine Sturzfaktoren. In »DomCat«, einer Erstbegehung von Peter Albert und mir im Oberreintal, musste ich seinerzeit einen Zehn-Meter-Sturz von Peter halten. 40 Meter Seil waren ausgegeben und das Ganze fühlte sich an wie ein normaler Zwei-Meter-Hopser. Ich war tief beeindruckt als Peter mir danach erklärte, wo er abgefallen war. Es stand viel Seil und somit viel Dehnung als Bremsweg zur Verfügung (kleiner Sturzfaktor). Der Sturz wurde ohne weiteres Zutun weich abgefangen.

»Passive Körpersicherung«

Bei größeren Sturzfaktoren liegen die Dinge anders. Sichert man über den Körper, wird man entsprechend hochgezogen. Die wünschenswerte Weichheit des Sturzes entsteht also auf diesem Weg.

Zu unterscheiden ist, ob man vom Boden abfedern kann (aktive Körpersicherung) oder dazu keine Möglichkeit hat (passive Körpersicherung).

Mit der aktiven Körpersicherung erzielt man die besten Resultate, wenn es darum geht, einen Sturz weich zu halten. Sichert man über den Fix-

»»» Seite 81

»»» Seite 49

punkt, dient das Sicherungsgerät als Weichmacher. Alle empfohlenen Systeme funktionieren auf der Basis, dass das Seil ab einem »Sturzzug« (Bremskraft beim Sichernden) von 1,5 – 3 kN nicht mehr festgehalten werden kann und solange durch die Sicherung läuft, bis die Kraft wieder unter diesen Wert sinkt. Dadurch erreicht man prinzipiell dieselbe Wirkung wie bei der Körpersicherung. Mögliche Kraftspitzen werden gekappt, der Bremsweg wird verlängert und die Gefahr von Hakenausbrüchen und Verletzungen reduziert.

Andererseits ist es nicht ausgeschlossen, dass sich der Sichernde bei einem wirklich großen Sturz die Finger verbrennt. Bremshandschuhe würden dies verhindern – sie setzen sich in der Praxis aber nicht so recht durch.

Übersicht	***Sicherungsarten***
Statische Fixpunktsicherung	*Es kommt zu keinerlei Seildurchlauf am Bremsgerät.*
Dynamische Fixpunktsicherung	*Es kommt zu Seildurchlauf am Bremsgerät (bei größerem Sturzfaktor).*
Aktive Körpersicherung	*Abfedern vom Boden oder bewusst Seil nachgeben (geringer Fangstoß).*
Passive Körpersicherung	*Keine bewusste Reaktion (höherer Fangstoß).*

Topropesicherung

Sichern erfolgt am Körper

Kletterer darf jederzeit stürzen

Gewicht des Partners ist problemlos zu halten

Von »Toprope« oder »Topropen« war bereits die Rede. Das Seil hängt dabei in einer Umlenkung. Beide Partner sind unten, der eine sichert und der andere klettert. Oben angekommen, wird man abgelassen.

»»» Seite 28

»»» Seite 117

Das Sicherungsseil kommt dabei immer von oben. Sie können also jederzeit stürzen ohne weit zu fallen – vorausgesetzt, der Sichernde hat das Seil korrekt eingenommen. Weit ist in diesem Zusammenhang relativ, die Seildehnung bewirkt natürlich immer ein gewisses Durchsacken.

Zum Thema »korrekt Seil einnehmen« ein kleiner Exkurs. Im Rahmen diverser Kletterlehrgänge werde ich gelegentlich von Leuten gesichert, die das Seil straff einziehen. Man verspürt dann im Toprope Seilzug nach oben. Meine Standardfrage, ob der im normalen Leben übliche Kletterpartner diesen Seilzug wünsche, wird regelmäßig mit »Ja« beantwortet. Boshaft könnte man vermuten, dass der betreffende Partner an die kurze Leine genommen werden möchte.

Wahrscheinlicher ist jedoch, dass er oder sie mit dem gespannten Seil ein Plus an Sicherheit assoziiert. Im allgemeinen Fall bringt der Zug aber nichts, er stört lediglich das Gleichgewicht und damit die Entwicklung einer ökonomischen Klettertechnik. Sollte Ihr Partner oder Ihre Partnerin zu der beschriebenen Spezies gehören, dann geben Sie ihm/ihr diesen Absatz zu lesen und vereinbaren Sie gemeinsam, wann weiterhin eng gesichert wird und in welchen Situationen zukünftig auf das straffe Seil verzichtet werden kann.

Übersicht	***Slack beim Topropesichern***
Normale Situation	*Kein Schlappseil (slack) aber auch kein Zug (20 – 50 cm Spielraum).*
Bei schwerem Einstieg	*Ggf. etwas Zug wegen Bodensturzgefahr durch die Seildehnung.*
Bei tiefen Einfingerlöchern	*Ggf. etwas Zug wegen Verletzungsgefahr (bei Abrutschen der Füße).*

Häufig kommt es vor, dass Kletterer abgelassen werden und dabei brav alle vorhandenen Zwischensicherungen wieder einhängen. Vergeudete Liebesmühe! Zieht man das Seil anschließend ab, ist es sowieso egal. Wird weiter Toprope geklettert, hat der nächste Kletterer in der Regel keinen Vorteil. Er muss lediglich alle Zwischensicherungen wieder ausklinken.

Topropestürze können aber auch zu Pendlern führen, und größere Pendler sind durchaus gefährlich. Trotzdem müssen auch bei potenzieller Pendelgefahr nicht alle Exen geclippt sein. Lediglich wenn die Route quert oder überhängt, soll die oberhalb befindliche Zwischensicherung eingehängt sein. Wenn die Route bis zur nächsten Zwischensicherung senkrecht oder einliegend verläuft, kann man auf das Einklinken verzichten.

Wird man abgelassen, macht die Entscheidung wenig Mühe. Kommt man ohne Tendenz wegzupendeln an einer Zwischensicherung vorbei, kann man sie ignorieren. Kommt man an einer Zwischensicherung nicht unmittelbar vorbei, dann gehört sie geclippt.

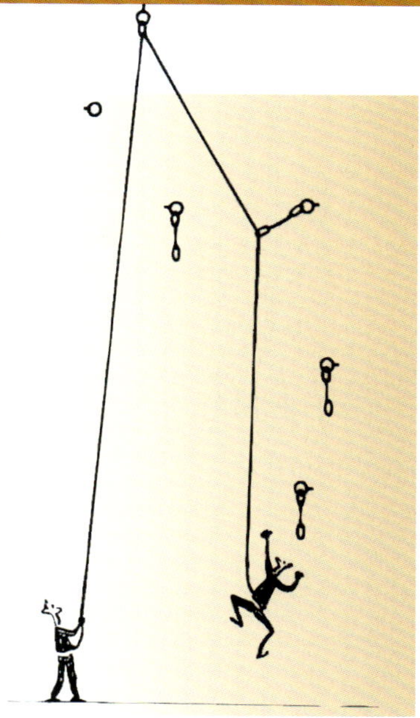

Topropesichern erfolgt in aller Regel am Körper. Man beachte die Grenze bezüglich der Gewichtsrelation. Sie wird durch die Reibung des Seils in der Umlenkung bestimmt. Geht man vom Sichernden aus, kommen oben etwa 50 % Reibung hinzu.
Wiegen Sie 60 Kilo, können Sie einen Schwergewichtler von 90 Kilo Toprope sichern. Diese Zwei-Drittel-Relation weist noch etwas Reserve auf, man kann sie daher guten Gewissens als Faustformel empfehlen.

Limit bei Toprope **Kletterer wiegt maximal 150 % vom Sichernden.**

Werden die 150 % überschritten, sollten Sie eine Selbstsicherung anbringen (›››› Seite 71).
Würden Sie oben eine reibungsarme Rolle benutzen, dann würde bereits der Sturz eines geringfügig schwereren Partners Sie bis zu der Stelle hochziehen, an der dieser gestürzt ist. Ihr Partner würde mehr oder weniger gedämpft am Boden einschlagen und Sie dort vermissen. Die Idee reibungsarmer Umlenkungen ist somit ad absurdum geführt.

Ähnlich absurd ist die gegenteilige Idee. Sie wird durch das so genannte Top-Stopp repräsentiert. Das an der Hallendecke montierbare Gerät erhöht die Reibung der Umlenkung, so dass man mit bloßen Händen sichern kann. Bemerkenswerter Unfug! Top-Stopp-User werden daran gehindert, eine alltagstaugliche Sicherungstechnik zu erlernen.

Nachsichern von oben

Kein Zug am Körper nach unten

Geeignetes Sicherungsgerät benutzen

»»› Seite 138

Im Gegensatz zum Toprope spricht man von Nachsichern, wenn der Sichernde oben Stand hat. Toprope ist die allgemein übliche Methode in Hallen und Klettergärten – Nachsichern die der alpinen Spielformen. Man will ja schließlich hochkommen und nicht immer wieder von unten anfangen. Während der Nachsteiger bei beiden Techniken gleichermaßen von oben gesichert ist, ergeben sich für den Sichernden wichtige Unterschiede.

Übersicht	***Nachsichern***
Sicherungsart	*In der Regel Fixpunktsicherung.*
Sturzzug	*Seil zieht mit dem vollen Körpergewicht des Stürzenden nach unten (keine Reibung).*
Geeignete Sicherungsgeräte	*Z.B. HMS, Platte, Tre, Reverso, GriGri, ATC-Guide.*
Ungeeignete Sicherungsgeräte	*Z.B. Achter, Tube.*

Fixpunktsicherung ist Standard. Abwärts ziehende Last am Körper sollte vermieden werden. Die vom Toprope her gewohnte Reibung an der Umlenkung fällt weg. Ein vermeintlich harmloser Nachsteigersturz schlägt somit von vorneherein mit höherer Belastung zu Buche. Hinzu kommt, dass etliche

Sicherungsgeräte bei Zug nach unten Probleme verursachen. Sie entwickeln nicht genug Bremswirkung. So ist erklärbar, dass es immer wieder zu folgeschweren Nachsteigerstürzen kommt – ein Unfalltyp, der nicht sein müsste. Verwenden Sie daher eines der abgebildeten Tools.

Nachsicherungsgeräte

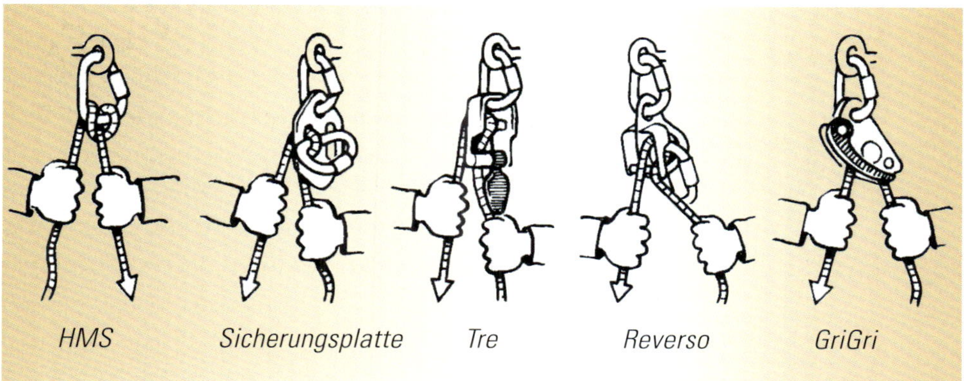

Während das Nachsichern einer Person ausgezeichnet mit HMS funktioniert, weint niemand, der jemals zwei Nachsteiger an zwei getrennten HMS gesichert hat, dieser Technik eine Träne nach. Die zwei Seile einzuholen war mitunter anstrengender als der Vorstieg, und ich kann nicht von mir behaupten, dass ich damals immer beide Bremsseile solide in der Hand gehalten hätte. Glücklicherweise ist dieses Problem seit der Erfindung der Sicherungsplatte (Magic Plate) gelöst. Zwei Nachsteiger können unabhängig voneinander gesichert werden, und die Platte blockiert verlässlich bei Sturz. Selbst wenn ein Seil straff ist, kann das andere noch eingezogen werden.

Dagegen ist es außerordentlich mühsam, ein belastetes Seil nachzugeben. Die Nachsteiger sollten deshalb bereits vorab wissen, dass sie unter Last kein Seil ausgegeben bekommen.

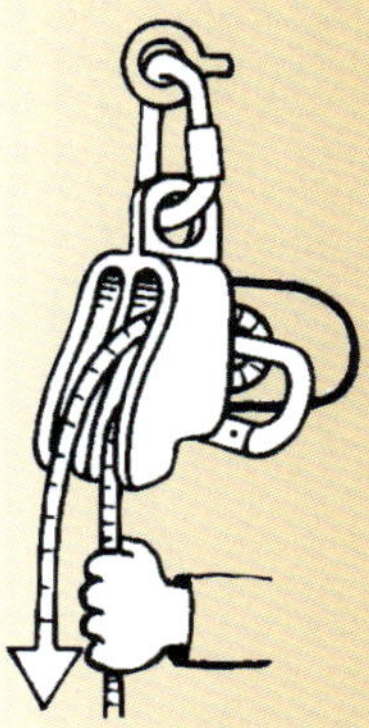

ATC-Guide

Übersicht	***Sicherungsplatte***
Kein Seil unter Last	*Kläre mit deinen Nachsteigern, dass sie unter Last kein Seil ausgegeben bekommen.*
Fixieren am Stand	*Fixiere deine Partner mit Mastwürfen (»»» Seite 71) in vorbereiteten Verschlusskarabinern.*

In den 90er-Jahren wurde die Ansicht vertreten, dass beide Nachsteiger die Sicherungsplatte auch unverändert als Selbstsicherung benutzen könnten. Es zeigte sich jedoch, dass bereits bei geringfügiger Verdrehung der Seile oder bei nicht parallelem Seilverlauf einer der beiden Stränge rückwärts durchlaufen kann. Also wurde nachgebessert und ein Knoten im Bremsseil gefordert. Schnickschnack, besser direkt mit dem Seil fixieren. Das geht genau so schnell wie wenn Sie einen zusätzlichen Knoten ins Bremsseil machen.
Zweitens benötigen Sie auf diese Art lediglich eine Sicherungsplatte (bleibt eine Platte am Stand, benötigt man zwei). Und drittens habe ich von Nachsteigern wiederholt die Äußerung gehört, die gewohnte Standfixierung sei sympathischer.

Natürlich können Sie auch ATC-Guide oder Reverso als verlässlich blockierende Nachsicherungsgeräte für zwei Seile benutzen. Das Tre ebenfalls – es blockiert im Gegensatz zu den anderen aber nur, wenn man die Bremsseile wirklich in der Hand hält.

Übersicht	***Tre***
Seile einlegen	*Achtung, falsches Einlegen der Seile kann zu Totalversagen führen.*
Blockierfunktion	*Das Tre blockiert nur, wenn man das Bremsseil in der Hand hält.*
Achtung	*Dünne Seile laufen unter Last rückwärts durch.*
Tipp	*Sei dir dieser Effekte bewusst und teste deine Ausrüstung bezüglich des Durchlaufens.*

Vorstiegsicherung

Vorsteiger bekommt zügig Seil ausgegeben

Vorsteiger wird im Sturzfall gehalten

Zum Ablassen steht genügend Seil zur Verfügung

Der Vorsteiger wird durch ein nach unten laufendes Seil gesichert. Er hängt immer wieder Zwischensicherungen ein. Je mehr davon, desto geringer das Risiko. Bei einem Sturz fällt man die doppelte Entfernung bis zur letzten Zwischensicherung zuzüglich Schlappseil und Bremsweg.

Die Sturzweite wird in der Praxis oft unterschätzt. Stürzt man mit Füßen auf Höhe der Zwischensicherung, sind drei bis fünf Meter realistisch.
Die Kräfte, die bei einem solchen, immer noch kleinen Sturz auftreten, sind nicht mit denen des Ablassens zu vergleichen. Man tut daher gut daran, die Grenze der Gewichtsrelation gegenüber Topropesichern auf die Hälfte zu verringern.

»»› Seite 41

Wiegt man 60 Kilo, sollte man höchstens 75 Kilo im Vorstieg sichern. Und da geht's bei einem Sturz schon ganz schön ab. Merken Sie sich als Faustformel, dass der Kletternde nicht mehr als 15 Kilo schwerer sein sollte als der Sichernde. Im Zweifelsfall benutzen Sie eine Selbstsicherung.

»»› Seite 71

Übersicht	***Gewichtsrelationen bei Vorstieg***
Vorstieg	*Kletterer wiegt maximal 125 % vom Sichernden.*
Faustformel	*Kletterer maximal 15 Kilo schwerer als Sicherer.*

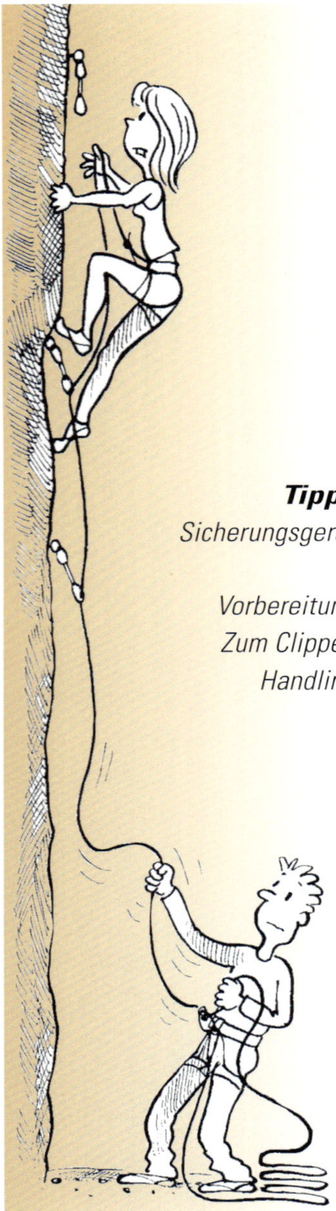

Noch ein zweiter Umstand macht das Sichern eines Vorsteigers anspruchsvoll. Zum »Clippen« (Einhängen des Seils in die Zwischensicherungen) will man natürlich so schnell wie möglich das erforderliche Seil bekommen. Während man das Seil hochzieht, ist man deutlich schlechter gesichert und hat insofern ein berechtigtes Interesse, die Aktion zügig über die Bühne zu bringen. Vermutlich kennen Sie das ätzende Gefühl, wenn das Seil nur zentimeterweise ausgegeben wird – oder das Seil kommt ordnungsgemäß, stoppt aber unmittelbar bevor man es einhängen könnte.

Tipps	***Seil ausgeben***
Sicherungsgerät	*Geeignetes Gerät benutzen, z.B. Tube oder fixierten Achter (»»» Seite 54, 55).*
Vorbereitung	*Seil kann planmäßig in die Sicherung einlaufen.*
Zum Clippen	*Plusminus zwei Meter Seil ausgeben.*
Handling	*Schnelles Ausgeben trainieren.*

Die zum Clippen benötigte Seilmenge – bei großen Personen mehr als zwei Meter – wird häufig unterschätzt. Trainieren Sie, das Seil pfeilschnell durch die Sicherung zu ziehen. Bremshand natürlich immer am Bremsseil! Sollte der Clippversuch Ihres Partners scheitern und er das Seil wieder fallen lassen, dann ziehen Sie es zügig wieder ein. Möglicherweise steht ein Sturz knapp bevor.

Das am Boden befindliche Restseil soll vor oder neben Ihnen liegen und so vorbereitet sein, dass es sich von oben abwickelt. Dann können Sie es ohne großen Widerstand durch das Bremsgerät ziehen. Wenn sich also Ihr Seil gut abwickelt, wird sich auch das Seil-Ausgeben in der gewünschten Zeit abwickeln lassen.

»»» Seite 31

Uff, das Seil ist geclippt und als Sichernder können Sie erst mal durchschnaufen. Zur Entspannung der Nackenmuskeln bietet es sich an, den Blick kurzzeitig nach unten zu senken. Für den nächsten Meter gelten die Grundsätze des Topropekletterns und man kann die Konzentration einige Sekunden lang herunterfahren. Hilft es der Psyche Ihres Vorsteigers, dann nehmen Sie den Meter Schlappseil, der sich beim Weiterklettern bildet, vorübergehend wieder ein. Viel passieren kann da zwar nicht – sollte Ihr Vorsteiger Sie aber im falschen Moment mit dem Meter Schlappseil erwischen, dann ist das allemal für eine Ehekrise gut.

Durchaus passieren kann dagegen etwas beim Ablassen. Nach Adam Riese muss das Seil mindestens doppelt so lang sein, wie die gekletterte Route. Ich kenne eine ganze Reihe von Personen, bei denen dies nicht der Fall war und wo auch keiner der beiden Partner auf das Seil-Ende geachtet hat. Das Resultat war immer das Gleiche: Lendenwirbelbruch – Operation oder drei Monate Gipskorsett. Achten Sie also beim Ablassen auf das Restseil, besonders in langen Routen. Noch besser, fixieren sie das Ende (z.B. am Seilsack), bevor Ihr Partner zu klettern beginnt.

»»» Seite 29

Tipp Fixiere das Seil-Ende!

Tools und Handling

Korrektes Handling ist wichtig

Situativ das richtige Gerät verwenden

Seit einer Studie von Walter Britschgi (2004) steht die Dreibeinlogik hoch im Kurs. Sie besagt, dass die nachfolgend genannten Punkte Grundvoraussetzungen für sicheres Sichern sind.

Übersicht	***Dreibeinlogik***
Bremshandprinzip	*Umgreife das Bremsseil immer mit mindestens einer Hand.*
Bremsmechanik	*Halte das Bremsseil so, dass der Gerätemechanismus wirksam wird.*
Reflexe	*Lass im Sturzfall niemals los (Greifreflex nicht abtrainieren).*

Soll man nun das Bremsseil hoch halten oder nicht? Wenn das so einfach wäre. Es gibt unterschiedliche Geräte und sie sind unterschiedlich zu bedienen. In Sportklettergebieten kann man feststellen, dass die Mehrheit Tube oder Achter benutzt. HMS und GriGri kommen ebenfalls häufig vor, die anderen Geräte sind (bislang) weniger populär.

»»» Seite 50, 52
»»» Seite 55, 57

Im Gebirge wird nach wie vor überwiegend mit HMS gesichert – aus guten Gründen. Man benötigt lediglich einen HMS-Karabiner und der Knoten ist zum Vorsteigersichern genau so gut geeignet wie zum Nachsichern von oben. Achter und Tube sollen hingegen ausschließlich dann benutzt werden, wenn der Sturzzug nach oben erfolgt. GriGri und andere, unter Last blockierende Geräte sollen nicht bei Fixpunktsicherung im Vorstieg benutzt werden. Der Fangstoß wäre zu hoch.

Durchlaufwerte	***Semmel 2002***	***Randelshofer 1996***
(Handkraft circa 0,25 kN)	*(9,5-mm-Seil)*	*(11-mm-Seil)*
HMS gegenläufig	*keine Messung*	*3,0 kN*
HMS gleichläufig	*2,2 – 2,6 kN*	*2,7 kN*
Achter	*1,9 – 2,3 kN*	*2,4 kN*
Tube	*1,7 kN*	*1,4 – 1,6 kN (kleine Handkraft)*
ATC-XP (große Bremsstufe)	*1,9 – 2,3 kN*	*keine Messung*
GriGri	*Statisch*	*Statisch*

Klassische Geräte

Bremsseil nie loslassen

Das jeweilige Handling kennen

Schnelles Seilausgeben trainieren

Die Begriffe »Bremshand« und »Führungshand« sind weit gehend selbst erklärend. Trotzdem: Die Führungshand ist die Hand, die das zum Partner führende Seil hält. Die Bremshand hält das andere

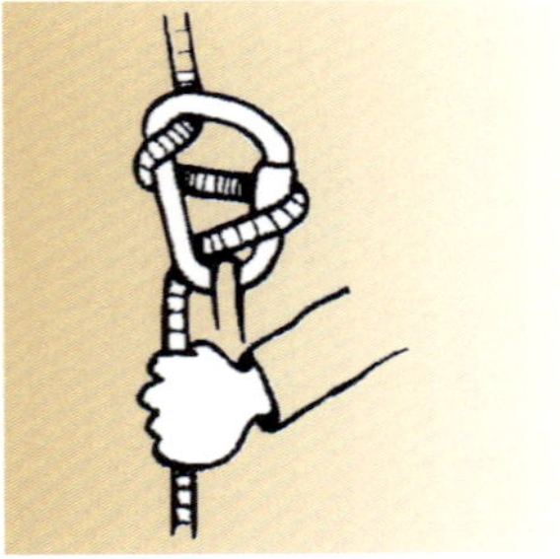

Achtung!

Seil, eben das Bremsseil. Und dieses darf nie losgelassen werden. Der Halbmastwurfsicherungskarabiner (»der« HMS) soll mit gegenläufig paralleler Seilführung bedient werden. Bei Körpersicherung vom Boden aus heißt das: Bremsseil hoch! Wenn man die Halbmastwurfsicherung (»die« HMS) so bedient, hat das Seil keine Chance, sich um den Schnapper zu legen. Sollte das passieren, kann selbst ein verschlossener Schraubkarabiner aufgeschraubt werden und sich ausklinken.

Tipps **Safebiner zum HMS-Sichern!** (»»» Seite 22)
Bei HMS »Schnapper gegenüber Bremshand«!

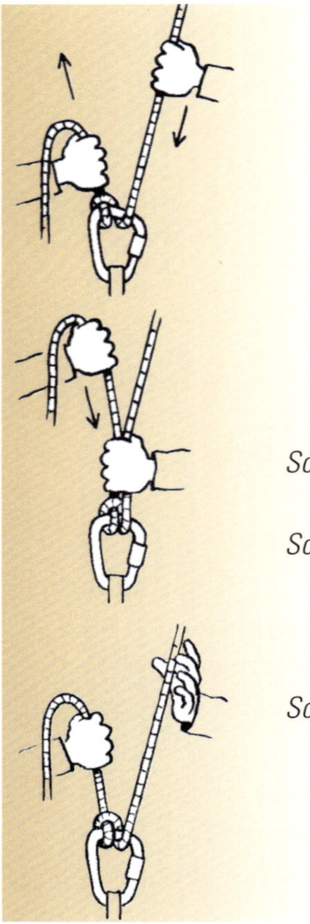

Wieder zwei Beiträge zu etwas mehr Redundanz. Selbst bei »Bremshand unten« kommt das Seil auf diese Art nicht mehr mit dem Schnapper in Kontakt. Wer konsequent auf »Schnapper gegenüber Bremshand« achtet, könnte insofern auch mit »Bremshand unten« sichern. Allerdings entwickelt die HMS ihre maximale Bremswirkung bei »Bremshand oben« und last not least funktioniert auch Ablassen nur mit »Bremshand oben« krangelfrei.

HMS Seil einnehmen

Schritt 1 *Bewege die Führungshand zur HMS und gleichzeitig die Bremshand nach oben.*

Schritt 2 *Greife mit der Führungshand beide Seilstränge in unmittelbarer Nähe des HMS und fahre mit der Bremshand am Seil entlang zurück zur Führungshand (das Seil soll dabei nicht freigegeben werden).*

Schritt 3 *Greife mit der Führungshand nach oben und wiederhole den Bewegungsablauf.*

Alternativ kann man das Bremsseil mit der Führungshand zwischengreifen. So hält man es immer isoliert in mindestens einer Hand.

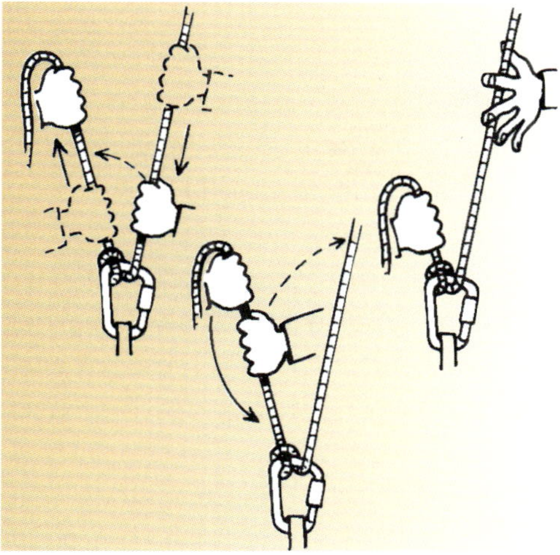

HMS Seil einnehmen (Alternative)

Schritt 1 *Bewege die Führungshand zur HMS und gleichzeitig die Bremshand nach oben.*

Schritt 2 *Greife das Bremsseil mit der Führungshand.*

Schritt 3 *Greife das Bremsseil mit der Bremshand in unmittelbarer Nähe des HMS.*

Schritt 4 *Greife zurück ans Führungsseil und wiederhole den Bewegungsablauf.*

Dieses Handling ist etwas aufwändiger und weniger verbreitet. Beide Techniken werden in der bereits genannten Studie als sicher beurteilt (Britschgi 2004). Aus nicht näher erläuterten »didaktischen Gründen« favorisiert der Autor allerdings die zweite Technik, die ich lediglich als gleichwertige Alternative einstufe.

Definitiv zu kritisieren aber ist eine dritte, leider nicht unübliche Methode. Die Führungshand hält beide Seile in etwa 20 cm Abstand von der HMS. Beim Umgreifen fasst die Bremshand das Bremsseil unmittelbar bei der HMS. Das parallel liegende Führungsseil führt aber dazu, dass man das Bremsseil oft nur mit zwei Fingern zu fassen bekommt.

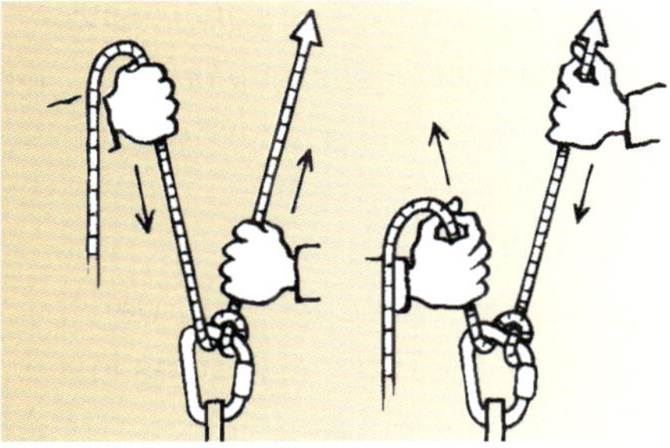

HMS Seil ausgeben

Schritt 1 *Führe die von oben kommende Bremshand zum HMS und die Führungshand nach oben.*

Schritt 2 *Fahre mit beiden Händen in umgekehrter Richtung am Seil entlang und wiederhole den Bewegungsablauf.*

HMS Ablassen

Schritt 1 Greife das Bremsseil mit beiden Händen.

Schritt 2 Halte es gegenläufig parallel zum gespannten Seil.

Schritt 3 Lasse das Bremsseil langsam und kontrolliert durch die Hände gleiten oder gib es Hand über Hand ein.

Achtersichern

Schnelle Acht

Beim Sichern mit Abseilachter soll die Bremshand unten sein. Warum? Weil die Bremswirkung des Achters bei »Bremshand unten« mit circa 2 kN noch im grünen Bereich liegt. Hält man das Bremsseil hoch, reduziert sich dieser Wert auf circa 1,5 kN.
Da wird's langsam kritisch. Kritisch werden können auch neue Seile. Bei glatten Seilen mit geringen Durchmessern (um oder unter 10 mm) ist die Bremskraft reduziert.
Sobald man beim Ablassen unangenehm viel Zug an der Bremshand verspürt, sollte man auf ein stärker bremsendes System umsteigen (z.B. ATC-XP). Anders herum kann ein dicker, alter Strick so viel Reibung im Achter entwickeln, dass das Handling ziemlich mühsam wird. In diesem Fall kommt die »schnelle Acht« in Frage. Das Seil wird dabei nicht um den Hals des Achters gelegt, sondern im Karabiner mit eingeklinkt. Diese Technik wird auch von einigen Profis angewendet, um extraweich zu sichern. Im Normalfall ist sie aber wegen der reduzierten Bremswirkung mit Vorsicht zu genießen.

Ich kenne Leute, die Achtersichern deswegen nicht mögen, weil das Gerät immer so rumschlabbert. Der Karabiner schlabbert im Sicherungsring und der Achter im Karabiner. Dem kann abgeholfen werden. Dem sollte auch aus Sicherheitsgründen abgeholfen werden, da das Rumschlabbern zu einem Verkanten von Achter und Karabiner führen kann. Es hat bereits Abseil-Unfälle gegeben, bei denen dieses Verkanten fatale Folgen hatte. Der Schraubverschluss des Karabiners wurde ausgestanzt und der Achter klinkte sich aus. Es war zu einem Versagen des Systems bei nachweislich verschlossenem Schrauber gekommen.

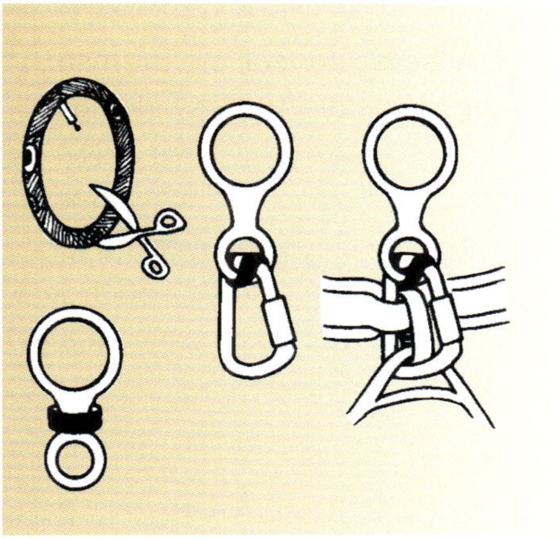

***Technik* Achter am Karabiner fixieren**

Schritt 1 *Schneide aus einem alten Fahrradschlauch einen circa 1 cm breiten Gummiring heraus.*

Schritt 2 *Lege den Gummiring um den Hals des Achters.*

Schritt 3 *Klinke den Karabiner ein und drehe ihn so, dass die Schnapperöffnung vom Achter weg zeigt.*

Schritt 4 *Schiebe den Gummi bis zum Karabiner zurück.*

Auf diese Weise entsteht eine jederzeit trennbare, flexible Verbindung zwischen Achter und Karabiner. Sie behebt die beschriebene Problematik. Der Achter kann jetzt nicht mehr über den Schnapper rutschen. Der zweite Trick in Richtung optimiertes Handling besteht darin, den Karabiner nicht in den Sicherungsring, sondern in Bauchgurt-Öse und Beinschlaufensteg einzuklinken. Der Achter »steht« jetzt quer (Bild rechts).

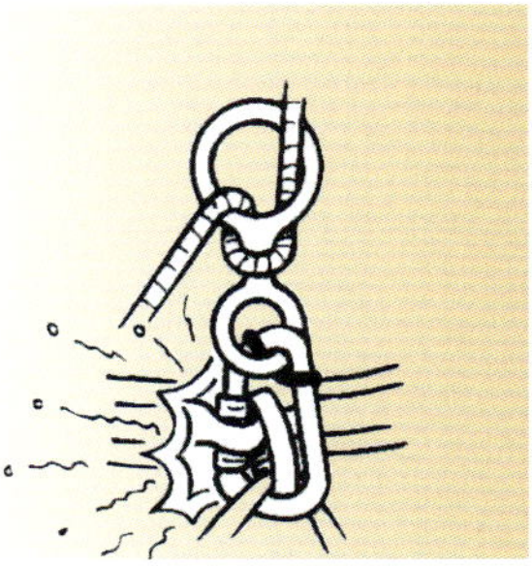

Verschleiß

Natürlich will man den Verschleiß am Gurt minimieren und hängt den Karabiner so ein, dass der Schnapper im belasteten Zustand vorne ist, also keinen Kontakt mit dem Gurt aufweist. Schnapper hinten scheuert bei jeder Belastung am Gurt (den Hersteller freut's). In der quer stehenden Achterposition können die Seile (Brems- und Sicherungsseil) oben oder unten aus dem Achter austreten. Praxistests zeigen, dass man spürbar leichter Seil ausge-

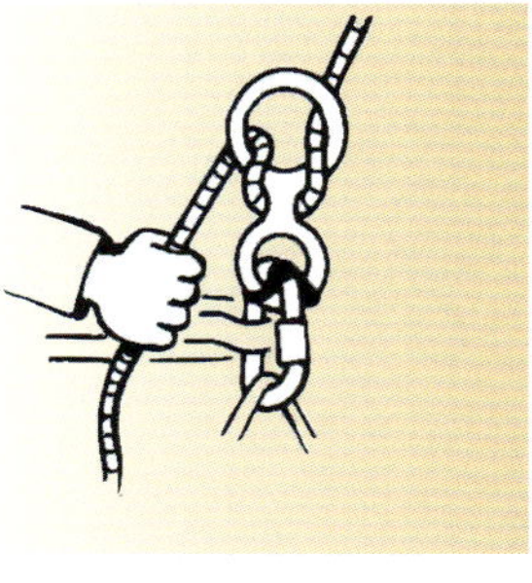

Handling erschwert

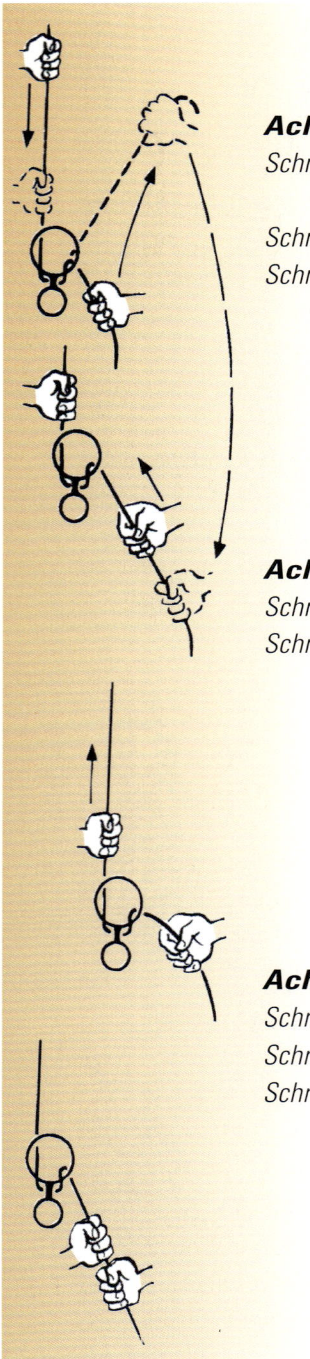

ben kann, wenn die Seile unten austreten. Es lohnt sich also auch auf diesen Punkt zu achten.

Achter *Seil einnehmen*

Schritt 1 *Hebe die Bremshand kurzzeitig an und ziehe dabei mit beiden Händen Seil durch den Achter.*

Schritt 2 *Führe die Bremshand wieder nach unten.*

Schritt 3 *Fahre mit der Bremshand am Seil entlang zum Achter (»hochtunneln«).*

Das Seil darf beim Hochtunneln nicht freigegeben werden. Daumen und Finger bilden eine Röhre. Das Hochtunneln klappt um so besser, je weniger Seil auf einmal eingenommen wird.

Achter *Seil ausgeben*

Schritt 1 *Lockere den Griff der Bremshand.*

Schritt 2 *Ziehe mit der Führungshand Seil durch die Sicherung.*

Unter der Voraussetzung, dass das Seil gut einlaufen kann, macht die Bremshand gar nichts. Läuft das Seil nicht locker ein, unterstützt sie die Führungshand durch entsprechende Bewegungen.
Der Vollständigkeit halber sei hier noch das Ablassen mit Achter erläutert.

Achter *Ablassen*

Schritt 1 *Greife das Bremsseil mit beiden Händen.*

Schritt 2 *Halte es weiterhin nach unten.*

Schritt 3 *Lasse das Bremsseil langsam und kontrolliert durch die Hände gleiten.*

Hat Ihr Achter beim Ablassen schon mal Krangel verursacht? Wenn ja, dann lassen Sie das Bremsseil einmal nicht direkt von unten, sondern von schräg rechts einlaufen. Das Seil hört jetzt entweder auf zu krangeln oder es krangelt noch mehr. Im letzteren

Fall lassen Sie es von links einlaufen und werden damit endgültig das gewünschte Resultat erzielen.

Das ATC (Air Traffic Controller) ist eine Weiterentwicklung der guten alten Stichtplatte. Geräte dieser Art sind von mehreren Firmen auf dem Markt und werden unter dem Begriff »Tube« zusammengefasst. Die Geräte sind abseiltauglich (›››› Seite 127) und ideal zum Sichern mit Doppelseiltechnik (›››› Seite 158). Wegen ihres angenehmen Handlings setzen sie sich aber auch bei Einfachseilen immer mehr durch. »Tuber« hängt man im Allgemeinen mit Verschlusskarabiner im Sicherungsring ein. Wer eine festgelegte Bremshand hat, kann den Karabiner auch in beide Gurt-Ösen einklinken (Abbildungen rechts). Wichtig beim Sichern mit Tube ist, dass die Bremshand nach jeder Aktion sofort wieder nach unten geht. Gegenläufig parallele Seilführung hebt die Bremsfunktion weitgehend auf.

Zu erwähnen ist das zweistufige ATC-XP. Bei dünnen Seilen oder schweren Vorsteigern benutzt man die gerippte Seite für das Bremsseil. Die Durchlaufwerte liegen dann über denen eines Achters. Für Einfachseile gibt es darüber hinaus das schlanke ATC-Sport mit nur einer Öse (nicht abseiltauglich).

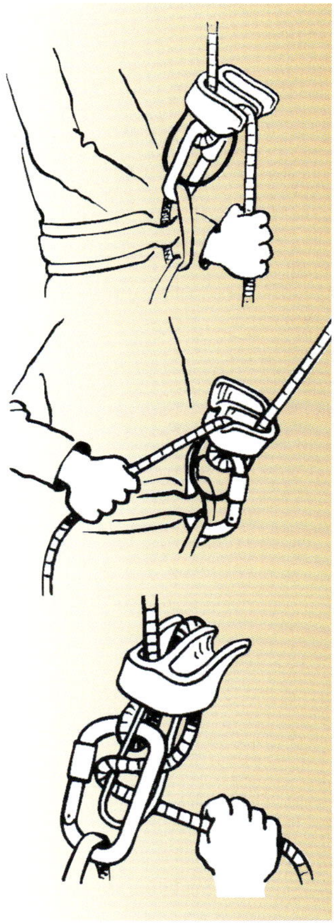

ATC-XP / Bremshand entlasten

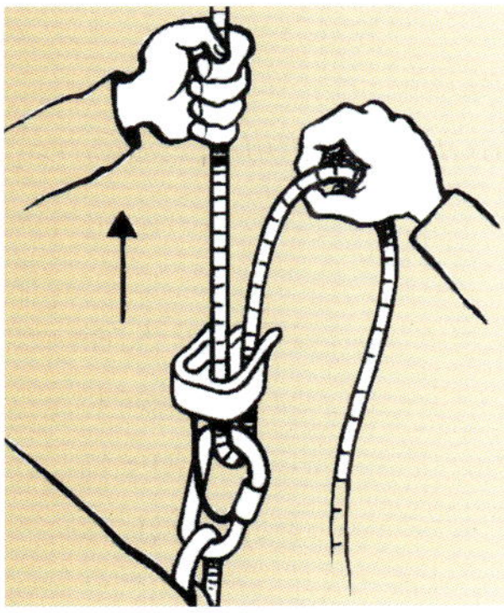

Tube	**Handling**
Seil einnehmen	*Wie beim Achter.*
Seil ausgeben Schritt 1	*Hebe die Bremshand etwas nach oben und lockere den Griff um das Seil.*
Seil ausgeben Schritt 2	*Ziehe mit der Führungshand Seil durch die Sicherung.*
Seil ausgeben Schritt 3	*Bewege die Bremshand sofort anschließend wieder nach unten.*
Ablassen	*Wie beim Achter.*

Halbautomatische Geräte

Unterschiedliche Mechanismen

Bremshandprinzip beim Seilausgeben

Ablasshebel sind keine Bremspedale

Als Ende der 80er-Jahre das GriGri auf den Markt kam, glaubten viele an ein neues Sicherungszeitalter. Das Gerät wurde Anfängern nach dem Motto »jetzt kann nichts mehr passieren« in die Hand gedrückt. Die folgenden Jahre brachten aber eine ganze Reihe schwerer Unfälle und die bittere Erkenntnis, dass Technik allein nicht selig macht. Egal mit welchem Gerät man arbeitet – man muss es beherrschen und natürlich aufmerksam sein.

Das Seileinziehen funktioniert bei allen selbstblockierenden Geräten gut. Man »tunnelt« am Bremsseil hoch, um es nahe beim Sicherungsgerät wieder zu greifen. Das Seilausgeben hingegen hat so seine Tücken – handelt es sich dabei doch genau um die Bewegung, bei der das Tool im Sturzfall blockieren soll. Technisch wird dieser Punkt auf unterschiedliche Arten gelöst. Manche Geräte haben eine Feder (z.B. GriGri, Tre, Zapomat), andere blockieren, wenn das Bremsseil nach unten hängt (z.B. Antzbremse, Logic, Single Rope Controller) und ein dritter Typus verklemmt das Seil ohne Feder und ohne Rücksicht auf die Position des Bremsseils (Cinch, Eddy).

Um anzusprechen, benötigt der Federmechanismus des GriGri einen Widerstand auf der Seite des Bremsseils. Der ist in jedem Fall gegeben, wenn man letzteres in der Hand hält. Hält man das Bremsseil nicht, benötigt der Bremsmechanismus einen Ruck. Je dünner das Seil und je widerstandsloser es in das Gerät einlaufen kann, desto größer muss der Ruck sein.
Es kann also vorkommen, dass das GriGri nicht selbständig blockiert. Da auch andere Geräte ähnliche Charakteristiken zeigen, ist Bremsseilkontrolle angesagt.

Tipp **Halte auch bei den halbautomatischen Geräten immer das Bremsseil in der Hand.**

Für das Seil-Ausgeben mit dem GriGri bestehen mehrere Möglichkeiten. Die meisten Techniken verzichten kurzzeitig auf die Kontrolle des Bremsseils – eine Hand hält GriGri und Mechanismus, die andere zieht das Seil durch. Dies widerspricht dem oben formulieren Grundsatz und stempelt die entsprechenden Techniken zu Notlösungen.

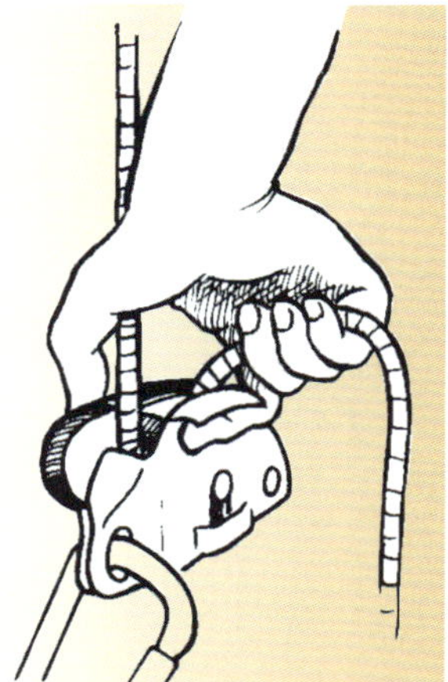
»Gaswerkmethode«

Eleganter ist da die »Gaswerkmethode« (Britschgi 2004). Daumen und Zeigefinger halten Gerät und Mechanismus, die drei restlichen Finger tunneln das Bremsseil. Im Sturzfall schließt man den Tunnel reflexartig, was den Blockiermechanismus auslöst.

Beim Ablassen mit GriGri vergegenwärtige man sich, dass der Hebel keine Bremse ist, sondern das Gegenteil davon. Es hat Unfälle gegeben, weil Leute den Hebel reflexartig angezogen und festgehalten haben. Man öffnet ihn nur so weit, dass das Seil gebremst durchlaufen kann und steuert die Feindosierung mit der Bremshand.

Übersicht	***Wann das GriGri versagen kann (Bremsseil nicht in der Hand)***
Dünnes Seil	*Mechanismus springt erst bei deutlichem Ruck an.*
Weicher Sturz	*Abkippen direkt bei einer Exe.*
Kindersturz	*Gewicht reicht unter Umständen nicht für entsprechenden Ruck.*
Führungshand	*Bremst versehentlich an dem zum Partner führenden Seil und reduziert den Ruck.*
Blockiermechanismus	*Der Hebel wird festgehalten.*
Ablassen	*Der Hebel wird voll gezogen (auch bei kontrolliertem Bremsseil gefährlich).*
Einlegen	*Seil falsch herum eingelegt oder nur eine Öse in den Karabiner eingeklinkt (auch bei kontrolliertem Bremsseil gefährlich).*

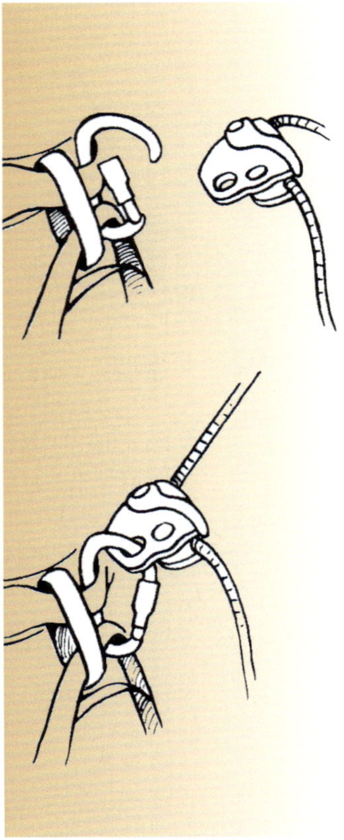

Einige dieser Fehlermöglichkeiten sind beim Cinch ausgeschlossen. Das handliche Gerät hat lediglich eine einzige Einhänge-Öse und kommt ohne Feder aus. Es benötigt daher keinen Ruck, um den Bremsmechanismus zu aktivieren. Das Cinch übertrifft außerdem alle mir bekannten Sicherungsgeräte in punkto Leichtigkeit beim Seilausgeben. Es hat aber auch ein Problem. Hält man das Gerät offen um Seil auszugeben, wird es im Sturzfall nicht blockieren. Da das Seil praktisch ohne Widerstand durchläuft, ergibt sich bei geöffnet gehaltenem Gerät auch kein Impuls, der den Bremsmechanismus auslösen könnte. Insofern hat das Bremshandprinzip hier oberste Priorität.

Pennen Sie nicht, wenn Ihr Partner Seil braucht! Zieht er erst einmal, ist es schwierig, das Cinch noch zu öffnen. Um nach dem Ablassvorgang den Meter Seil zu geben, den Ihr Partner benötigt, kippen Sie das ganze Gerät samt geöffnetem Hebel nach rechts – eine etwas gewöhnungsbedürftige Bewegung. Insgesamt ein empfehlenswertes Tool, das aber Fingerspitzengefühl und Übung erfordert.

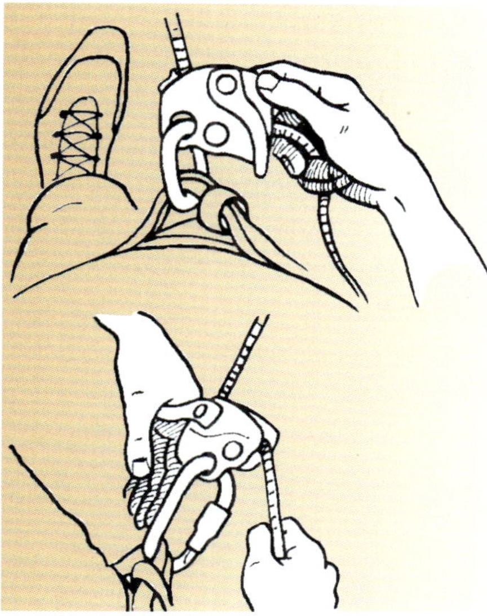

Cinch	***Handling***
Safebiner	*So in Beinschlaufensteg und Bauchgurt-Öse einhängen, dass sich die Schnapperöffnung vorne oben befindet.*
Cinch	*So einklinken, dass das Bremsseil nach rechts austritt (Hebel oben).*
Seilausgeben	*Mechanismus mit Daumen und Zeigefinger öffnen (die beweglichen Teile des Cinch gegeneinander verschieben). Die restlichen Finger tunneln das Bremsseil.*
Ablassen	*Hebel umlegen und mit dem Handballen lockern. Die Feindosierung erfolgt am Bremsseil (wie GriGri).*

Beim Eddy ist eine Ablass-Sicherung eingebaut. Öffnet man den Hebel zu weit, blockiert das Gerät wieder. Der Reflex »Notbremse ziehen« ist damit ausgeschlossen. Das Tre läuft durch, wenn man das Bremsseil nicht in der Hand hält. Dieser Effekt ist auch beim Vorstiegsichern zu beachten. Der Zapomat ist eine Weiterentwicklung des Tre. Das Durchlaufproblem wird hier über zwei unterschiedliche Federeinstellungen gelöst. Je nach Seilstärke und

»»» Seite 44

Weitere Halbautomaten

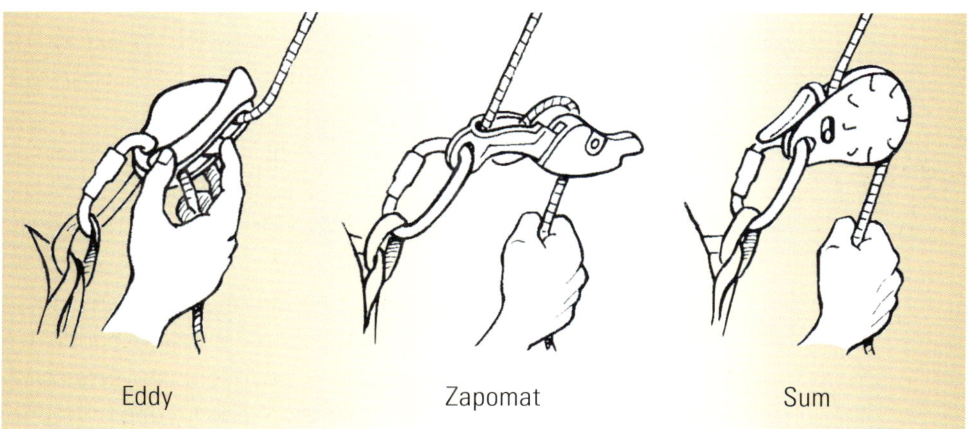

Eddy Zapomat Sum

Funktion wählt man die größere oder die kleinere Federeinstellung. Bei manchen Geräten ohne Feder (Antzbremse, Logic, SRC) muss man das Bremsseil zum Ausgeben von oben einlaufen lassen. Wie beim Tube wird die Bremshand etwas angehoben und das Seil mit der Führungshand heraus gezogen. Sofort anschließend geht die Bremshand wieder nach unten. HMS-Benutzer haben gute Chancen, hier Fehler zu machen. Abschließend sei erwähnt, dass alle Halbautomaten nach dem Ansprechen konsequent blockieren. Für weiches Sichern ist aufmerksame aktive Körpersicherung gefragt.

»»› Seite 56
»»› Seite 55
»»› Seite 66

Toprope nach Vorstieg

Am »richtigen« Ende nachsteigen

Topropen vollständiger Seillängen

Weiterklettern an einem auf halber Höhe hängenden Toprope

Dass Sie das Seil bei wiederholtem Topropen nicht direkt fädeln, ist Ihnen bereits bekannt. Ebenso wissen Sie, wie man eine Umlenkung verlässlich einhängt und wie Pendelstürze vermieden werden.

»»› Seite 27
»»› Seite 26
»»› Seite 40

Das ist aber noch nicht alles. Welches Ende benutzen Sie zum Topropen? Das des Vorsteigers oder das durch die Sicherungen laufende Seil? Hier ist gesunder Menschenverstand gefragt. Es gibt keine allgemeinen Grundsätze, sondern lediglich einige Überlegungen, die mal für das eine und mal für das andere Seil-Ende sprechen.

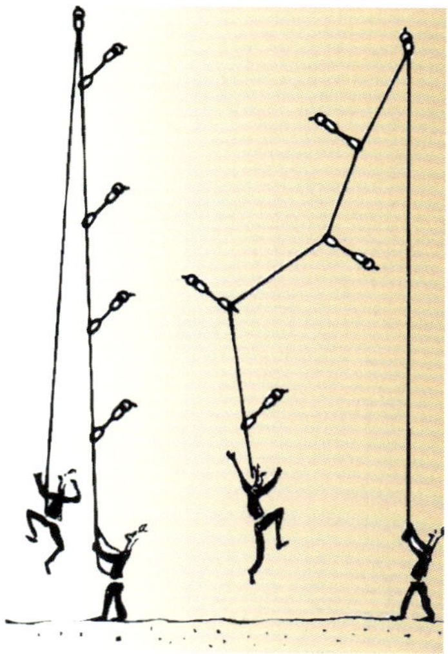

Das Vorsteiger-Ende gewährleistet ungebremsten Kletterfluss (kein Aushängen von Exen), kann aber Pendelgefahr bedeuten. Das Nachsteiger-Ende bietet mehr Spielraum für den Sichernden, heißt aber bei kurzen Routen, dass man vorab bis zu 40 Meter Seil durch die Umlenkung zieht.

Übersicht	***Welches Ende zum Topropen***
Senkrechte Route	*Vorsteiger-Ende.*
Kurze Route	*Tendenziell Vorsteiger-Ende.*
Diagonale Route	*Nachsteiger-Ende.*
Überhängende Route	*Nachsteiger-Ende.*

In senkrechten Routen kann der Vorsteiger schon beim Runterkommen die Exen wieder aushängen oder gleich einsammeln. Er kombiniert dadurch elegant die beiden Vorteile »Raum zum Sichern« und »Kletterfluss im Toprope«.

Apropos Kletterfluss. Ihr vorsteigender Partner hängt geplättet auf halber Höhe der Route und beteuert, nicht mehr weiter zu kommen. Es gibt also nur ein extrakurzes Toprope – oder eben die Option, das begonnene Werk zu vollenden. Klettern Sie in diesem Fall am Vorsteiger-Ende. Das Seil läuft so weiterhin durch alle Exen und wenn sie am höchsten Punkt des Toprope angekommen sind, passt die Sicherungskette.

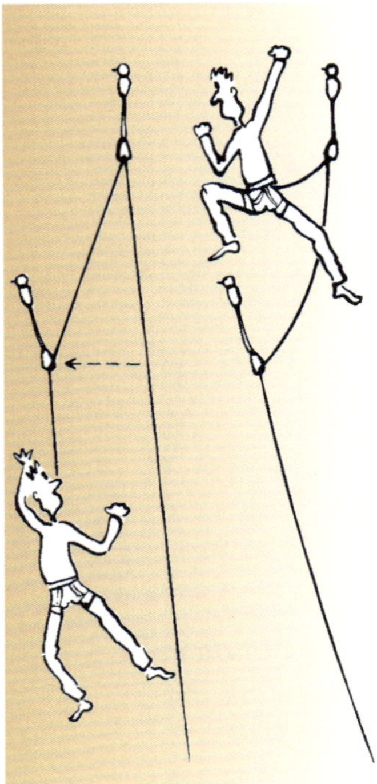

Vorletzte Exe umhängen

Sollten Sie sich wegen zu großer Pendelgefahr gezwungen sehen, das Nachsteiger-Ende zu benutzen, werden Sie sukzessive alle Zwischensicherungen aushängen und sind zum Schluss nur noch über die letzte Exe gesichert (»»› Seite 28). Es ist sogar schon vorgekommen, dass jemand auch diese noch ausgeklinkt hat und anschließend abgestürzt ist (Unfall durch Blackout). Derartige Geistesabwesenheit sei Ihnen natürlich nicht unterstellt, doch schon Topropen an einer einzelnen Exe ist riskant. Überklettert man sie, wird's noch gefährlicher. Um das Problem zu lösen, folgendes Rezept: Unmittelbar nachdem Sie das eigene Seil aus der vorletzten Exe ausgeklinkt haben, klinken Sie das zum Partner laufende Seil in diese ein. Anschließend sind Sie wieder über zwei Punkte gesichert und können beruhigt weiter vorsteigen.

Will man ein Toprope über eine ganze Seillänge einrichten, benötigt man zwei Seile. In der Regel werden dies Halbseile sein. Die beschriebene Technik klappt natürlich auch mit Einfachseilen. Zwillingsseile sind wegen der Dehnung und dem Sicherungshandling (Einfachstrang) weniger geeignet.

Technik ***Langes Toprope mit zwei Halbseilen***

Schritt 1 *Klettere die Route in Zwillings- oder Doppelseiltechnik.* »»› Seite 158

Schritt 2 *Fixiere dich oben, binde dich aus und ziehe einen Seilstrang komplett nach oben.* »»› Seite 129

Schritt 3 *Fädle das noch in der Route eingehängte Seil und verbinde die Seile.* »»› Seite 128

Achtung, wenn du den hochgezogenen Seilstrang fädelst, blockiert das System.

Schritt 4 *Bereite dich zum Abseilen an dem hochgezogenen und jetzt frei herunter hängenden Seilstrang vor.* »»› Seite 129

Schritt 5 *Vergewissere dich, dass dein Partner dich am anderen Strang noch sichert und lass ihn das Seil straffen.*

Schritt 6 *Seile am Einfachstrang ab.*

Stehen lediglich Einfachseile zur Verfügung, hängt man ein Seil hinten an den Gurt, während man das andere normal zum Sichern benutzt. Oben angekommen fixiert man sich und verfährt analog der Schritte 3 – 6. Zum Klettern am langen Seil klinkt sich der Nachsteiger in das herunter hängende Seil ein (Safebiner). Wenn er oben ist, ist der Seilverbindungsknoten gerade unten. Man muss insofern nie über den Knoten sichern. Lästig dabei ist das herabhängende Seil-Ende, besonders beim Ablassen. Man kann es als Puppe aufnehmen (›››› Seite 168), es abschneiden oder folgende Alternative benutzen.

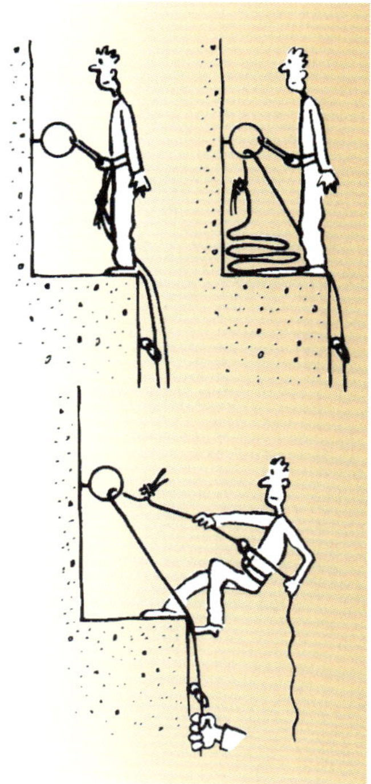

Langes Toprope

Der Nachsteiger bindet sich ins Ende ein und sein Partner sichert mit GriGri, Cinch oder einem anderen, verlässlich blockierenden Halbautomaten (›››› Seite 59). Sobald der Knoten beim Sichernden angekommen ist und sich das Seil entspannt, bringt dieser ein zusätzliches Sicherungsgerät oberhalb des Knotens an und sichert weiter. Das GriGri wird nicht ausgehängt.

Beim Ablassen hängt man lediglich das zusätzliche Gerät vom Gurt ab (ggf. entlastet der Abzulassende kurz das Seil) und benutzt den Halbautomaten zum weiteren Ablassen. Das zusätzliche Gerät bleibt am Seil und entschwebt nach oben. Die primäre Sicherung kann auch mit jedem anderen Gerät erfolgen. Man hintersichert dann mit Sackstich oder Schleifknoten (›››› Seite 199), bevor man die zweite Sicherung einhängt.

Über den Knoten sichern

Was beim langen Toprope allen Beteiligten bewusst sein sollte, ist die Seildehnung. Bei 100 m ausgegebenem Seil sind schon einige Meter Verlängerung drin. Es darf sich also niemand beklagen, wenn er nach einem Ausrutscher nicht mehr da hängt, wo er gerade war. Schwere Stellen in Bodennähe sollten deshalb eher eng gesichert werden.

Umlenken an tieferer Zwischensicherung

Das Seil soll in einer beliebigen Exe umgelenkt werden

Peitschen ist gefährlich

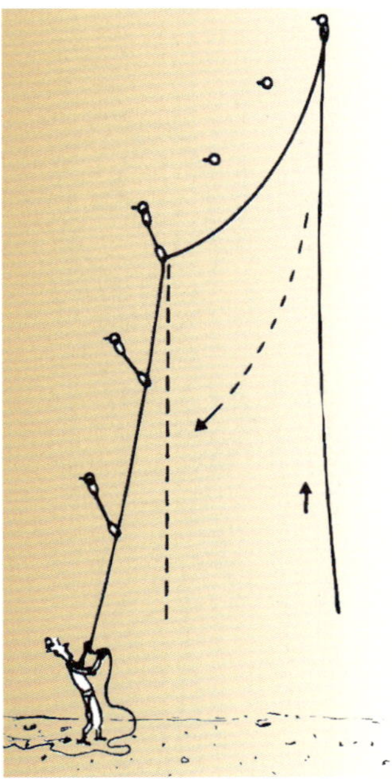

Für Preclipps (›››› Seite 249), Rotkreis-Begehungen oder zum Ausbouldern von Routen ist es ggf. wünschenswert, das Seil in einer weiter unten befindlichen Exe umzulenken. Dazu kann man sich bis zu dieser Zwischensicherung ablassen, sich dort fixieren, ausbinden, das Seil abziehen und sich wieder einbinden.

Es geht aber auch einfacher. Man clippt alle oberhalb der gewünschten Zwischensicherung befindlichen Exen aus, während man abgelassen wird. Zieht man das Seil anschließend ab, sollte es wie gewünscht in der obersten belassenen Exe umgelenkt sein. Das Manöver kann schief gehen, wenn die Route genau senkrecht verläuft (das Seil fängt sich nicht in der Exe) und es geht ganz sicher schief, wenn die gewünschte Exe zu weit oben hängt (mehr als die Hälfte der Seillänge).

Achtung, das herabzüngelnde Seil-Ende kann peitschen, wenn es nicht bis zum Boden herunter fällt. Je länger die Freifallstrecke, desto intensiver die Wirkung. Wer einen entsprechenden Peitschenschlag übergebraten bekommt, darf getrost mit ernsten Verletzungen rechnen.

Tipp Verlasse den Gefahrenbereich, wenn ein Seil peitschen könnte!

Beim Abseilen habe ich einmal erlebt, dass ein einziger Peitschenschlag die letzten zehn Zentimeter meines nagelneuen Seils vollkommen ausgefranst hat. Unmittelbar zu erleben, welche Kräfte da freigesetzt werden, stellte damals mein Bedauern über das zerzauste Seil bei weitem in den Schatten.

Ich betone bewusst, dass das Peitschen etwas völlig anderes ist, als ein beim Abziehen herunterfallendes Seil. Bewusst deshalb, weil mir zunehmend hart gesottene Gestalten über den Weg laufen, die meine obligate Warnung beim Seil-Abziehen mit »passt schon« quittieren und hartnäckig in der Fall-Linie bleiben. Na gut, soll ihnen das Seil halt um die Ohren fliegen. Ist ja meistens wirklich nicht besonders dramatisch. Ich würde allerdings niemals eine Peitschsituation provozieren, solange jemand im Gefahrenbereich steht – es sei denn, ich habe ein Attentat auf ihn vor.

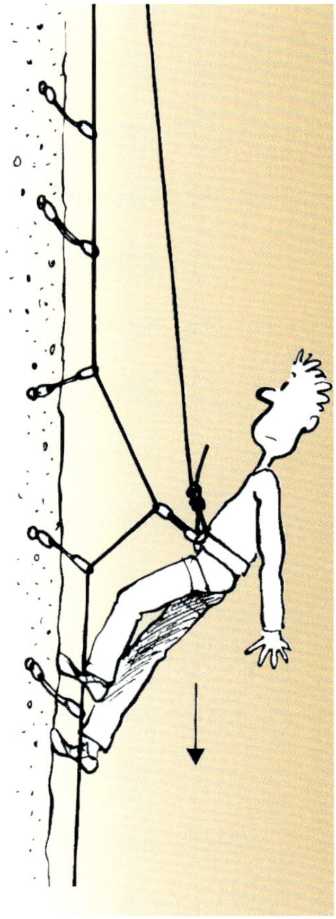

Haben Sie vergessen, die entsprechenden Exen auszuklinken, können Sie sich unmittelbar oberhalb der gewünschten Umlenkung mit einer Exe ins laufende Seil einklinken. Beim weiteren Ablassen ziehen Sie dieserart eine zusätzliche Seilschlaufe bis zum Boden herunter und können das oberhalb befindliche Seil abziehen. Achtung, dafür wird viel Restseil benötigt.

Körpersicherung

Position des Sichernden optimieren

Nicht ins Seil grätschen

Schlappseil und Straffseil dosieren

Körpersicherung wird in der Regel angewendet, wenn der Sichernde am Boden steht. Wie Sie bereits wissen, entsteht die Weichheit eines Sturzes dadurch, dass es den Sichernden vom Boden abhebt. Er kann diesen Vorgang mehr oder weniger aktiv gestalten (aktive Körpersicherung) oder vollkommen stoisch über sich ergehen lassen (passive Körpersicherung). Für die Körpersicherung ist kein Fixpunkt erforderlich und die Position des Bremsgerätes vorne am Hüftgurt gewährleistet optimale Bedienbarkeit. Körpersicherung ist also eine runde Sache – sofern Sie Folgendes beherzigen.

»»» Seite 37

»»» Seite 38

Passive Körpersicherung

Aktive Körpersicherung

Übersicht	***Körpersicherung***
Bis zum ersten Haken	*Spotten.*
Position	*Etwas seitlich (Kollision und Ins-Seil-Grätschen verhindern).*
Seilverlauf	*Mindestens 60° nach oben.*
Hin und her laufen	*Nur bei ebenem Boden.*

Generell soll das Seil mit mindestens 60° Steilheit nach oben zur ersten Exe laufen. Der Sichernde wird in diesem Fall überwiegend nach oben beschleunigt und kann den Anprall an die Wand kontrollieren. Steht man weiter entfernt, wird der Winkel flacher und die Beschleunigung Richtung Fels größer.
Widersteht man dem Zug zum Fels, kann es passieren, dass der Stürzende das von der Wand weg laufende Seil zwischen die Beine bekommt. Widersteht man dem Zug nicht, wird man als Sichernder gegen die Wand katapultiert. Keiner der beiden Fälle ist eine verlockende Perspektive.
Das Ins-Seil-Grätschen verhindert man am besten, indem man sich etwas seitlich neben der Route und nahe bei der Wand positioniert. So sollte man grundsätzlich am Beginn der Kletterei stehen – und zwar auf der Seite derjenigen Hand, die den ersten Haken einhängt. Analog dazu läuft das Seil vom startenden Kletterer seitlich weg und nicht etwa zwischen seinen Beinen nach hinten. Spotten Sie außerdem Ihren Partner, bis er den ersten Haken geclippt hat (»»» Seite 86, 87).

Günstige Sicherungsposition

Bei Wettkämpfen kann man beobachten, dass Sicherer größere Strecken hin und her laufen, um schnell Seil ausgeben zu können. Diese Technik ist auch im Kletteralltag nicht abwegig – sie sollte jedoch nur bei einigermaßen ebenem Boden angewendet werden, will sagen primär in künstlichen Kletteran-

›››› Seite 51, 54, 55

lagen. Auch bedenke man, dass Wettkampfkletterer nicht allzu viele Pfunde auf die Waage bringen. Bei schweren Vorsteigern ist somit von dieser Methode ebenfalls abzuraten. Trainieren Sie alternativ zum Hin- und Herlaufen das schnelle Seilausgeben und eine präzise Schlappseilkontrolle.

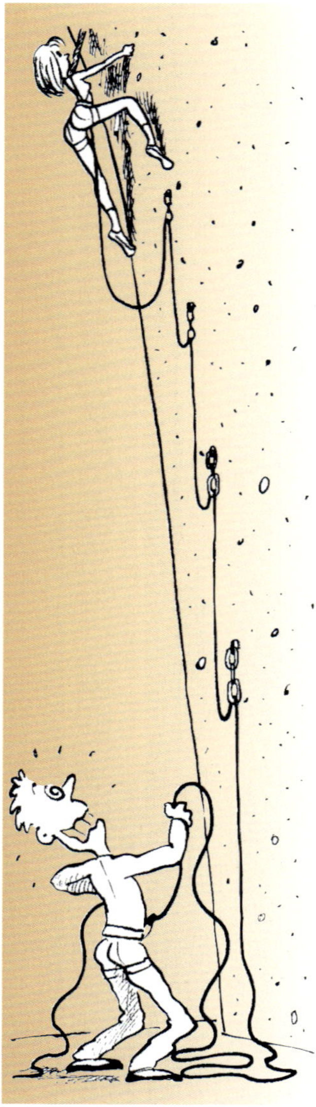

Klettern ist Vertrauenssache. Wer sich auf seinen Sicherungspartner verlassen kann, wird sehr viel entspannter unterwegs sein als jemand, dem dieses Vertrauen fehlt. Klar, dass es an den Nerven zehrt, wenn man die Befürchtung hat, bei einem Sturz hart gegen die Wand zu prallen oder bis zum Boden durchzurauschen.
Natürlich bemüht man sich als Sicherer, den Erwartungen gerecht zu werden. Man beobachtet den Partner aufmerksam. Das Seil soll dabei etwa einen halben Meter Durchhang aufweisen (Schlappseil, englisch: Slack). In brenzligen Situationen darf's auch mal etwas weniger sein.
Das Seil sollte aber nie straff sein. In der Vorstiegssituation ist Zug nach unten kontraproduktiv und im Toprope führt er dazu, dass man anschließend gar nicht sagen kann, ob man die Stelle geklettert hat oder nicht (›››› vgl. Seite 39, 40).

Vergessen Sie nicht, Ihr Schlappseil im Auge zu behalten. Ich habe schon bedrohlich große Schlappseilmengen gesehen. Sie bildeten sich, obwohl oder gerade weil der Sichernde seinen Vorsteiger höchst konzentriert beobachtete. Nur stimmte leider das kontinuierliche Seilausgeben nicht mit dessen Klettergeschwindigkeit überein.

Bei zuviel Schlappseil sind im Sturzfall mehrere Szenarien möglich. Günstigstenfalls wird der Gestürzte nachfragen, warum zum Teufel er so tief hänge. Der

Sicherer wird antworten, er sei voll bei der Sache gewesen und habe keine Ahnung, wie das passieren konnte …

Wünscht der Kletternde Seilzug, wird er dies mit dem Kommando »Zu« oder »Zug« kundtun (›››› Seite 34). »Zu« heißt dabei meistens, dass man ausruhen möchte, und selbstverständlich möchte man das dort tun, wo man gerade ist, und nicht zwei Meter tiefer. Für den Sichernden bedeutet dies, dass er das Seil mit seinem ganzen Körpergewicht belasten muss. Er geht dazu in die Knie oder einige Schritte zurück oder beides. Stoppt die eigene Bewegung aufgrund der Seilspannung, kann der andere loslassen. Er wird nur unwesentlich durchsacken.

Zieht man das Seil aber lediglich ein, tritt der gewünschte Effekt nicht auf und man muss mit einem genervten Kommentar des jetzt weniger weit oben Hängenden rechnen. Im Umkehrschluss entspannt man das Seil vollständig, sobald der Vorsteiger seine Kletterposition wieder eingenommen hat. Sichern heißt also nicht Rumstehen und Däumchen drehen. Es kann engagierten Körpereinsatz fordern.

Noch ein Nachschlag zum Clippen. Hängt der Vorsteiger eine Exe in den nächsten Haken, wird er voraussichtlich innerhalb der nächsten Sekunde das Seil hochziehen wollen. Das Einhängen der Exe ist somit ein deutliches Indiz, schon mal entsprechend Seil auszugeben (›››› Seite 46). Diese Empfehlung gilt natürlich nicht, wenn das Einhängen der Exe die offensichtlich letzte Aktion ist, die der Vorsteiger noch gebacken bekommt. Möglicherweise ist er sogar so platt, dass er nicht einmal mehr die Exe festhalten kann. Da fehlt dann gerade noch Schlappseil.

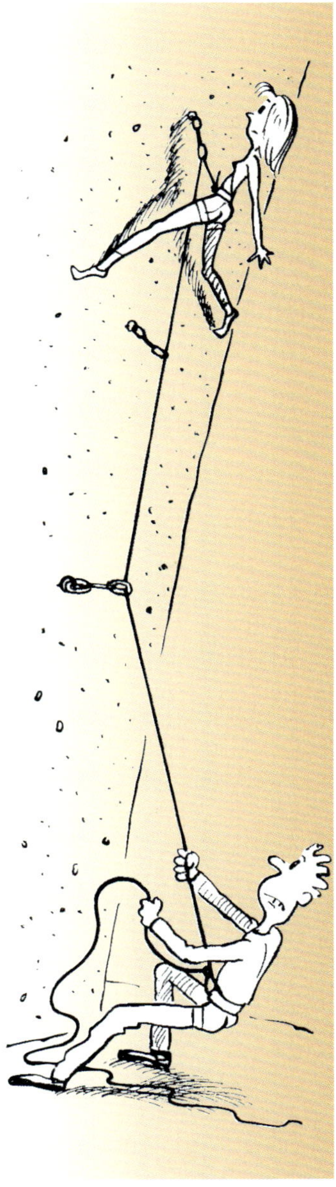

Engagierter Körpereinsatz

Selbstsicherung beim Sportklettern

Unterschiedliche Situationen können eine Selbstsicherung erfordern

Sturz wird trotz Selbstsicherung weich gehalten

»»» Seite 46

Beim Sportklettern ist eine Selbstsicherung des Sichernden im Allgemeinen nicht erforderlich. Es gibt aber Gründe, die eine solche Selbstsicherung wünschenswert erscheinen lassen. Zum einen kann der Gewichtsunterschied 25 % (circa 15 kg) überschreiten. Zum Zweiten kann Verletzungsgefahr für den Sichernden bestehen, was auch eine Kollision mit dem Stürzenden oder seitliches Wegpendeln einschließt. Und zum Dritten kann der Standort des Sichernden so exponiert sein, dass eine Selbstsicherung vorteilhaft ist. Man vergegenwärtige sich in diesem Zusammenhang, welche Folgen bereits ein kleiner Stolperer für den Vorsteiger haben kann.

Übersicht	***Wann Selbstsicherung***
Fall 1	*Bei großem Gewichtsunterschied.*
Fall 2	*Bei Kollisionsgefahr.*
Fall 3	*Bei Verletzungsgefahr durch Anprall.*
Fall 4	*Bei Gefahr seitlichen Wegpendelns.*
Fall 5	*Bei unsicherem Standort (Stolpern bzw. Absturz).*

Im letzten Fall fixiert man sich an einem in der Wand befindlichen Haken (erste Zwischensicherung oder speziell angebrachter Selbstsicherungshaken). Die Selbstsicherung soll dabei mindestens einen Meter lang sein. So hat man genug Spielraum, wenn man sturzbedingt nach oben gezogen wird. Man baut die Selbstsicherung entweder mit einer Ankerstichschlinge am Gurt (›››› Seite 32) oder indem man sich in das freie Seil-Ende einbindet und das Seil mit »Mastwurf« einklinkt.

In allen anderen Fällen soll die Selbstsicherung ein übermäßiges Abheben vom Boden verhindern. Dazu wählt man einen vom Fels entfernten Fixpunkt. Er muss nicht den Anforderungen an einen Stand genügen, da er lediglich eine Hintersicherung darstellt. In der Regel wird man einen Baum oder Ast benutzen. Man lege eine Ankerstichschlinge um den Baum und verbinde sie mit dem Anseilpunkt – Ankerstich deshalb, weil der bei Belastung nicht am Baum entlang rutscht.

Lange Selbstsicherung

Technik	***Selbstsicherung nach hinten***
Fixpunkt	*Von der Wand entfernt.*
Position	*Etwas seitlich um eine Kollision zu vermeiden.* *Selbstsicherung gespannt.*

Position »in Linie«

Zu beachten ist, dass die »Weichheit« des Systems nur erhalten bleibt, wenn der Sichernde trotz Selbstsicherung ein Stück vom Boden abheben kann. Das funktioniert nur bei etwa horizontal verlaufender Selbstsicherung. Bringt man sie am Boden an, wirkt das System ähnlich wie eine Fixpunktsicherung. In Kletterhallen kann es schwierig sein, passende Sicherungspunkte zu finden. Zunehmend werden dort Sandsäcke mit Befestigungsösen als »mobile Fixpunkte« angeboten. Die können natürlich am Boden bleiben.

Hat man die Selbstsicherung eingehängt, achtet man darauf, dass sie gespannt ist und dass man sich »in Linie« zwischen dem Fixpunkt und der ersten Zwischensicherung befindet. In dieser Position wird man im Sturzfall gerade nach oben beschleunigt und nicht etwa nach vorne oder zur Seite. So hat man beste Aussichten, selbst einen richtig schweren Brocken zu halten – wundere sich aber nicht, wenn man dabei unversehens Hals über Kopf durch die Luft wirbelt.

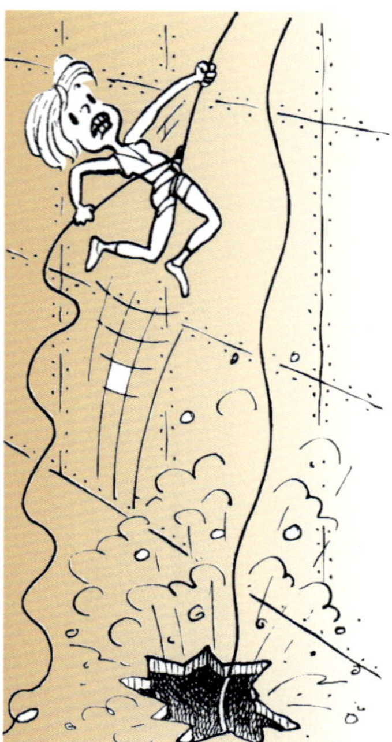

Bisweilen kann man Leute beobachten, die ihre Selbstsicherung hinten am Gurt befestigen. Dies wird wegen der Gefahr einer Nierenquetschung nicht empfohlen. Hängen Sie Selbst- und Partnersicherung immer am selben Punkt ein, und zwar vorne am Hüftgurt. Drehen Sie sich ggf. etwas zur Seite, so dass die Selbstsicherung von vorneherein gerade verläuft und nicht ein Viertel um Ihren Körper herum.

Behalten Sie die 125 % im Auge, wenn Sie ohne Selbstsicherung sichern. Lassen Sie sich in diesem Zusammenhang auch nicht von professionell anmutenden Mädels beeinflussen, die ihre schweren Jungs sichern. Es ist möglich, größere Gewichtsunterschiede zu kontrollieren – wehe aber man weiß dann nicht, was auf einen zukommt.

Fixpunktsicherung

Körper außerhalb der Kraftübertragung

Sicherung gut bedienbar

Seildurchlauf dynamisch

Höhere Bremskraftwerte bei Sturzzug nach unten

Körpersicherung ist Standard, wenn man auf dem Boden steht und Fixpunktsicherung ist Standard für das Sichern vom Standplatz aus.

Diese im letzten Jahrhundert wohlbekannte Weisheit droht heute in Vergessenheit zu geraten, da eine breite Mehrheit das Klettern in der Halle oder im Klettergarten lernt und somit ganz selbstverständlich die Körpersicherung verwendet. Was liegt näher als diese bewährte Technik auch in Mehrseillängen-Routen anzuwenden?

Natürlich gibt es Situationen, in denen Körpersicherung am Stand Vorteile bringt. Mehr dazu im folgenden Kapitel. Es gibt aber mindestens genau so viele Situationen, in denen diese Technik zu Problemen führen kann und nicht angesagt ist.

»»» Seite 76

Übersicht ***Wann Fixpunktsicherung am Stand***

Fall 1 *Bei möglichem Sturzzug nach unten.*

Fall 2 *Bei seitlichem Sturzzug.*

Fall 3 *Bei Gewichtsrelation größer 125 % (Kletterer zu Sicherer).*

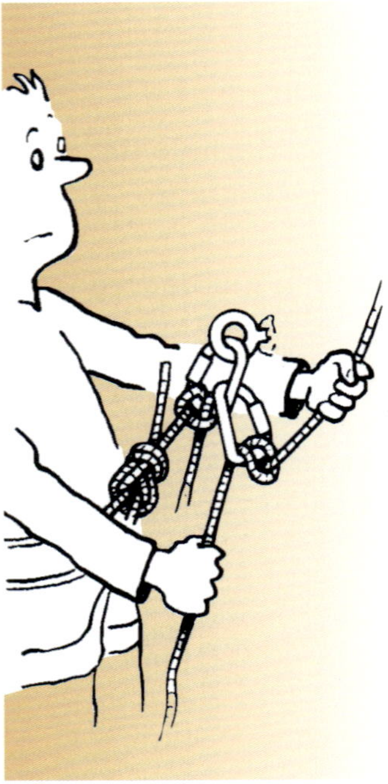

Achte auf deine Hände

Man löst die bei Körpersicherung am Stand möglichen Probleme übrigens nicht, indem man einen »normalen« Stand zusätzlich mit einem so genannten Dummy-Runner (›››› Seite 77) nachrüstet. Das ist eine Exe, die im Stand eingehängt wird – als erste Zwischensicherung sozusagen. Sturzzug geht dann immer in Richtung dieser Exe. So weit so gut, nur leider sind die Hände des Sichernden nicht weit weg und gehen auch in Richtung dieser Exe …

Fixpunktsicherung hat den Vorteil, dass Sie nicht oder nur wenig beschleunigt werden. Im Idealfall halten Sie den Sturz, ohne überhaupt mit dem Körper involviert zu sein. Allerdings sind die Fixpunkte des Standes am Fels angebracht. Achten Sie insofern auf Ihre Hände! Es führt zu üblen Verletzungen, wenn Ihre Finger zwischen Seil und Fels eingeklemmt werden.

Des Weiteren ist die Positionierung am Stand von Bedeutung. Das Sicherungsgerät soll sich einigermaßen nahe beim Körper befinden (kurze Selbstsicherung) und im Falle einer Vorstiegssicherung nicht über Brusthöhe liegen. Schließlich soll die Sicherung an einem Punkt eingehängt sein, der so beschaffen ist, dass er in keine Richtung wesentlich nachgibt. Doch darüber mehr beim Thema Standplatzbau.

›››› Seite 145

Sichert man über einen Fixpunkt, wirkt der eigene Körper naturgemäß nicht mehr als Weichmacher. Aus diesem Grund laufen alle gängigen Bremssysteme ab einer Kraft von circa 2 – 3 kN durch. Das bedeutet, die empirisch ermittelte Handkraft von 250 N genügt nicht mehr um das Bremsseil festzuhalten. Das Bremssystem läuft solange durch, bis der Sturzzug wieder unter den Durchlaufwert sinkt. Nennenswerte Seildurchläufe treten in der Praxis allerdings nur bei großen Stürzen auf.

›››› Seite 49

Für die Fixpunktsicherung wünscht man sich ein System, das bei der GAU-Situation »Sturzzug nach unten« höhere Bremswerte entwickelt als bei Sturz in eine Zwischensicherung. Letztere »vernichtet« durch den Umlenk-Effekt ja schon rund ein Drittel der Energie. Die HMS-Sicherung hat diese Eigenschaft – im Gegensatz übrigens zu den meisten für das Sichern vom Boden aus empfohlenen Geräten. Der HMS-Karabiner wird möglichst direkt in Standhaken oder Zentralpunkt eingehängt.

»»» Seite 42

»»» Seite 41, 76

Sinnvollerweise achtet man darauf, den HMS-Knoten »unverdreht« einzuhängen, das heißt das Führungsseil kommt in Kletterrichtung bzw. das Bremsseil unten aus dem Karabiner heraus (HMS nicht um 180° oder 360° verdreht). Der Aspekt »Schnapper gegenüber Bremshand« (»»» Seite 50) ist bei Fixpunktsicherung zu vernachlässigen. Er würde hier Verwirrung stiften, da der Karabiner jede beliebige Raumlage aufweisen kann.

»»» Seite 143

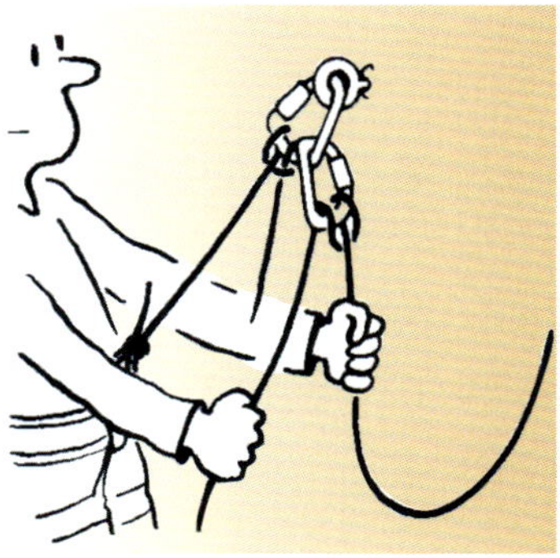

In schweren Passagen gibt man das Seil direkt nach oben aus. In Eisflanken und leichteren Passagen gibt man es zunächst nach unten aus. Das Seil verläuft dann in einer Schlaufe nach oben. Das Ausgeben ist auf diese Art erleichtert – die Sturzstrecke allerdings entsprechend erhöht.

Befindet sich eine verlässliche Sicherung unmittelbar über dem Stand, kann man das Seil in dieser umlenken (»»» Seite 79). Man gewährleistet damit, dass Sturzzug immer nach oben erfolgt und kann somit auch Achter oder Tube am Fixpunkt benutzen, sowohl im Vorstieg als auch im Nachstieg. Besteht ein Stand aus zwei soliden, übereinander angeordneten Fixpunkten, kann auch der obere Fixpunkt des Standes als Umlenkung dienen.

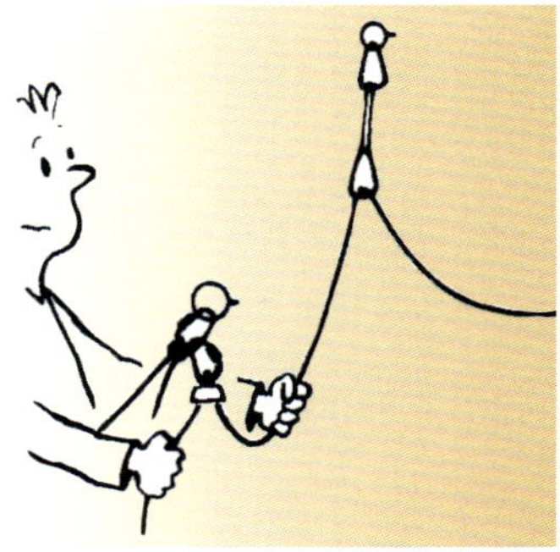

Körpersicherung am Stand

Sturzzug erfolgt
nach oben

Selbstsicherung lässt
Hochgezogen-Werden zu

»»» Seite 49
»»» Seite 88

Fixpunktsicherung bremst abrupt. Zum Bremswert Ihres Sicherungsgerätes (= 100 %) kommen in der Umlenkung noch circa 50 % an Reibung hinzu. Der maximale Fangstoß beim HMS-Sichern beträgt somit circa 4,5 kN (3 kN x 150 % = 4,5 kN). Das entspricht je nach Körpergewicht der sechs- bis siebenfachen Erdbeschleunigung.

In der alpinen Standardsituation nimmt man diese harte Verzögerung in Kauf. Die Priorität liegt im kurzen Bremsweg und darin, den Körper des Sichernden aus der Kraftkette heraus zu halten. Stürzen sollte man ohnehin nicht!

Beim alpinen Sportklettern gelten andere Prioritäten. Die Fixpunkte sind in der Regel gut, und wenn alles passt, kann man schon mal einen Sturz riskieren. Dafür wünscht man sich natürlich die aus dem Klettergarten bekannte, weiche Sicherung. Und die ist auch in Mehrseillängenrouten am besten über den Körper zu realisieren.

Übersicht Bedingungen für Körpersicherung am Standplatz

Punkt 1	*Der Sturzzug erfolgt nach oben.*
Punkt 2	*Die Länge der Selbstsicherung gestattet deutliches Abheben nach oben.*
Punkt 3	*Es besteht keine Verletzungsgefahr durch das Hochgezogen-Werden.*
Punkt 4	*Gewichtsrelation kleiner 125 % (Kletterer zu Sicherer).*

Ich warne Sie ausdrücklich davor, diese Bedingungen auf die leichte Schulter zu nehmen. Wenn man einen größeren Sturz halten muss – und so was kann selbst in alpinen Sportkletterrouten vorkommen – dann sind die auftretenden Kräfte deutlich höher als was Sie vom Klettergarten oder der Halle her kennen. »»› Seite 36
Und wenn diese Kräfte den Sichernden seitlich gegen die Wand klatschen oder nach oben in eine zu kurze Selbstsicherung katapultieren, kann das zu höchst unerfreulichen Verletzungen führen.

Will man über den Körper sichern, gilt es also die genannten Voraussetzungen zu schaffen. Wie Sie schon vermuten, kommen dafür unterschiedliche Konstruktionen in Frage, und zwar die klassische Methode, Tieferhängen oder Plusclipp.

Bei der »klassischen Methode« fixiert man sich mit einer längeren Selbstsicherung am Stand (Länge mindestens 1 m; besser 1,5 m) und sichert über den Körper. Bis der Vorsteiger die erste Exe geclippt hat, hängt man einen Dummy-Runner ein. In dieser Phase sollte kein Sturz erfolgen. »»› Seite 74

Dummy-Runner aushängen

Tieferhängen

Ist die erste Exe geclippt, entfernt man den Dummy-Runner. Man hat jetzt circa zwei Meter Spielraum, bevor sich die Selbstsicherung spannt und den Körper in Richtung Wand beschleunigt. Die erste Zwischensicherung muss sich natürlich einigermaßen im Lot über dem Stand befinden und nicht irgendwo seitlich.

Befindet sich die erste Zwischensicherung seitlich, kann man sich am Stand tiefer hängen und den Dummy-Runner belassen. Der Sturzzug erfolgt dann in jedem Fall nach oben. Da man aber nur die Strecke bis zum Dummy-Runner zur Verfügung hat, sollte die Länge der Selbstsicherung nicht unter zwei Meter betragen.
Die Methode mit Tieferhängen wird schon seit langer Zeit im Elbsandstein angewendet, und dort sind die Ringe oftmals auch so platziert, dass man zwei bis drei Meter unterhalb eine brauchbare Stufe zum Stehen vorfindet. In alpinen Routen hingegen befinden sich die Standhaken meist unmittelbar an der Stelle, wo man auch stehen kann. Tieferhängen ist somit im Allgemeinen unbequem und wird selten angewendet.

Die dritte Möglichkeit, »Plusclipp«, bietet eine Synthese der beiden ersten Methoden. Der Vorsteiger überklettert den Stand, clippt noch die nächste Zwischensicherung, kehrt zum Stand zurück und kann jetzt bereits den Nachsteiger über seinen Körper sichern. Da das Seil immer von oben kommt, ist auch für den nachfolgenden Vorstieg kein Umbau der Sicherung erforderlich. Mit dieser Methode kann man dem Nachsteiger ausgezeichnet Zug geben und das manchmal mühsame Losklettern vom Stand ist entschärft. Das Seil hängt ja schon in der ersten Exe (›››› Seite 252).

Plusclipp

Übersicht	***Wann Plusclipp***
Seil	*Es steht genügend Seil für das Manöver zur Verfügung.*
Zeit	*Der erste Clipp ist nicht allzu weit vom Stand entfernt.*
Lot	*Der erste Clipp befindet sich einigermaßen im Lot über dem Stand.*
Hakenqualität	*Die erste Zwischensicherung ist verlässlich.*
Nachsteiger	*Empfehlenswert, sofern Zug gegeben werden muss.*

Stürze halten

Der Sturz wird »weich« gehalten

Falls notwendig, wird der Sturz »hart« gehalten

Unnötige Flugmeter werden vermieden

Der Gewichtsunterschied wird berücksichtigt

Im Zuge des Hallenzeitalters sind Ein-Meter-Sicherungsabstände schon fast Standard geworden. Außerdem riskiert der typische Indoor-Vorsteiger nur selten einen Sturz (»zieh ein, ich riskier was!«).

Er setzt sich vielmehr in das von seinem Partner gestraffte Seil und kann das entsprechende Kommando ja auch praktisch zu jeder Zeit geben. Der Sichernde »lernt« in diesem Zusammenhang, dass das Halten unproblematisch ist – er entwickelt aber keine realistische Vorstellung bezüglich der Kräfte, die bei einem Sturz auftreten. Solche Vermeidungsstrategien sind ungünstig. Sowohl als Kletterer wie auch als Sicherer sollten Sie sich von vorn herein mit der Sturzthematik befassen.

›››› Seite 36

Stürzen und Stürze halten lernen Sie am besten unter der Obhut eines erfahrenen Bergführers oder Klettertrainers. Der wird die entsprechenden Übungen in drei Stufen aufbauen: Falltest (Durchsacken im Toprope) für Einsteiger, Sicherungstraining (»Stürze« von der Umlenkung weg) für Kletterer im IV. – VI. Grad und Sturztraining (reale Stürze mit zunehmender Höhe) ab dem VI. Grad. So können Sie sich schrittweise an dieses luftige Abenteuer gewöhnen.

Übersicht	***Gewichtsunterschiede***
Selbstsicherung	*Bei »Kletterer viel schwerer als Sicherer«.*
Passiv Sichern	*Bei »Kletterer schwerer als Sicherer«.*
Abfedern	*Bei »Kletterer leichter als Sicherer«.*
Dosiert Seil eingeben	*Bei »Kletterer viel leichter als Sicherer«.*

Bei den Überlegungen zum optimalen Sicherungsverhalten spielt die Gewichtsrelation der beteiligten Personen die entscheidende Rolle.

Ist der Sichernde erheblich leichter, sollte er eine Selbstsicherung benutzen (›››› Seite 71).
Wie schon mehrfach erwähnt, liegt die Grenze bei circa 125 %. Befindet man sich im Bereich dieser Grenze und verzichtet auf die Selbstsicherung, sichert man bewusst hart. Das Resultat wird eine

weiche Landung für den Vorsteiger sein (ohne dass es den Sichernden durch die erste Exe zieht).

Ist der Sichernde etwas leichter (bis circa 10 kg Unterschied), sichert man passiv (»»» Seite 66). Man tut nichts Spezielles – außer natürlich das Bremsseil festhalten und aufpassen, dass man nicht gegen die Wand prallt. Die Gewichtsverhältnisse sorgen dafür, dass alles optimal abläuft.

Passiv sichern

Ist der Sichernde schwerer, sichert man aktiv. Bei bis circa 10 kg Unterschied, liefert die Standardmethode mit »Abfedern« gute Resultate.
Der Sichernde nimmt dabei eine Position mit gebeugten Beinen und vorgespannter Muskulatur ein. Der Sturzzug wird ihn dann deutlich weiter nach oben befördern als dies bei normaler Körperhaltung der Fall wäre. Man kann das Abheben durch eine aktive Aufwärtsbewegung unterstützen, sei sich aber bewusst, dass falsches Timing gegenteilige Effekte zur Folge hat. Springt man zu früh ab und befindet sich im Moment des Sturzzugs bereits wieder in der Abwärtsbewegung, wird der Fangstoß superhart.
Aus diesem Grund wird die Methode mit Abfedern für schwere Sicherer weniger empfohlen. Je größer der Gewichtsunterschied, desto größer die Problematik bei falschem Timing.

Abfedern

Schwere Sicherer sollten sich daher angewöhnen, das Bremsseil entfernt vom Gerät zu greifen und das verfügbare Seil dosiert in die Sicherung einlaufen zu lassen. Das Seil gleitet dabei nicht durch die Hand, sondern die Hand bewegt sich zum Sicherungsgerät. Diese Technik will geübt sein. An die Arbeit, Schwergewichte – eure leichten Partner(innen) werden es euch danken.

Dosiert Seil eingeben

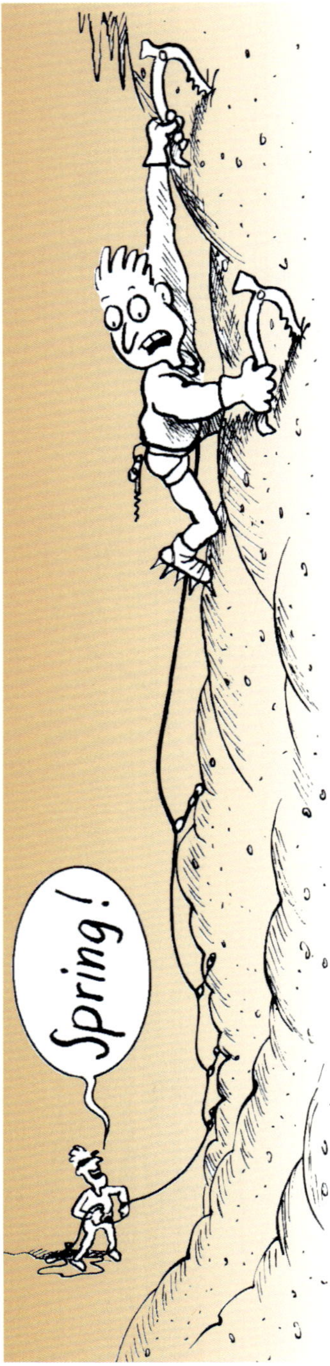

Beim Klettern besteht eine wichtige Überlebensstrategie darin, realitätsnah zu beurteilen, ob man in einer bestimmten Situation stürzen darf oder nicht. Wer im falschen Moment stürzt, hat beste Aussichten, sich im Krankenhaus oder auf dem Friedhof wieder zu finden. Wer andererseits in sturzfreundlichem Gelände niemals ans Limit geht, wird immer unter seinen Möglichkeiten bleiben.

Einen sinnvollen Umgang mit dieser Thematik liefert das so genannte »taktische Sicherungskonzept« (Güllich 1986). Es besagt, dass man nur dann am Limit klettern darf, wenn man einen möglichen Sturz kontrollieren kann. Je nach Sturzerfahrung wird dies mehr oder weniger weit über der letzten Zwischensicherung sein. Oberhalb dieses Punktes muss mit entsprechender Sicherheitsreserve geklettert werden.
Sicherheitsreserve bedeutet, dass man wieder bis zu dem Punkt zurück klettern kann, an dem der Sturz vertretbar ist. Idealerweise verfügt man also über einen Schalter im Kopf, den man blitzartig zwischen »Klettern am Limit« und »Klettern mit Sicherheitsreserve« umschaltet. Gerade Alpinisten, die in der Regel auf Nummer Sicher klettern, tun sich mit diesem Umschalten hart. Ihre Sportkletterfähigkeiten sind dadurch beeinträchtigt.

Grundsätzlich gelten für Fels und Eis die gleichen Aussagen bezüglich der Sturzfreundlichkeit. Unterhalb von circa 80° sollte man nicht stürzen – die Gefahr frühzeitigen Wandkontaktes ist groß. Sowohl im Fels als auch im Eis kann dies leicht zu Sprunggelenkverletzungen führen. Neben der Geländesteilheit spielt die Frage der Absicherung eine entscheidende Rolle. Das »sturzfreundlichste« Gelände kann mörderisch werden, wenn die Schraube in luftdurchsetztem Röhren-Eis steckt oder der Keil hinter einer filigranen Schuppe liegt.

Übersicht	***Wann Stürzen***
Höhe	*Wie weit entfernt ist die letzte Zwischensicherung?*
Qualität	*Wie verlässlich ist die letzte Zwischensicherung?*
Redundanz	*Was passiert, wenn sie versagt?*
Gelände	*Ist die Sturzbahn frei?*
Anprall	*Ist aufgrund des Geländes ein harter Anprall zu erwarten?*

Die Anprallthematik hat besondere Bedeutung, wenn man aus einer senkrechten Wand in überhängendes Gelände hineinklettert und die letzte Zwischensicherung noch im Senkrechten steckt. In diesem Fall wird ein großer Anteil der Sturzenergie in eine Rotationsbewegung umgewandelt, die den Stürzenden in Richtung Fels beschleunigt. Gleiches passiert, wenn man in einer »normalen« Situation zu weit nach hinten springt. Der unmittelbare Reflex »weg von der Wand« ist also nicht förderlich und kann zu Verletzungen führen.

Tipp **Springe nur so weit nach hinten, dass du während des Sturzes nicht am Fels streifst!**

Während des Sturzes spannt man die Rumpfmuskulatur an und bringt die Beine nach vorne. Der Anprall an der Wand soll mit den Füßen abgefedert werden. Bei kleinen Stürzen lässt man sich etwas nach hinten kippen. So ist es leichter, die Füße im Moment des Fangstoßes vorne zu haben.

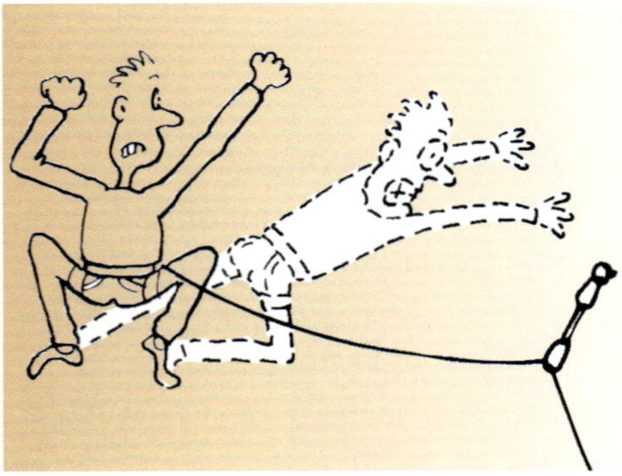

Befindet man sich seitlich über dem Haken, ist ein Pendelsturz fällig. Da seitliches Pendeln schwierig abzufangen ist, springt man am besten in Richtung zum Haken hin ab. Der Pendler wird auf diese Weise reduziert und der Sturz somit besser kontrollierbar.

Übersicht	***Wie stürzen***
Haltung	*Beine nach vorn und Rumpfmuskulatur anspannen.*
Absprung	*Nur so weit nach hinten wie nötig.*
Pendelsturz	*Absprung in Richtung Haken.*

Ein klassisches Problem ist die Seilführung am Körper. Legt sich das Seil beim Sturz hinter ein Bein, kommt es zum Überschlag. Man kann dabei unkontrolliert gegen die Wand prallen und hat in jedem Fall einen netten Brandstriemen hinten am Oberschenkel. Dieses Problem wird durch die korrekte Seilführung am Körper vermieden. Sie ist eine Frage des gesunden Menschenverstandes. Was macht das Seil, wenn ich in der aktuellen Position stürze? Löst sich die Situation oder legt sich das Seil um meinen Oberschenkel? Üben Sie es, die Seilführung während des Kletterns im Auge zu behalten – auch in vermeintlich leichten Passagen. Vereinbaren Sie, dass Ihr Partner Sie warnt, wenn etwas nicht stimmt.

Übersicht	***Seilführung am Körper***
Im Lot über dem Haken	*Seil frontal zwischen den Beinen.*
Seitlich über dem Haken	*Seil seitlich über dem Oberschenkel*
	oder
	Seil seitlich über dem Rist.

All diese hübschen Empfehlungen betreffen natürlich immer nur »kontrollierte Stürze«, das heißt, es findet ein bewusster Absprung statt. Stürze durch Abrutschen oder Griffausbruch verlaufen unkontrolliert. Man hat keine Möglichkeit, den Verlauf noch zu beeinflussen und muss der Dinge harren, die da kommen. Aber nur kurz! Die Angelegenheit ist eine Frage von Sekunden und die Konsequenz kann schmerzhaft sein.
Ob kontrolliert oder nicht, im Allgemeinen versucht der Sichernde, den Sturz weich zu halten. Leider ist die Sturzbahn nicht immer frei und es gibt Situationen, die »hartes« Sichern erfordern oder wünschenswert machen.

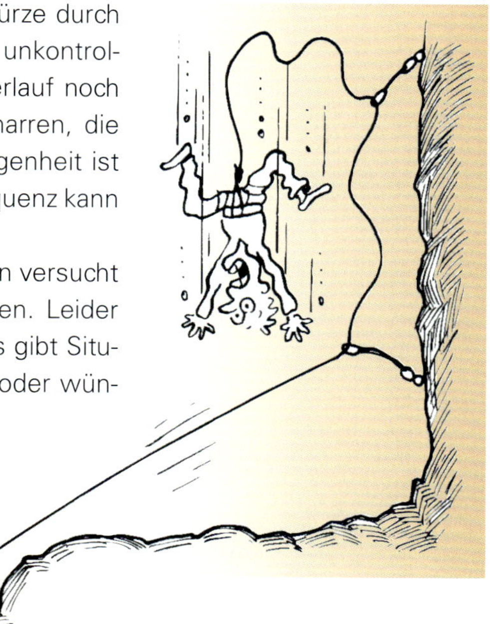

Übersicht
Wann hart Sichern

Band	*Bei Aufschlaggefahr auf einem Band.*
Boden	*Bei Aufschlaggefahr auf dem Boden.*
Ggf.	*Beim Ausbouldern von Routen.*

Das Ausbouldern betrifft Situationen, bei denen der Kletternde in unmittelbarer Hakennähe »stürzt«. Nach Absprache kann man in solchen Fällen hart sichern. Der Kletterer hängt dann nicht drei Meter tiefer und muss sich auch nicht wieder bis zu der Stelle hocharbeiten, die er gerade ausbouldert.
Die beiden anderen genannten Situationen (Aufschlaggefahr) leuchten unmittelbar ein. Besser unsanft gegen die Wand geprallt als ungespitzt in den Boden gebombt (Grounder).

Hart Sichern realisiert man dadurch, dass man sich kurz vor dem Sturzzugmoment nach hinten fallen lässt. Dadurch entwickelt man deutlich mehr träge Masse.

In Extremfällen sollte man versuchen, die Sturzstrecke durch Weglaufen zu verkürzen. Dies gelingt optimal, wenn man bereits im Vorfeld die Richtung geklärt hat, in die man sprintet und sich startbereit positioniert. Bleibt anzumerken, dass Situationen, die solche Maßnahmen erfordern, in der Regel nur unter Missachtung des taktischen Sicherungskonzeptes entstehen können (›››› Seite 82).

Deutlich mehr Bodenkontakt tritt beim Bouldern auf. Jeder Sturz bzw. Absprung endet unweigerlich im Schoß von Mutter Erde. Da Bouldern oft im persönlichen Grenzbereich praktiziert wird, sind Sprünge an der Tagesordnung. Der oder die Partner haben dabei die Aufgabe, das Verletzungsrisiko zu minimieren. Sie tun dies durch »spotten«. Der Begriff stammt vom englischen Wort »spot« und hat nichts mit Spott oder verspotten zu tun. Genauso wenig wie »spinning« mit spinnen.

Übersicht	***Bouldersprünge kontrollieren***
Vorbereitung	*Ausstiegsgriffe checken und säubern. Absprunggelände freiräumen.*
Bouldermatte/n	*Bouldermatte (Crashpad) richtig platzieren. Mehrere Matten so legen, dass keine Stufen entstehen.*
Sprung und Landung	*Auf den Beinen landen. Sturzenergie abfedern. Bei größerer Sturzhöhe mit geschlossenen Füßen landen und abrollen.*
Spotter generell	*Position hinter oder unter dem Boulderer. Beim Klettern nicht behindern oder berühren. Ständige Aktionsbereitschaft.*
Spotter Arme	*Nach oben gestreckt, um während einer möglichst langen Strecke bremsen zu können.*

Spotter Hände	*Fingerbeieinander(nichtgespreizt) und Daumen angelegt.*
Spotten im Senkrechten	*Die Hüfte bremsend zum Boden führen.*
Spotten im Dach	*Der Stürzende soll aufgerichtet werden. Den oberen Wirbelsäulenbereich unterstützen. Die Füße müssen durchschwingen können.*
Spotten bei großer Höhe	*In hohen Bouldern (Highball) durch festen Griff um die Hüfte Energie mit aufnehmen.*

Klar, dass mehrere Spotter sich nicht gegenseitig behindern sollen. Klar auch, dass man das Crashpad mitzieht, sobald ein Sturz neben ihm landen würde. Ungedämpft auf dem Boden zu landen, kann einen Kahnbeinbruch (Handwurzelknochen) oder einen Fersenbeinbruch zur Folge haben.
Weniger klar ist vielleicht, dass man sich auch trotz Bouldermatte weh tun kann. Unter anderem sind Sprunggelenktraumen (Verstauchung, Bänderriss) oder Luxationen (Ellbogen, Schulter) möglich.

Zwischensicherung und Runterkommen

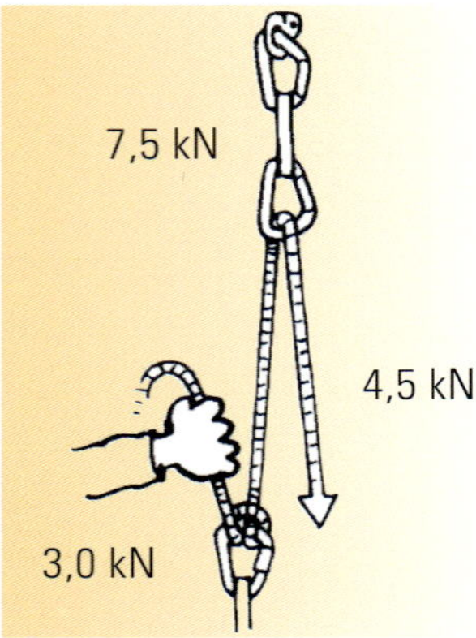

Belastung der Umlenkung

»» Seite 49
»» Seite 76

Während man sich beim Sportklettern darüber Gedanken macht, von welcher Seite die Exe in den Bohrhaken gehört, steht im Eis und bei alpinen Routen die Frage im Vordergrund, wie man Zwischensicherungen überhaupt anbringt. Beide Themen werden hier behandelt. Auch die diversen Seiltechniken für das »Hinunter« kommen zur Sprache.

Die grundlegende Frage, welche Belastung eine Zwischensicherung aushalten muss, lässt sich folgendermaßen beantworten. Man nehme das am stärksten bremsende System, nämlich HMS bei Fixpunktsicherung. Wie Sie bereits wissen, bremst die HMS mit rund 3 kN (maximaler Wert). Die Fangstoßkraft auf der Seite des Stürzenden beträgt rund 4,5 kN.

Die Kraft, mit der die Zwischensicherung belastet wird, ist die vektorielle Addition. Bei 180°-Umlenkung entspricht sie der normalen Addition. Man erhält somit 7,5 kN als realistische Größe, bei einem weiten Sturz. Dieser Wert kann durch Zickzack-Verlauf oder Abklemmen des Seils noch etwas steigen, dürfte aber immer unterhalb von 10 kN liegen.

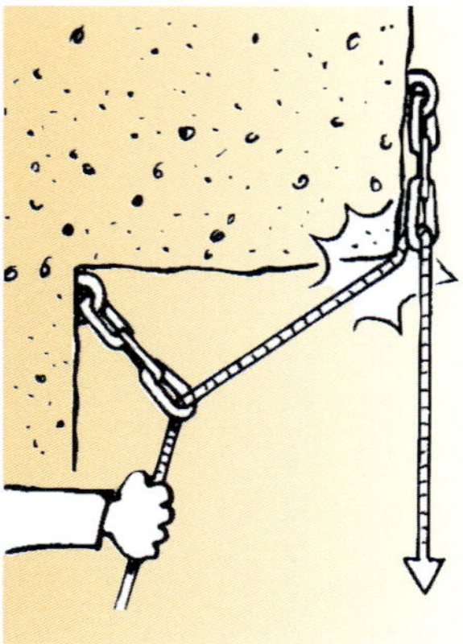
Abklemmen

Abklemmen tritt mehr oder weniger ausgeprägt auf, wenn der umlenkende Karabiner am Fels anliegt. Dies ist der Fall, wenn der untere Karabiner einer Exe knapp oberhalb einer Dachkante hängt. Man benutzt an solchen Stellen besser eine längere Exe. Einzelne Karabiner klemmen auch leicht ab, werden aber wegen der entstehenden Reibung ohnehin kaum verwendet.

Clipptechnik

Clippen geht schnell

Exe hängt sich nicht ungewollt aus

Seil hängt sich nicht ungewollt aus

Eine taktische Frage vorweg. Clippt man das Seil so früh wie möglich, oder erst wenn sich der Haken auf Hüfthöhe befindet?

Die zweite Technik erspart das Aufziehen des Seils und ist insofern ökonomisch. Es wird sogar immer wieder behauptet, dass man beim Clippen auf Hüfthöhe weniger weit stürze als wenn man in tieferer Position mit aufgezogenem Seil loslässt. Das stimmt nur bedingt, die Sturzweite ist in beiden Fällen gleich. Da man sich aber beim Clippen auf Hüfthöhe bereits weiter oben befindet, fällt man auch nicht so tief.

Oft sind Haken derart gesetzt, dass nach einem brauchbaren Clippgriff eine schwere Passage folgt. Ignoriert man den Griff in der Absicht, später auf Hüfthöhe zu clippen, kommt man unter Umständen gar nicht mehr dazu und stürzt in diesem Fall natürlich bedeutend weiter als wenn man rechtzeitig eingehängt hätte.

Übersicht	***Clippen auf Hüfthöhe***
Ökonomie	*Geht schnell und ist kraftsparend.*
Sturzweite	*Gleich, aber der Sturz findet weiter oben statt.*
Clippgriff vorhanden?	*Empfehlenswert, wenn ein geeigneter Clippgriff vorhanden ist.*
OnSight	*Kennt man die Route nicht, ggf. frühzeitig clippen.*

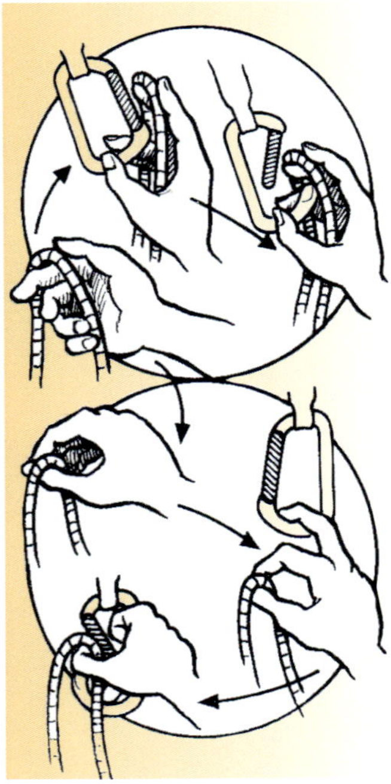

Während das Einhängen der Exe in den Haken motorisch einfach ist, bedarf das Einlegen des Seils in den Karabiner einer gewissen Fingerfertigkeit. Es gibt zwei unterschiedliche Methoden, das Seil aufzuziehen. Bei Methode Eins zieht man es in der hohlen Hand nach oben (Bilder links). Diese Methode wird von circa 80 % der Kletterer angewendet. Bei Methode Zwei, welche die restlichen circa 20 % bevorzugen, lässt man das Seil zwischen Daumen und Zeigefinger über den Handrücken laufen (Bilder rechts). Je nachdem, wie man das Seil hochzieht, kommen unterschiedliche Clipptechniken zum Einsatz.

Natürlich macht es auch einen Unterschied, ob der Schnapper rechts oder links hängt. Dies führt zu zwei Sets von je zwei Clipptechniken. Eines dieser Sets sollten Sie beherrschen – und zwar sowohl mit der rechten als auch mit der linken Hand.

Seil aufziehen	***In der hohlen Hand***
Technik	***Rechte Hand und Schnapper rechts***
Schritt 1	*Ziehe das Seil auf.*
Schritt 2	*Greife den Karabiner mit Daumen und Ringfinger.*
Schritt 3	*Drücke das Seil mit Zeige- und Mittelfinger in den Karabiner.*
Technik	***Rechte Hand und Schnapper links***
Schritt 1	*Ziehe das Seil auf und drehe die Hand nach außen.*
Schritt 2	*Greife mit der Spitze von Zeige- oder Mittelfinger in den Karabiner, um ihn zu stabilisieren.*
Schritt 3	*Drücke das Seil mit dem Daumen in den Karabiner.*

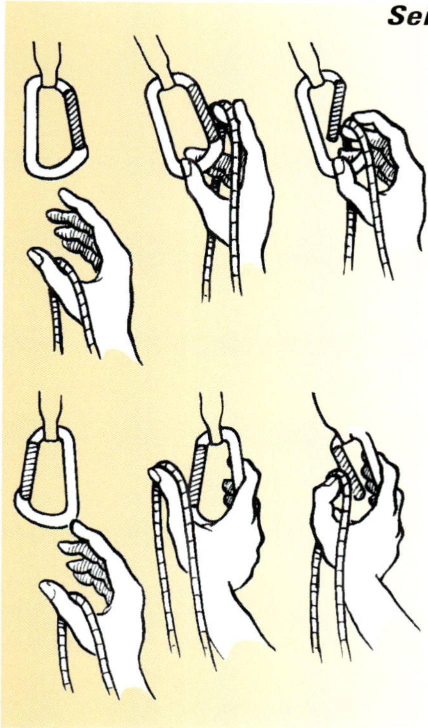

Seil aufziehen	***Über die Daumenrückseite***
Technik	***Rechte Hand und Schnapper rechts***
Schritt 1	*Klemme das fertig aufgezogene Seil zwischen die Spitzen von Zeige- und Mittelfinger.*
Schritt 2	*Fasse den Karabiner mit Ringfinger und Daumen.*
Schritt 3	*Klinke das zwischen Zeige- und Mittelfinger gehaltene Seil ein.*

Technik	***Rechte Hand und Schnapper links***
Schritt 1	*Lege das fertig aufgezogene Seil auf den Daumen.*
Schritt 2	*Fasse den Karabiner mit der ganzen Hand.*
Schritt 3	*Drücke das Seil mit dem Daumen in den Karabiner.*

Das Aufziehen geht nicht immer in einer einzigen Bewegung. Man behilft sich, indem man das Seil kurzzeitig zwischen die Zähne klemmt. Ach ja: sollten Sie mit dem Seil im Mund stürzen und spucken es nicht rechtzeitig aus, dann können Sie anschließend ihre Zähne ausspucken.

Und noch etwas: Das hochgezogene Seil kann sich im Sturzfall so unglücklich um Finger oder Daumen legen, dass das betreffende Glied bei Fangstoßeinwirkung abgerissen wird.

In Anbetracht der geschilderten Szenarien und darüber hinaus auch in Anbetracht der nicht unerheblichen Sturzstreckenverlängerung muss die Konsequenz lauten:

Tipp **Stürze nicht während des Clippens!**

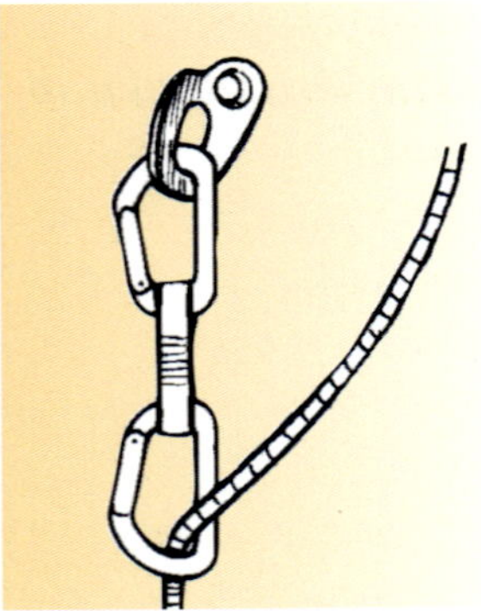

»Unverdreht«Clippen

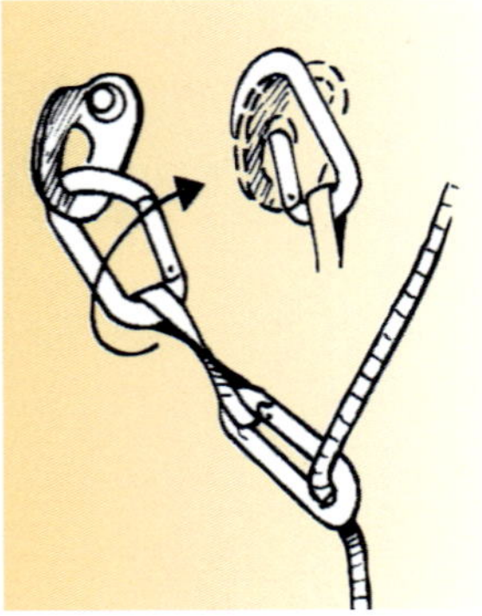

Hochwandern der Exe

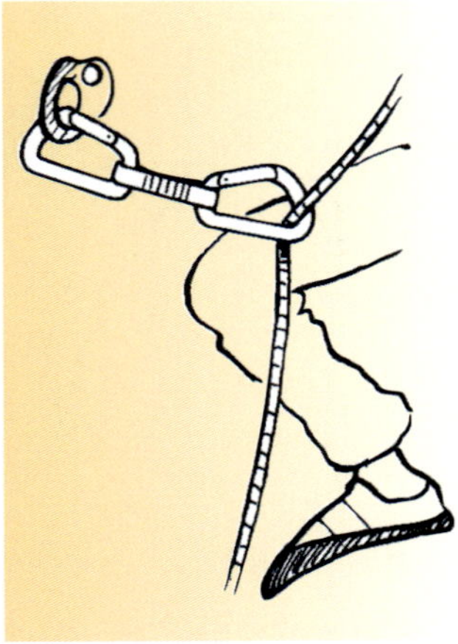

Hochdrehen der Exe

Grundsätzlich soll »unverdreht« geclippt werden, das heißt, das zum Kletterer führende Seil kommt vorne aus der Exe heraus. Klettert man weiter, hängt die Exe gerade, also ohne interne Verdrehung in der Sicherungskette. Hat man einmal verdreht geclippt, besteht noch kein Grund zur Panik. Die Wahrscheinlichkeit ist gering. Clippt man aber ständig verdreht, summiert sich das im Einzelfall mäßige Risiko.

Genau genommen geht es sogar um zwei Risiken. Risiko Eins wäre, dass sich das Seil aus dem unteren Karabiner der Exe ausklinkt. Diesen Effekt kann man anschaulich demonstrieren, wenn man den Karabiner verdreht festhält. Die Demo gelingt aber nur selten, wenn der Karabiner Bewegungsfreiheit hat.

Risiko Zwei wäre dann noch, dass die verdrehte Exe beim Straffen des Seils am Haken »hochwandert«. Der obere Karabiner kann dabei so auf dem Haken zu liegen kommen, dass er sich bei Zug nach unten ausklinkt. Auch dieses Phänomen lässt sich schön demonstrieren. Erfreulicherweise führen beide Effekte in der Praxis nur selten zu Unfällen.

Das Aushängen der Exe kann aber auch bei korrektem Clippen passieren, und zwar dann, wenn man die Exe aufwärts dreht. Dies geschieht gelegentlich durch ein Knie oder dadurch, dass sie in unmittelbarer Nähe des Anseilknotens zwischen Gurt und Seil eingeklemmt wird.

Erfolgt die Aufwärtsdrehung in Richtung des Schnappers, erreicht man bei etwa 180° den Punkt, wo sich der Karabiner ausklinkt. Das klappt bei allen größeren Haken-Ösen, und eben nicht nur im Rahmen von Demos, sondern leider auch in der Praxis. Um diese Gefahr zu reduzieren, gibt es mehrere Möglichkeiten.

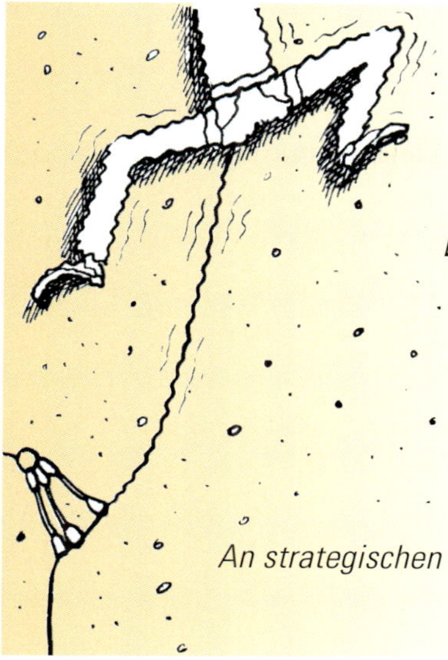

Übersicht	Ausklinken der Exe aus dem Haken verhindern
Exe	*Der obere Karabiner soll nicht an der Exe fixiert sein.*
Einhängen	*Clippe unverdreht.*
Beim Vorbeiklettern	*Achte darauf, dass die Exe nicht hochwandert.*
Kletterrichtung	*Platziere den Schnapper des oberen Karabiners entgegen der Kletterrichtung.*
In Querungen	*Platziere den Schnapper des oberen Karabiners in Kletterrichtung.*
An strategischen Sicherungspunkten	*Hänge zwei Exen nebeneinander oder benutze eine Exe mit zwei Schraubern.*

Die letzte Empfehlung gilt nur, wenn das Aushängen dramatische Folgen hätte (strategischer Sicherungspunkt). Achten Sie aber generell auf die Clipprichtung des oberen Karabiners. Bei geradem Routenverlauf und Kletterei rechts vom Haken, befindet sich der Schnapper links. In Querungen dagegen liegen die Dinge anders. Klettert man am Ende eines Quergangs nach oben, dreht sich die Exe infolge des Seilzugs ebenfalls schräg nach oben. In einem solchen Fall kann »Schnapper gegenüber Kletterrichtung« dazu führen, dass sich die Exe ausklinkt. Innerhalb der Querung ergibt oberer »Schnapper gegenüber Kletterrichtung« oft eine verkantete Belastung des Karabiners in der Hakenöse.

Quergang: Oberer Schnapper in Kletterrichtung

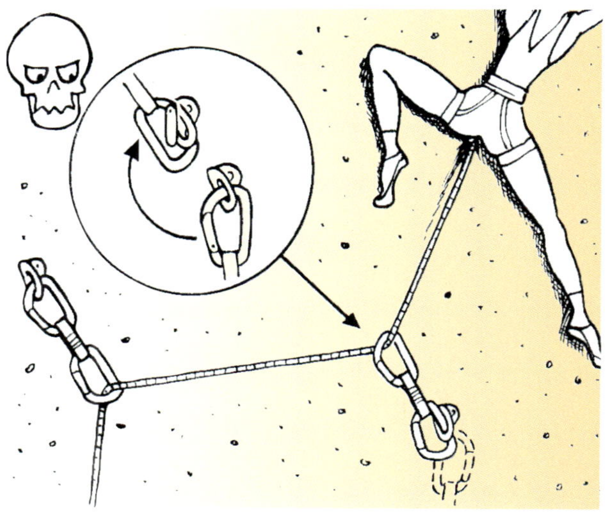

Einen Spezialfall beim Clippen stellen Ringhaken dar. Sie sind traditionell sowohl im Elbsandstein als auch in der Pfalz weit verbreitet. Abgesehen von ihrem Traditionswert haben sie aber fast nur Nachteile. Als Umlenker klemmen sie leicht ab, und als Zwischensicherungen sind sie schwierig zu clippen. Einziger Vorteil: Sie sind gegen das »Angesägt-Werden« beim Ablassen resistent. Ringhaken sollen »von unten« geclippt werden. Der Karabiner liegt dann mit seinem »gesunden« Schenkel an der Wand an, was eine brauchbare Belastung in Längsrichtung zur Folge hat.

»»» Seite 27

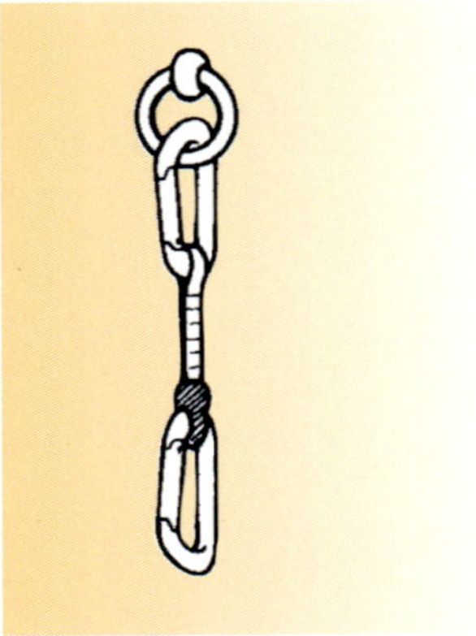

Gleichläufige Exe, der untere Karabiner soll fixiert sein

Da auch der untere Karabiner mit seinem gesunden Schenkel an der Wand anliegen soll (leichter zu clippen), benutzt man die Exen hier »gleichläufig«. Der seit Jahrzehnten schwelende Streit, ob Exen korrekterweise gleichläufig oder gegenläufig aufzubauen seien, ist damit ein für allemal vom Tisch – einfach so.

Bleibt anzumerken, dass ich alle sonstigen Argumente für oder gegen die eine oder andere Methode als weit gehend bedeutungslos erachte – bin ich doch vor meiner »Bekehrung« 20 Jahre mit gegenläufigen Exen geklettert.

Schnapper-Offen-Belastung

Weniger amüsant ist die Frage der Schnapper-Offen-Belastung. Schlägt der untere Karabiner mit dem gesunden Schenkel gegen die Wand, öffnet sich der Schnapper kurzzeitig aufgrund seiner Massenträgheit. Trifft dieser Effekt zeitlich mit dem Fangstoß zusammen, wird der Karabiner in Offenstellung belastet. Ich habe schon Karabiner gesehen, bei denen der Schnapper seit so einem Vorfall nach außen steht. Der Karabiner kann aber auch brechen, und zwar um so leichter, je geringer seine Schnapper-Offen-Festigkeit ist. Diese wird gemäß Euro-Norm auf jedem Exemplar angegeben und muss mindestens 7 kN betragen.

Wie Sie wissen, kann die Belastung aber auch höher ausfallen. Insofern lohnt sich beim Kauf ein Blick auf die Schnapper-Offen-Festigkeit. 9 – 10 kN sind empfehlenswert.

»»» Seite 88

Karabiner mit »Wire Gates« (Schnapper aus Stahlbügel) sind in diesem Zusammenhang vorteilhaft. Sie öffnen sich nicht so leicht, da ihre Schnapper weniger Masse haben.

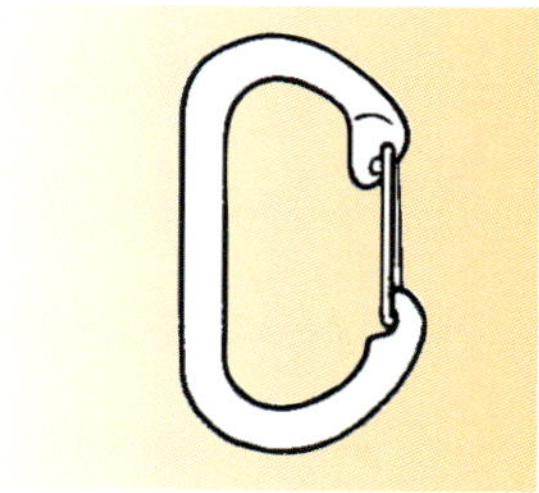

Wire Gate

Übrigens stellt es keine Lösung dar, den unteren Karabiner Schnapper zur Wand zu positionieren. In dieser Stellung kann er nämlich durch Felskontakt aufgedrückt werden.

Seit den 80er-Jahren ist es üblich, Exen nach einem Versuch in der Wand zu belassen. Man muss dann beim nächsten Versuch nur noch das Seil einklinken. Da sich Karabiner beim Seilabziehen gerne drehen, sollen die jeweils unteren an den Exen fixiert sein (z.B. mit Gummi). Die oberen sollen hingegen frei beweglich bleiben, um die Gefahr des Ausklinkens aus den Haken zu reduzieren.

»»» Seite 93

Durch den Hakenkontakt bilden sich in allen oberen Karabinern Riefen. Es hat sich gezeigt, dass solche Rauhigkeiten die Seile strapazieren und zu erhöhtem Verschleiß führen. Im Rahmen von Tests sind sogar Seilrisse aufgetreten. Achten Sie deshalb auf das »Oben« und »Unten« der Exe.

Die angesprochene Technik mit belassenen Exen wurde früher als »Pinkpoint« oder »En Libre« bezeichnet – zwei Begriffe, die sich im deutschsprachigen Raum aber nicht etabliert haben. Da heute auch kaum mehr zwischen Rotpunkt und Pinkpoint unterschieden wird, habe ich bereits in meinem Sportkletterlehrbuch vorgeschlagen, den Begriff Rotpunkt ebenfalls für Begehungen mit belassenen Exen zu verwenden (Hoffmann 2007).

Seilzug verhindern

Verlängert einhängen

Nachträglich ausklinken

Zwischenstand einrichten

Sie werden das kennen. Ihr Seil zerrt tonnenschwer nach unten und der Azusi (vulgär für Sicherungspartner) erdreistet sich zu behaupten, dass er korrekt Seil ausgebe. Sie verfluchen Gott und die Welt, aber es nützt nichts. Vergegenwärtigen Sie sich frühzeitig, wie der Seilverlauf aussehen wird, wenn Sie zehn Meter weiter oben sind. Dann wird Ihnen unmittelbar klar, welche Sicherungen problematische Ecken erzeugen. Damit wird auch klar, welche Sicherungen verlängert einzuhängen oder möglicherweise wieder auszuhängen sind.

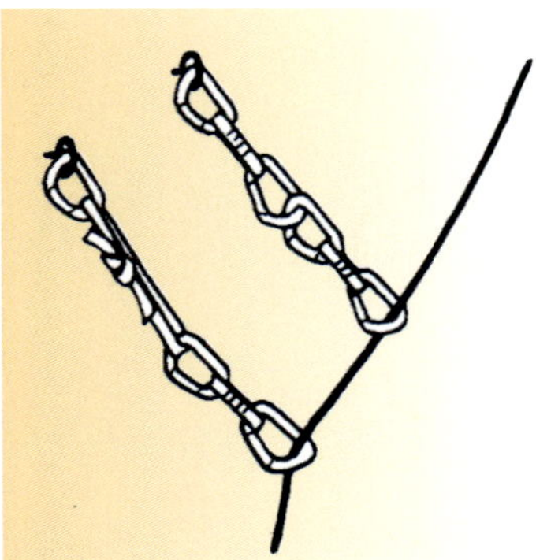

Verlängern

Benutzen Sie zum Verlängern einfache Konstruktionen wie Exe-Exe, Karabiner-Bandschlinge-Exe oder Ähnliches. Ankerstiche direkt in Haken oder Drahtkabeln sollen vermieden werden. Erstens kosten sie Zeit und zweitens nimmt die Materialfestigkeit durch den Knick massiv ab.

Fühlen Sie sich durch das verlängerte Einhängen nicht adäquat gesichert, besteht die Möglichkeit, bis zum nächsten Haken zu klettern, diesen zu clippen und anschließend die untere Sicherung zu verlängern oder auszuhängen. Das ist zwar etwas kompliziert, aber immer noch Welten besser als der bösartige Seilzug weiter oben. Nützen alle Maßnahmen nichts, kann es das Beste sein, einen Zwischenstand einzurichten.

Übrigens: Sollten Sie in der glücklichen Situation sein, dass Sie sichern und der Seilzug nicht Ihnen sondern Ihrem Partner das Leben schwer macht, dann erleichtern Sie ihm doch das am Stand fällige Einziehen des Seils. Heben Sie dazu das bei Ihnen herunterhängende Seil entsprechend an. Es ist unglaublich, welchen Unterschied das Restseilgewicht bewirkt.

Nachträglich aushängen

Mobile Zwischensicherungen Fels

Verlässlich in Belastungsrichtung

Bleiben in Klemmposition

Leicht wieder zu entfernen

In welche Richtung müssen Zwischensicherungen halten? Nach unten, werden Sie antworten – und im Regelfall stimmt das auch. Man bedenke allerdings, dass Zwischensicherungen in Quergängen ganz erheblich schräg belastet werden, und zwar sowohl in die eine als auch in die andere Richtung (Nachsteigersturz). Darüber hinaus treten an der jeweils untersten Zwischensicherung sogar schräg nach oben gerichtete Belastungen auf, wenn man das Seil strafft. Stellen Sie sich also darauf ein, dass Ihre mobilen Zwischensicherungen möglicherweise von kurzer Lebensdauer sind.

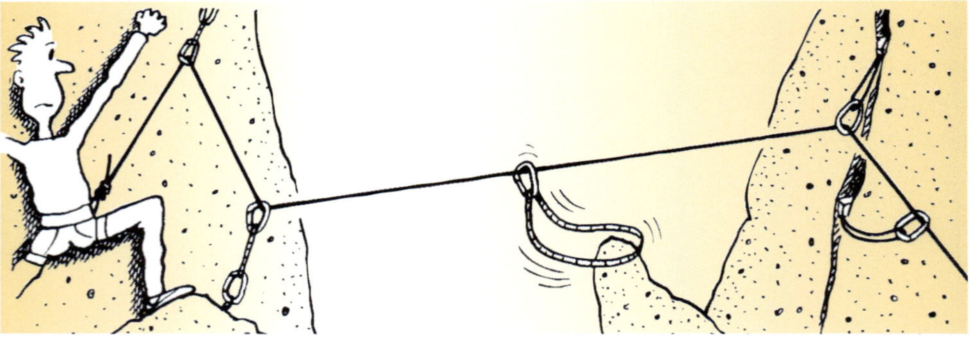

Belastungsrichtung

Besonders anfällig für die genannten Effekte sind Köpfelschlingen. Man legt sie einfach oder doppelt und hofft, dass sie an Ort und Stelle bleiben. Köpfel mit ausgeprägten Ecken oder Hinterschnitt werden am besten als »Tie-On-Schlinge« (»Würgeknoten«) gelegt (›››› Seite 200). Mit diesem Knoten kann man die Schlinge festziehen und eine verlässliche Platzierung schaffen. Grundvoraussetzung ist natürlich, dass das Köpfel hält.

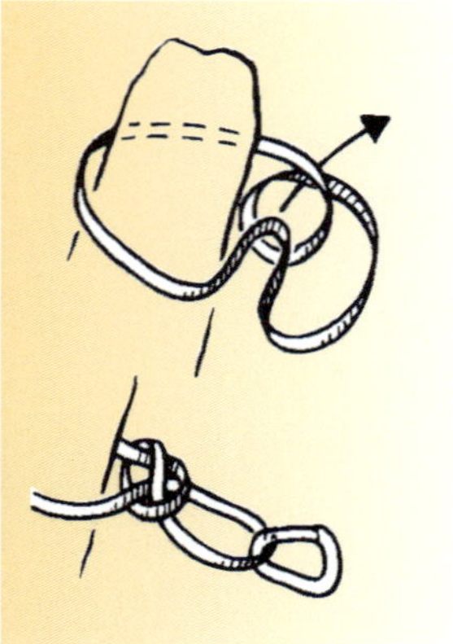

Tie-On-Schlinge

›››› Seite 71

Im Sandstein findet man gelegentlich pufferartig vorstehende dunkle Platten (Chickenhead). Sie haben sich in ehemaligen Kluftflächen gebildet und sind später aufgrund ihrer Festigkeit herausgewittert. Sie bieten gute Sicherungsmöglichkeiten und werden wie Köpfel behandelt.

Während man Bäume generell mit Ankerstich einfängt, vermeidet man denselben bei Sanduhren. Er bewirkt, dass sich die Schlinge an der dünnsten und damit schwächsten Stelle der Sanduhr festzieht. Ist die Öffnung der Sanduhr groß genug, wird doppelt gefädelt. Man kommt dann ohne Knotmanöver aus. Kleine Sanduhren müssen hingegen einfach gefädelt werden. Steifes Reepschnurmaterial – am besten aus Kevlar – ist dafür geeignet.

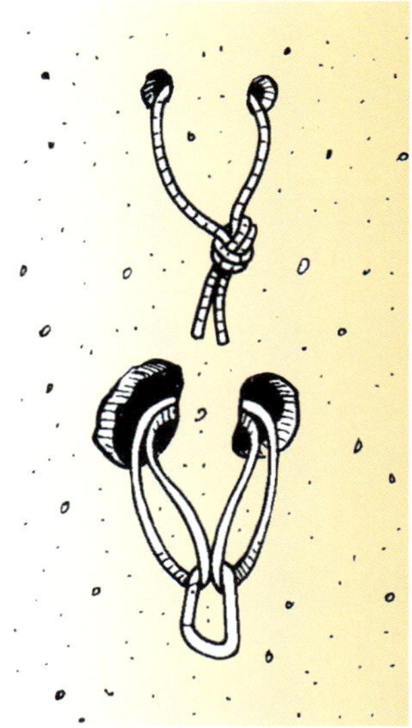

Im Elbsandstein ist Sanduhren-Fädeln an der Tagesordnung. Wer hier unterwegs ist, sollte den gelegten Sackstich einarmig beherrschen. Während solide Sanduhren zu den »absoluten«, sprich hundertprozentigen Fixpunkten gehören, sollte man dünnen Exemplaren nur bedingt vertrauen. Besonders im Sandstein ist Vorsicht geboten.

Übersicht	***Schlingen als Zwischensicherungen***
Baum	*Ankerstich.*
Köpfel	*Einfach oder doppelt darüber legen.*
Hinterschnittenes Köpfel	*Tie-On-Schlinge.*
Sanduhr	*Einfach oder doppelt fädeln.*

Auch für Klemmkeile spielt die Belastungsrichtung eine wichtige Rolle. Keile benötigen passende Rissverengungen und sollen flächig anliegen. Einen gut gelegten Keil zieht man mit einem Ruck etwas fest und erreicht damit im Idealfall, dass er in seiner Position bleibt. Nur so ist die Stabilität abschätzbar – was ein verrutschter Keil hält, weiß der Kuckuck.

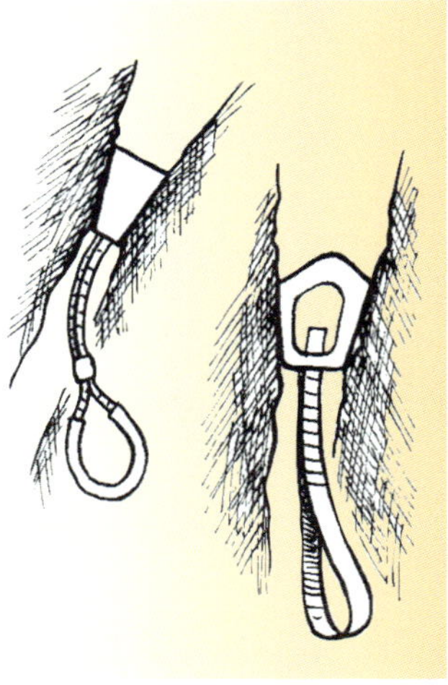

Man vergegenwärtige sich, dass die nach unten wirkende Kraft mit 1,5- bis zweifacher Verstärkung auf die Risswände übertragen wird. Das bedeutet Sprengkräfte von über einer Tonne. Keile hinter filigranen Schuppen können Sie sich also sparen.

Übersicht	***Keile legen***
Felsstruktur	*Rissverengung erforderlich.*
Belastungsrichtung	*Meist, aber nicht immer lotrecht.*
Passform	*Keil soll flächig anliegen.*
Durchreißgefahr	*Keil soll auch in der unteren Hälfte anliegen.*
Felsqualität	*Muss solide sein.*

Gelingt es, einen Keil in ein nach hinten aufgehendes Loch mit der Schmalseite einzuführen und anschließend aufgekantet zu verklemmen, hat man einen richtungsunabhängigen Fixpunkt. Keile sollen grundsätzlich mittels einer Exe eingehängt werden. Direkt durch Drahtkabel gefädelte Schlingen sind zu vermeiden.

»»» Seite 96

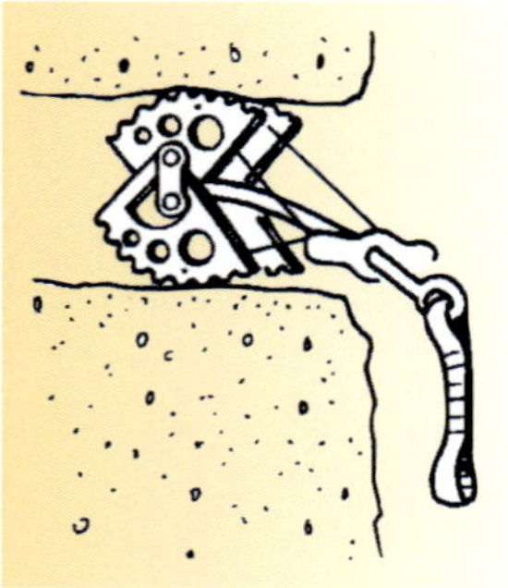

Camalot in Querschlitz

Nach dem »Friend-Prinzip« arbeitende Klemmgeräte sind im Wesentlichen für parallele Risse konzipiert. Darin entwickeln sie in allen Öffnungswinkeln gleiche Haltewerte.
Dass sie in engen Positionen leichter durchrutschen würden, ist eine weit verbreitete Ente. Die engste Position kann lediglich zu einem Problem ganz anderer Art führen: Man bekommt das gute Stück möglicherweise nicht mehr heraus.

Friends dürfen nicht zu offen gelegt werden. Sonst kann die korrekte Position bereits durch geringfügiges Verrutschen verloren gehen. Und Verrutschen ist ganz normal, da der Friend vom Seil hin und her bewegt wird. Er wandert durch diese Bewegungen in den Riss hinein. Parallele Risse tolerieren das – geht der Riss aber nach hinten auf, kann es zur maximalen Öffnung kommen.
Viele moderne Geräte sind zwar gegen »Umklappen« (Durchschlagen der Segmente nach oben) gesichert, doch eine verlässliche Positionierung ist die Offenstellung deshalb noch lange nicht.

Durch die beweglichen Kabel moderner Friends (z.B. Camalot) ist auch eine Platzierung in horizontalen Rissen problemlos möglich. Öffnet sich ein senkrechter Riss nach vorne, befinden sich die hinteren Segmente in einer engeren Position. Kein Problem für Ihren Friend. Steht der Friend im Rissgrund an, kann er nicht mehr wandern. Solche Platzierungen sind daher günstig. Sie finden sich oft im Sandstein in horizontalen Lettenschlitzen.

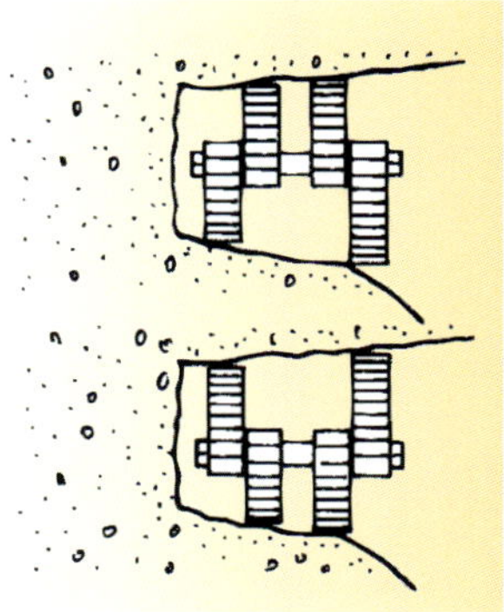

Veränderte Platzierung

Bei nicht ganz parallelen Rissen sollen die Segmente eher an Stellen anliegen, die sich nach unten verjüngen, als an solchen, die sich nach unten öffnen. Aufgrund der spiegelsymmetrischen Anordnung der Segmente erhält man durch eine 180°-Drehung des Gerätes andere Kontaktpunkte am Fels und eine ggf. bessere Platzierung.
Theoretisch hält der Friend auch noch in leicht nach unten aufgehenden Rissen. Praktisch würde ich es aber nicht darauf ankommen lassen. Auch in rundlichen Mulden und verspielten Rissformen ist ein Friend schwierig zu beurteilen. Vorsicht!

Besteht die Gefahr, dass eine mobile Zwischensicherung durch den Seilzug ihre Position verliert, kann man sie gegenläufig verspannen. Dazu benutzt man eine Bandschlinge mit abgeknotetem kurzen Auge (Sackstisch oder doppelter Bulin, ›››› Seite 24). Das Auge kommt in einen der zu verspannenden Karabiner, die restliche Bandschlinge in den anderen. Dann einen Mastwurf noch beim Auge mit einhängen und spannen. Die Konstruktion kann man auch mit einer Reepschnur bauen. Führt man die Reepschnur mehrfach hin und her, dann heißt das entstehende Gebilde »Bauernflaschenzug«. Mit Schleifknoten (›››› Seite 199) kann es außerordentlich effektiv gespannt werden.

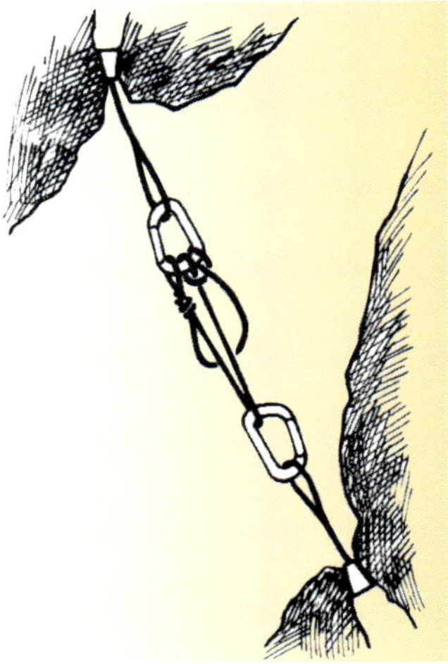

Keile verspannen

Mastwurf spannen (links)
Bauernflaschenzug (rechts)

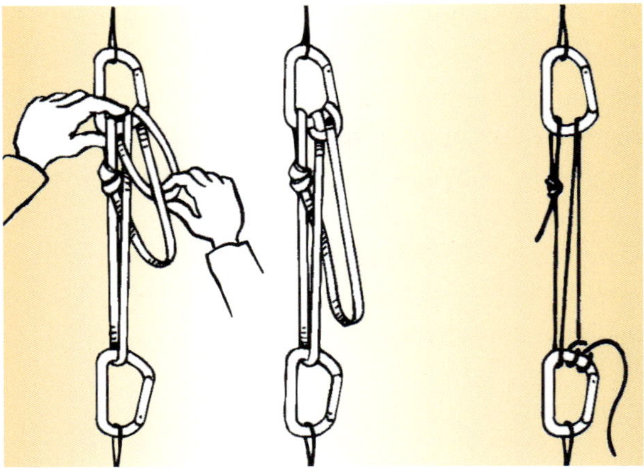

Technik Mastwurf spannen

Schritt 1 Ziehe die Mittelwindung heraus.

Schritt 2 Halte das zu spannende Seil am Karabiner fest.

Schritt 3 Ziehe das lockere Ende nach.

Um das Anbringen mobiler Zwischensicherungen zu trainieren, gibt es eine Reihe nützlicher Übungen. Solche Übungen können jedem empfohlen werden, der nicht nur Bohrhaken clippen möchte:

»»› Seite 32

Sortieren Sie ihre Keile und Friends nach einer sinnvollen Logik am Gurt. Ziel ist, dass Sie innerhalb von drei Sekunden das gewünschte Stück einsatzbereit in der Hand halten.

Legen Sie Keile beim Bouldern oder zusätzliche Keile in bohrhakengesicherte Routen.

Trainieren Sie, auf Anhieb die passende Größe für eine gewünschte Platzierung zu finden.

»»› Seite 240

Klettern Sie technisch an selbst gelegten Keilen. Toprope! Helm auf! Beim Belasten des Keils nicht nach oben schauen (BigWall Spiel).

»»› Seite 80

Testen Sie knapp über soliden Bohrhaken gelegte Keile durch Sprünge. Helm aufsetzen und während des Sturzes nicht nach oben schauen. Viel Spaß.

Zwischensicherungen Eis

Moderne Schrauben lohnen sich

Problematik nicht normgerechter Ausrüstung

Vorab ein paar Worte zum Material. Sollten Sie wie ich zu den älteren Semestern gehören und nach wie vor ein reichhaltiges Sortiment pfenningguade Rohr-Eishaken (Snarks) und russischer Titan-Eisschrauben im Keller haben, dann geben Sie Ihrem Herzen einen Ruck und leisten Sie sich zu Weihnachten ein Set aktueller Eisschrauben. Die sind einfach unvergleichlich besser.
Moderne Eisschrauben haben standardmäßig eine Kurbel, die das Einschrauben erleichtert. Die Kurbel ist bei den meisten Modellen mit der Lasche verbunden. Es gibt auch Schrauben mit frei drehender Lasche. Diese kann man bereits klinken, wenn die Schraube erst halb eingedreht ist. Man vollendet das Einschrauben dann mit besserer Sicherung als vorher. Außerdem kann man die Schraube ohne Sorge wieder heraus drehen. Sollte sie sich dabei selbständig machen, hängt sie immer noch in der Sicherungskette.
Um diese Optionen zu improvisieren, kam in den 90er-Jahren die Idee auf, Express-Schlingen direkt

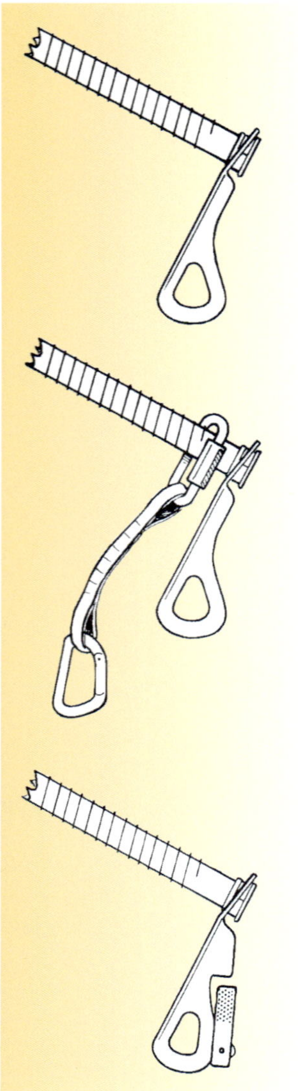

über die Schrauben zu fädeln. Davon muss abgeraten werden. Eine Untersuchung von Luebben und Harmston (1997) zeigt, dass die Festigkeit der Exe bzw. einer Bandschlinge stark reduziert ist, wenn sie zum Kopf der Schraube hin gezogen und über die dort vorhandenen Kanten belastet wird. Der Test brachte einen mittleren Festigkeitswert von 11,4 kN. Dieser Wert genügt zwar noch, die Problematik verschärft sich aber, weil die Express-Schlinge beim Rausschrauben regelmäßig mit dem Gewinde in Kontakt kommt. Dies bewirkt Verschleiß und somit weiter abnehmende Festigkeit.

Eine Alternativlösung besteht darin, Schraube und Exe mittels eines Kettenschraubgliedes (Maillon Rapide) zu verbinden. Die Durchmesser üblicher Modelle passen oft gut zusammen, was man beim Kauf prüft. Man biegt das Maillon etwas auf, um es über die Schraube zu bekommen. Zurückbiegen, zuschrauben, fertig. Doch wie bereits angesprochen, lassen sich moderne Eisschrauben zwischenzeitlich so leicht eindrehen, dass es sich kaum mehr lohnt, viel über Basteleien und Alternativen nachzudenken.

Ein letzter Gedanke sei alten oder ausländischen, nicht Euro-Norm-geprüften Schrauben und Eishaken gewidmet. Sollte so ein Teil brechen oder heraus gerissen werden und Sie stürzen zu Tode, wird dies allenfalls einen warnenden Bericht des DAV-Sicherheitskreises zur Folge haben. Das kann Ihnen dann natürlich egal sein. Sind Sie allerdings nachweislich der Erfahrenste einer Seilschaft (faktischer Führer) oder leiten Sie einen Eiskurs und einer ihrer Partner bzw. Schüler verunfallt aufgrund nicht normgerechten Materials, dann drohen juristische Konsequenzen. Diese Perspektive sollte Ihnen nicht egal sein und Ihre letzten Bedenken hinsichtlich der Anschaffung aktueller Eisschrauben zerstreuen.

Eisschrauben setzen

Eisschrauben aus der Kletterstellung setzen

Mit möglichst wenig Kraftaufwand

Im situativ besten Setzwinkel

Wie beim Sportklettern hat es sich auch im Eis etabliert, Zwischensicherungen aus der Kletterstellung anzubringen – jedenfalls wenn man eine freie Begehung der Route für sich in Anspruch nehmen möchte. Im steilen Eis muss man Schrauben daher einarmig setzen, während man sich mir der anderen Hand am Eisgerät festhält.

Am besten platziert man Schrauben auf Hüft- bis Brusthöhe. Über Kopf ist es mühsamer, den Druck aufzubringen, den man anfangs benötigt. Dieser Grundsatz ist natürlich kein Dogma. Steht man gut und hat oben kompaktes Eis, wird man die Schraube oben eindrehen. Bei stumpfen Schrauben kann es vorteilhaft sein, zunächst eine kleine Kerbe zu pickeln. In dieser greifen die Zähne besser als auf einer planen Fläche.

Während man früher einen übersteilten Setzwinkel für günstiger hielt, haben Untersuchungen der Firma Black Diamond ergeben, dass hängend gesetzte Schrauben in gutem Eis deutlich höhere Festigkeiten aufweisen.

Setzwinkel	***Eisschraubenfestigkeit***
15° hängend	*Durchschnittlich 22 kN.*
Rechtwinklig zur Oberfläche	*Durchschnittlich 17 kN.*
15° übersteilt	*Durchschnittlich 11 kN.*

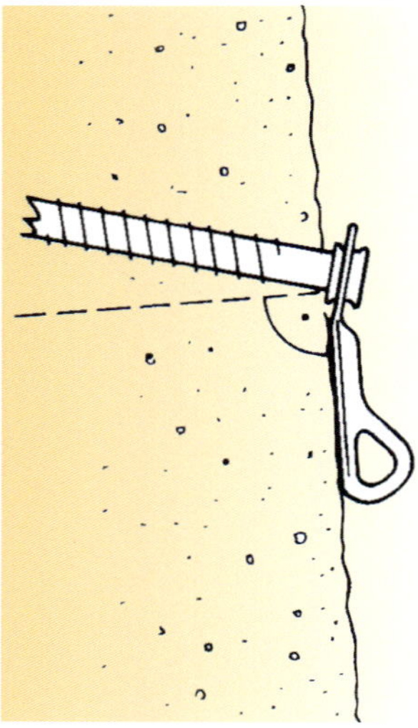

Hängender Setzwinkel

Versuche des Deutschen Alpenvereins (Semmel, Stopper 2005) haben diese Aussage grundsätzlich bestätigt. Sie zeigen auch, dass eine Schraubenlänge von 15 – 18 cm ausreicht. Längere Schrauben bringen keinen zusätzlichen Stabilitätsgewinn. Man beachte, dass diese Testergebnisse für »gutes« Eis gelten. In morschem und matschigem Eis sollte man eher auf die Hebelwirkung der Schraube vertrauen und sie rechtwinklig zur Oberfläche setzen. Verstärkt gilt dies, wenn die Schraube direkter Sonneneinstrahlung ausgesetzt ist. Selbst bei Temperaturen unter 0° C kann sich das Metall erwärmen und Schmelzvorgänge verursachen. Die axiale Festigkeit (parallel zum Schaft) geht dabei natürlich als erste verloren.

Semmel und Stopper unterscheiden drei Eisqualitäten: gut (kompakt), mittel (10 – 20 % Hohlräume) und schlecht (30 – 50 % Hohlräume). In gutem Eis gesetzte Schrauben erreichen Bohrhakenfestigkeit – selbst die kürzeste Schraube (10 cm) war mit 10 kN dabei. Schrauben in mittlerem Eis halten überwiegend (56 % mit Bruchkraft > 10 kN) und Schrauben in schlechtem Eis brechen in den meisten Fällen aus (56 % mit Bruchkraft < 5 kN).

Tipp **Bei weniger als drei Leer-Umdrehungen ist die Schraube noch gut, bei mehr als drei Leer-Umdrehungen ist Skepsis angebracht!**

Schlechtes Eis im obigen Sinn ist Röhren-Eis oder Eis mit eingelagerten Schneeschichten. Beide findet man in gefrorenen Wasserfällen. Nach anfänglichem Biss lässt sich die Schraube ohne Widerstand weiterdrehen und greift erst später wieder in größerer Tiefe.

Übersicht	***Schrauben setzen***
Gutes Eis	*Hängender Setzwinkel (10 – 20°).*
Morsches Eis	*Neutraler Setzwinkel (senkrecht zur Oberfläche).*
Bei Ausschmelzgefahr	*Neutraler oder übersteilter Setzwinkel.*
Röhren-Eis (30 – 50 % hohl)	*Andere Platzierung wählen, ggf. Schrauben-Nester bilden.*
Frei hängende Zapfen	*Schrauben erst oberhalb des frei hängenden Zapfens platzieren (ab der Höhe, wo das Eis mit dem Fels verbunden ist).*

Sind Ihnen diese Betrachtungen zu differenziert, dann suchen Sie Stellen, die kompaktes Eis aufweisen und setzen Sie Ihre Schrauben senkrecht zur Oberfläche. Die Festigkeiten reichen allemal.

Was tun bei dünnem Eis? Punkt Eins: Seien Sie sensibel beim Einschrauben. Sobald die messerscharfen Zähne ihrer Schraube den Fels berühren, genügt eine weitere Vierteldrehung, um dieselben in das Gebiss eines Wiederkäuers zu verwandeln. Ihre Schraube benötigt dann erst mal eine fachgerechte Generalüberholung.

Punkt Zwei: Schaut die Schraube beim Felskontakt noch deutlich heraus, dann suchen Sie eine Stelle mit dickerem Eis oder drehen Sie eine kürzere Schraube in das bestehende Loch.

Punkt Drei: Sind die obigen Empfehlungen nicht realisierbar und schaut Ihre Schraube weniger als fünf Zentimeter aus dem Eis, dann hängen Sie sie ganz normal ein. Die erstgenannte Untersuchung legt nahe, dass das Abbinden (Tie-On- oder Ankerstichschlinge) nur ab größeren freien Schaftlängen Stabilitätsvorteile bringt.

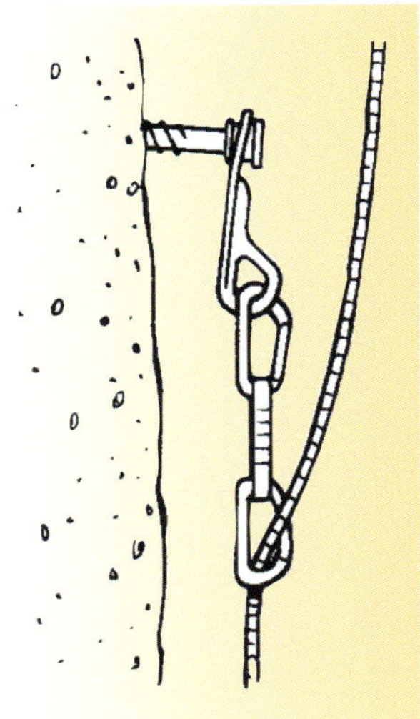

Was tun bei dünnem Eis?

Eisgeräte

Keine Handschlaufen bei Wettkämpfen

Wenn Handschlaufen, dann wie?

Geräte fixieren oder nicht?

Jahrelang wurde an der Optimierung der Handschlaufen getüftelt, und als es endlich so weit war, dass man darin wie gefesselt hängen blieb, wurden sie kurzerhand abgeschafft – zumindest was das Wettkampfklettern betrifft. Persönlich begrüße ich diese Entwicklung. Sie kommt dem Freiklettergedanken näher, und im Fels hängt sich auch (fast) niemand mit Handschlaufen an Skyhooks.

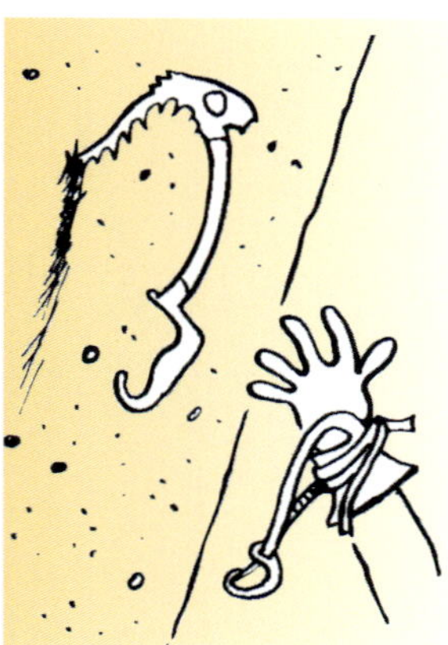

Man hat übrigens als langjähriger Handschlaufen-User gar keine Vorstellung davon, wie gut man sich ohne an modernen Tools festhalten kann. Mit blutleer abgeschnürten Händen in den Schlaufen zu hängen, suggeriert Schwäche. Trotzdem wird man sich bei ernsten Touren gut überlegen, ob man die Handschlaufen zu Hause lässt. Kompromisse können darin bestehen, sie im Rucksack zu haben oder nur an der dominanten Hand zu verzichten. Die dominante Hand deshalb, weil man in erster Linie mit ihr Schrauben setzt und clippt.

Benutzt man konventionelle Handschlaufen, muss eine Hand aus der Schlaufe gelöst werden. Das ist oftmals mit einem gewissen Gewurstel verbunden. Erfreulicherweise hat sich meine aus den 80er-Jahren stammende Idee ausklinkbarer Handschlaufen mittlerweile weit gehend etabliert. Die Schlaufe bleibt dabei am Handgelenk und wird vom Gerät abgekoppelt. Das mühsame Rein und Raus entfällt.

Egal welche Handschlaufen, beim Schrauben können bemerkenswerte Zaubertricks vollbracht werden. Der »einfache Copperfield« besteht darin, dass ein Gerät mutterseelenallein in der Wand steckt, während sein Besitzer weiter unten am Seil baumelt. Stellt sich die Frage, wie man einen »doppelten Copperfield« produziert. Bei einem, den ich live gesehen habe, hing am zweiten in der Wand steckenden Tool noch der Handschuh …

Es gibt Möglichkeiten, solche Szenarien zu verhindern. Man hängt beispielsweise am Schaft des solide »geparkten« Eisgerätes eine Exe ein und klinkt diese provisorisch. Sitzt die Schraube, hängt man Exe und Seil gemeinsam um.

Weniger empfehlenswert wäre, das Seil über das geparkte Tool zu legen. Man muss dafür viel Seil hochziehen (weiter potenzieller Sturz) und belastet das Gerät im Ernstfall nicht besonders günstig. Wird es herausgerissen, verschwindet es auf Nimmerwiedersehen. Bei beiden Methoden besteht überdies die Gefahr, dass man das herausgerissene Gerät zu guter Letzt im Helm stecken hat.

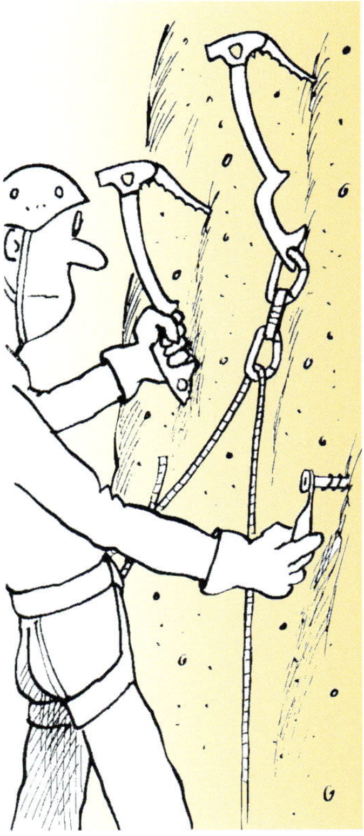

Exe zwischenclippen

Um den inversen Copperfield (Kletterer oben, Tools unten) zu verhindern, kann man die Geräte am Körper fixieren. Tut man dies mit einem »Zeltschnurmechanismus«, hat man zusätzlich die Möglichkeit, die Verbindung zu straffen und am eingeschlagenen

Gerät zu ruhen. Das ist mit Rasten am Haken zu vergleichen und hat natürlich nichts mit Freiklettern zu tun. Die Gerätefixierung wird teils aus diesem Grunde und teils wegen der sich leicht verheddernden Reepschnüre von den meisten Kletterern abgelehnt. Kein Vorteil ohne Nachteil.

Sichern im Schnee

Ausreichend solide Verankerung

Verankerung zusätzlich mit dem Körper hintersichern

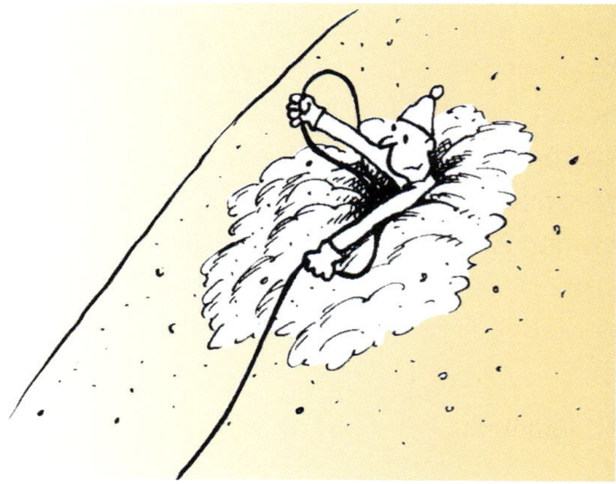

Sichern im Schnee ist mühsam und bisweilen heikel – zum Glück benötigt man es selten. Auf Gletschern findet sich oft Blankeis oder man kann Eis unter Schnee ausgraben.

Nur wenn tiefer Schnee liegt, bestehen keinerlei Alternativen. Dann heißt es Schneeverankerungen bauen. Zum Beispiel, wenn man Gletscherspalten absichern oder jemanden aus einer Spalte bergen muss. Auch Firnflanken und Grate können Schneesicherungen erfordern.

Als Baumaterial sind Pickel und Ski bestens geeignet. Skistöcke sollen hingegen nur zusammengeschoben und auch dann nur im Doppelpack benutzt werden. Einzelne Stöcke knicken bereits bei geringer seitlicher Krafteinwirkung ab.

Bei der Wahl der Verankerungsmethode (Rammsicherung oder T-Anker) spielen die Schneekonsistenz, die voraussichtliche Belastung und die Frage der Konsequenz wichtige Rollen. Es macht durchaus einen Unterschied, ob das Versagen einer Sicherung dazu führt, dass jemand drei Meter tiefer auf einer Schneebrücke landet oder dazu, dass die gesamte Seilschaft in einer klaffenden Spalte verschwindet. Kann dies eintreten, wählt man die beste mögliche Verankerung und hintersichert sie zusätzlich mit dem eigenen Körper.

»»» Seite 216

Dazu geht man in Bremsposition und stützt die Verankerung durch entsprechendes Gegenhalten. Außerdem schaltet man den Körper »in Reihe«. Das heißt, die Selbstsicherung ist in der zu erwartenden Belastungsrichtung gespannt.

»»» Seite 144

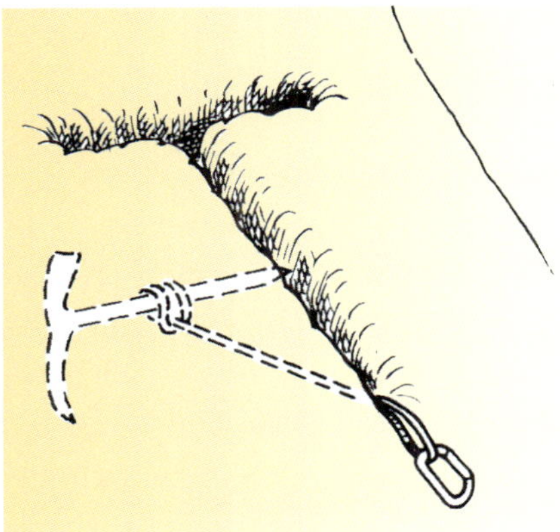

Technik T-Anker

Schritt 1 *Hebe zwei T-förmig zueinander stehende Gräben aus.*

Schritt 2 *Fixiere eine Ankerstichschlinge im Schwerpunkt des Pickels.*

Schritt 3 *Drücke den Pickel so tief wie möglich in den quer liegenden Graben (Haue nach unten).*

Schritt 4 *Führe die Bandschlinge durch den längs liegenden Graben (Bandschlinge ggf. verlängern).*

Wichtig ist, dass der längs liegende Graben im Kreuzungspunkt genau so tief ist wie der quer liegende. Ist er weniger tief, erfolgt die Belastung des Pickels nach oben. Die Festigkeit des Ankers ist dadurch geschwächt.

T-Anker entfernen

Die Gräben werden mit Schnee gefüllt und festgetreten. Bei feuchtem und pappigem Schnee verdichtet man auch den Bereich vor dem Pickel durch Festtreten. Bei trockenem Schnee lässt man das Gefüge unversehrt – anderenfalls würde es an Stabilität verlieren.
Bei sommerlichen Schneeverhältnissen (Harsch, Firn) ist ein sauber gebauter T-Anker ein brauchbarer Fixpunkt. Will man ihn hintersichern (z.B. bei loser Rolle), baut man eine Selbstsicherung entsprechender Länge (circa 1 m) und setzt sich bremsbereit auf die Stelle, wo der Pickel vergraben ist (Selbstsicherung gestrafft).

Um einen T-Anker zu entfernen ziehen Sie die Schlinge nach oben, bis sie direkt zum Pickel verläuft. Weiteres Ziehen ist nicht empfehlenswert, da Ihr Pickel Ihnen das übel nehmen und Sie anspringen könnte. Legen Sie stattdessen die Schlinge über den Rist und versuchen Sie sich als Fußballprofi. Kicken Sie die Schlinge mit Rückziehern zunehmender Stärke nach oben. Ihr Pickel wird das zu schätzen wissen und an der Oberfläche erscheinen, ohne wie ein HB-Männchen in die Luft zu gehen.

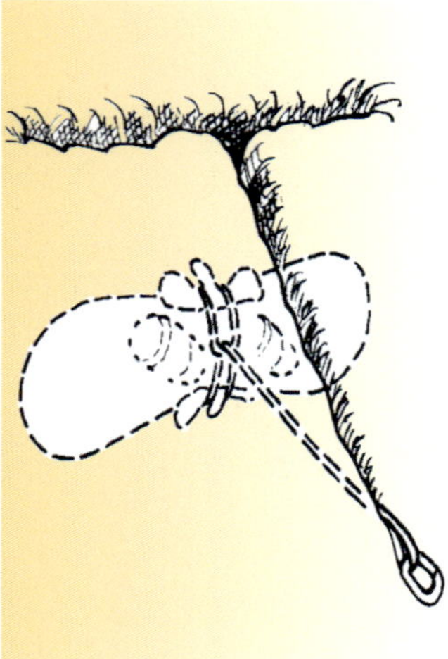

T-Anker mit Snowboard

Bei Lockerschneeverhältnissen vergräbt man statt des Pickels ein Paar Ski oder ein Snowboard. Die Ski werden gemeinsam knapp hinter dem vorderen Bindungskopf mit einer Ankerstichschlinge verbunden. Ein Snowboard liegt im Graben hochkant, die Stahlkanten sind abgepolstert und der Ankerstich ist mittig platziert. Er soll so gedreht sein, dass die Kraft auch bezüglich der Längsachse mittig angreift. Bei festerem Schnee kann man mit Ski eine brauchbare Rammverankerung bauen. Die Ski werden in einem Abstand von circa 30 cm eingerammt (Belag in Belastungsrichtung). Die Einsteckrichtung ist gegen die Belastungsrichtung geneigt. Die lange Bandschlinge wird über die Ski gelegt und eine Ausgleichsverankerung gebaut (›››› Seite 148).

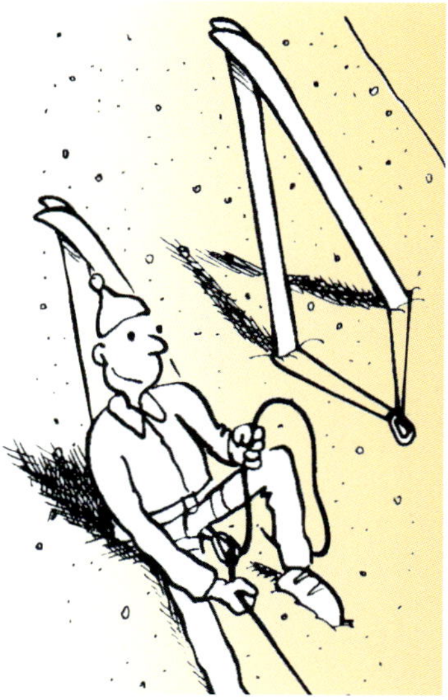
Rammverankerung mit Ski

Um effektives Hintersichern zu ermöglichen, kreuzen oder berühren sich die Skispitzen in der Luft. Man lehnt sich mit dem Rücken dagegen, so als säße man in einem Liegestuhl. Da soll noch mal jemand behaupten, Sichern wäre ungemütlich! Ein Snowboard wird ebenfalls mit Belag in Belastungsrichtung verwendet. Wegen der Krümmung von Nose bzw. Tail muss man den Einsteckvorgang allerdings in einem ziemlich spitzen Winkel zur Schneeoberfläche beginnen. Nur so erhält man zu guter Letzt eine brauchbare Neigung. Die Hintersicherung erfolgt analog Ski.

Ein Rammpickel macht ausschließlich in kompaktem Harsch Sinn. Beim Einrammen muss der Pickel von vorne herein deutlichen Widerstand bieten und er muss bis zum Kopf versenkbar sein. Der Kopf steht quer, an ihm wird die gewünschte Sicherung befestigt. Der Rammpickel soll grundsätzlich hintersichert werden. Man tut dies, indem man sich mit einem Fuß auf ihn stellt oder mit einem Fuß auf ihm abhockt. In der abgehockten Stellung kann man den Sicherungspunkt zusätzlich mit dem Anseilpunkt in Reihe schalten. Man ist so jederzeit in der Lage, die Last mehr auf den Körper zu übertragen, sollte der Pickel nachgeben.

Rammpickel

Die Alternative, sich auf den Pickel zu setzen, ist mit Vorsicht zu genießen. Sie hat schon zu peinlichen Verletzungen geführt. Generell ist der Rammpickel keine verlässliche Methode. Ohne Hintersicherung hat er selbst in gutem Schnee sehr bescheidene Ausreißwerte.

Sinnvolle Alternativen sind die Abalakow-Firnsicherungsschlinge, mit der ein Rammpickel günstiger belastet werden kann, und der Firnanker. Dessen Stahlkabel ist ebenfalls so konstruiert, dass die Kraft unten am Anker eingeleitet wird. Die Ankerplatte zieht sich somit bei Belastung sogar noch tiefer in den Schnee hinein. Da der Firnanker aber ein sperriges Extrateil darstellt, wird man ihn nur mitführen, wenn sein Einsatz wirklich absehbar ist.

Absicherungsgrundsätze

Der Vorsteiger kann einen Sturz ausschließen oder ist adäquat gesichert

Der Nachsteiger ist gegen kritische Pendelstürze gesichert

»»» Seite 82

Dass man im Vorstieg tunlichst nach dem taktischen Sicherungskonzept klettert, wurde bereits dargelegt. Dies schließt ein, dass man Stürze direkt in den Stand vermeidet und frühzeitig eine verlässliche Zwischensicherung anbringt. Es schließt auch ein, dass man nicht stürzt, wenn Runouts (lange Strecken ohne Zwischensicherung) zu bewältigen sind oder die Zwischensicherungen nichts taugen.

In klassischen alpinen Routen kommt so was immer wieder vor – in manchen gehört es zur Tagesordnung. Beachten Sie in diesem Zusammenhang, dass Griffausbruch auch dann leicht zu einem Sturz führt, wenn Sie vermeintlich souverän unterwegs sind. Testen Sie daher fraglich erscheinende Felsstrukturen mit einem prellenden Schlag des Fußes oder des Handballens.

Je dumpfer der Klang, desto kritischer. Vermeiden Sie es, an Blöcken zu rütteln. Keine Bewegung ist noch lange kein Indiz für Sicherheit, und sollte sich der Block bewegen, kann es bereits zu spät sein. Vorsicht bei größeren Blöcken: Aufgrund ihrer Masse können sie beim Klopfen unauffällig reagieren und trotzdem instabil sein. Schenken Sie in diesem Fall der Statik des Gebildes Ihre Aufmerksamkeit.

Übersicht	***Gestein prüfen***
Prellend Klopfen	*Je heller der Klang, desto solider der Fels.*
Rütteln	*Generell vermeiden.*
Bei großen Blöcken	*Die Statik analysieren.*

Externe Sturzursache Nummer Zwei ist Steinschlag. Halten Sie sich möglichst wenig in der direkten Fall-Linie anderer Personen auf. Überlegen Sie doppelt bevor Sie losklettern, während oben andere Typen herumkaspern. Damit meine ich, dass die »Spezialisten« am laufenden Meter Steine lostreten. Seien Sie auch vorsichtig, wenn Sie niemanden sehen. Rechnen Sie mit mehr, wenn hin und wieder ein Stein vorbei pfeift. Denken Sie über Alternativen nach. Ein Loch im Kopf lohnt sich jedenfalls nicht. Übrigens, bei faustgroßen Steinen aus größerer Höhe platzt Ihr Helm wie eine Seifenblase – Euro-Norm hin oder her.

Während Sie als Vorsteiger die Frage der Absicherung zumindest selbst in der Hand haben und eine Zwischensicherung auch mal legen können, wenn es ganz einfach der Psyche gut tut, ist Ihr Nachsteiger von Ihnen abhängig. Er ist zwar von oben gesichert, doch provozieren Querungen immer wieder heikle Situationen.
Denken Sie bei Quergängen mit. Am Beginn und nach schweren Stellen sollen Zwischensicherungen eingehängt sein.

Übersicht	***Zwischensicherungen für Nachsteiger***
Quergang	*Am Beginn und nach schweren Stellen.*
Abkletterpassagen	*In regelmäßigen Abständen und besonders unterhalb schwerer Stellen.*

Abkletterpassagen überwinden Sie als Vorsteiger in der Regel gut gesichert. Ihr schwächerer Partner findet sich jedoch unverhofft am oberen Ende des Seils wieder. Möglicherweise steht er sogar ohne entsprechende Zwischensicherung da. Bei längeren Abkletterpassagen wird daher der Stärkere dem Schwächeren den Vortritt lassen und als Letzter gehen. Alternativ sollte man überlegen, ob seiltechnische Manöver nicht die bessere Option darstellen (›››› Seite 189).

Will man eine kurze schwere Stelle nicht abklettern, fädelt man das Seil doppelt durch eine große Metall-Öse. Man klinkt die entstandene Schlaufe am Gurt ein und lässt sich über die schwere Stelle runter. Achtung: Wenn man den Karabiner ausklinkt, um die Schlaufe abzuziehen, ist man mit erheblichem Schlappseil gesichert. Man muss deshalb solide stehen. Umgehen lässt sich dieses Problem durch Doppelseilsicherung oder Fixieren an einer Zwischensicherung (›››› Seite 158).

Ablassen

Erst mal hängen, dann gleichmäßig runter

Unten sanft aufsetzen

Ein geeignetes Gerät verwenden

Im alpinen Gelände muss man gelegentlich von unzugänglichen Gipfeln wieder runter kommen oder abweisende Türme überschreiten.
Beim Sportklettern geht es darum, zum Boden zurückzukehren und das in der Wand befindliche Material wieder einzusammeln (Abbauen). Generell kommen in beiden Bereichen die zwei Techniken Ablassen und Abseilen in Frage.

»»» Seite 126

Beim Ablassen erwartet man auf das Kommando »Zu« ein Straffen des Seils. Immer wieder erlebe ich, dass dieses fehlt und der Sichernde statt dessen bereits mit dem Ablassen beginnt. Der andere versucht in zunehmender Hektik das Seil durch Abklettern zu belasten. Sein Partner gibt jedoch wacker weiter nach. So also nicht. Vergewissern Sie sich vor dem Ablassen, dass Ihr Partner voll im Seil hängt und warten Sie auf sein Folgekommando (»Ab«).

»»» Seite 34

Beim Ablassen hält man das Bremsseil mit beiden Händen und lässt es gleichmäßig durchlaufen. Sollte dieser Vorgang infolge zu geringe Bremswirkung schwer kontrollierbar sein oder das Seil krangeln

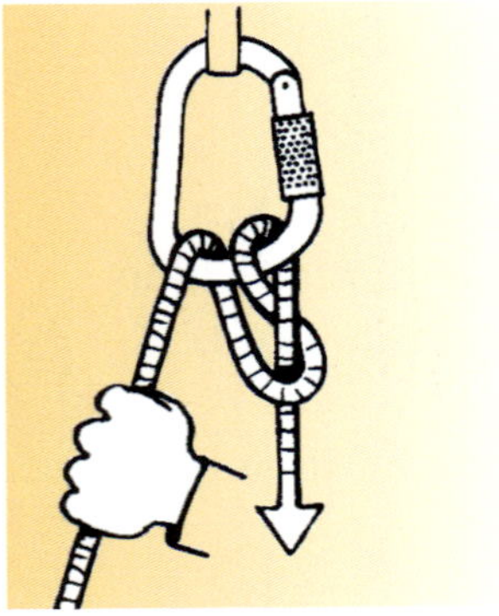
Schuhmann HMS

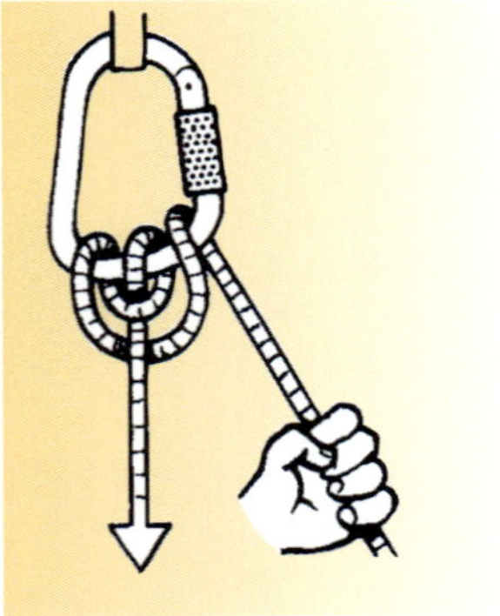
Doppelter HMS

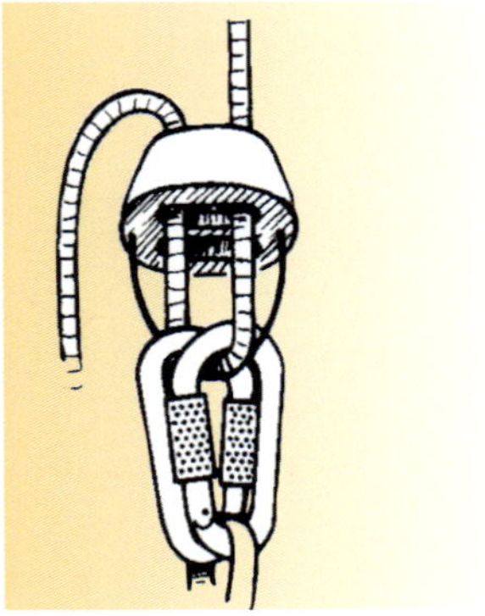
Tube mit zwei Karabinern

(sich um die Längsachse verwinden), gibt man es Hand über Hand ein. Steht man am Boden und lässt mit HMS ab, hält man das Bremsseil hoch (›››› Seite 25, 52). Bei allen anderen Geräten hält man das Bremsseil unten (›››› Seite 54, 55).

Stehen Sie oben (Standplatz-Situation), ist bei HMS das Bremsseil unten. Wollen Sie partout mit Achter oder Tube ablassen, muss das Bremsseil hochgeführt und oben umgelenkt werden. Alternativ können Sie über Ihren Körper ablassen, wenn Sie das zum Partner führende Seil oberhalb umlenken. Die Situation ist dann ähnlich wie beim Toprope.

Bei schweren Abzulassenden oder dünnen Seilen kann es vorteilhaft sein, den stärker bremsenden »Schuhmann HMS« zu benutzen. Das Auge des Knotens ist dabei um 180° weiter gedreht. Der »doppelte HMS«, bei dem man eine zusätzliche Halbmastwurfschlinge auf den ursprünglichen Knoten legt, leistet das Gleiche. Um die Bremsleistung eines Tube zu erhöhen, klinken sie einen zweiten Karabiner mit ein.

Ein Erlebnis der besonderen Art ist Longline-Klettern. Man benutzt ein langes Speläoseil, wird 100 oder mehr Meter weit abgelassen und kann anschließend eine komplette Mehr-Seillängentour am Stück klettern. Da das lange Speläoseil nicht gerade wenig wiegt, wird diese Technik primär an von oben zugänglichen Wänden praktiziert (z.B. Gorge du Verdon).
Um jemanden aus 150 Meter Tiefe wieder hoch zu sichern, ist ein GriGri höchst empfehlenswert. Andere Geräte und besonders die HMS sind wegen des Seilgewichtes mühsam zu bedienen. Um die Sicherung nicht verändern zu müssen, während

der Partner unten hängt, lässt man von vorne herein mit dem GriGri ab. Für optimales Handling fixiert man den Bremsmechanismus in Offenstellung und installiert oberhalb des GriGri eine HMS.

Noch zwei Tipps zum Longline-Klettern. Stellen Sie die Kommunikation sicher (Sprechfunk oder optische Verbindung, ggf. durch Dritten) und nehmen Sie sich in größerer Tiefe keine zu schweren Stellen vor. Auf 150 Meter dehnt sich selbst das Speläoseil im Sturzfall lockere vier Meter. Ausbouldern schwerer Stellen ist somit nicht möglich.

Ablassen mehrerer Personen

Nacheinander über kurze Stufe

Nacheinander über volle Seillänge

Einzeln oder mehrere gleichzeitig

Gleichzeitiges Ablassen mehrerer Personen ist die Ausnahme. Zwei übereinander mit Weiche eingebundene Partner behindern sich gegenseitig und die Steinschlaggefahr steigt. Im Normalfall wird daher einzeln abgelassen. Ausnahmen sind ebenmäßige Felsplatten, Firn- oder Eisfelder. Auf diesen besteht die Möglichkeit, eine Weiche so einzustellen, dass

»»» Seite 162

zwei Personen Schulter an Schulter nebeneinander abgelassen werden können. Oben installieren Sie ein entsprechend stark bremsendes System wie den Schuhmann HMS.

»»» Seite 118

Egal ob ein oder zwei Personen – fixieren Sie das Seil-Ende. Andernfalls kann kurzzeitige Unachtsamkeit genügen, Ihre Partner auf Nimmerwiedersehen in der Tiefe verschwinden zu lassen.

Paternoster

Müssen kurze Steilstufen von mehreren Personen überwunden werden, bietet sich der »Paternoster« an. Paradebeispiel ist eine Gletscherseilschaft, die ohnehin gleiche Abstände zwischen den einzelnen Mitgliedern aufweist. Man baut eine Sicherung und der erste Teilnehmer wird vom zweiten abgelassen. Während der dritte den zweiten ablässt, geht der erste unten bereits weiter. So bleibt die Seilschaft im Wesentlichen gestreckt. Nach und nach werden alle abgelassen bis auf den letzten. Der muss abklettern oder mit dem Restseil abseilen. Hat die Seilschaft einen Führer, wird dieser den Anker bauen, die Teilnehmer ablassen und anschließend als letzter runterkommen.

Sind große Strecken abzulassen, verwendet man die »Ablass-Schaukel«. Eine Person wird eine volle oder annährend volle Seillänge abgelassen. Der Abgelassene muss unten absturzsicher stehen oder sich fixieren können, bindet sich aus und löst den Knoten. Währenddessen bindet sich eine zweite Person ins andere Ende ein und wird ihrerseits abgelassen.
Arbeitet man mit HMS, muss man nicht einmal die Sicherung umbauen. Doch Achtung: Das hochlaufende Seil-Ende ist ungesichert. Der Knoten soll aus dem Seil entfernt werden, da er sich verhängen könnte.
Beobachten Sie daher das hochlaufende Seil-Ende mit größter Aufmerksamkeit. Werden Sie abgelassen, dann stoppen Sie in jedem Fall auf Höhe des oder der bereits Angekommenen.

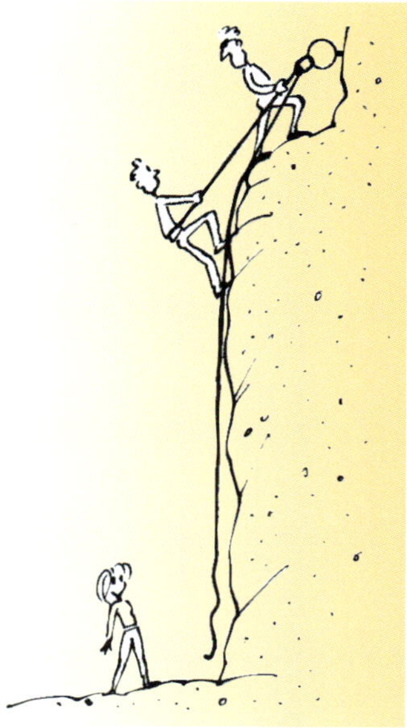

Ablass-Schaukel

Muss man in schrofigem Gelände abseilen, sollte entweder der Erste an beiden Strängen oder der Erste am ersten und der Zweite am zweiten Seilstrang abgelassen werden. Durch das Ablassen verlaufen beide Seilstränge gerade nach unten und können sich nicht am Fels oder an Bäumen verfangen. Seilt bereits der Erste ab, ist Seilsalat vorprogrammiert. Dann sind Entwurstelungsmanöver fällig. Die dauern lang und, noch viel schlimmer, sie können Steinschlag auslösen.

Anfängliches Ablassen ist auch bei Wind empfehlenswert. Starker Wind kann Seile horizontal wegwehen. Dies birgt die Gefahr, dass sie sich seitlich verfangen und unerreichbar hängen bleiben.
Auch mit nur einem Seil ist die beschriebene Technik gut anwendbar. Um zuletzt ohne Extra-Aufwand abseilen zu können, müssen Sie das Seil allerdings bereits vor dem Ablassen fädeln (›››› Seite 203).

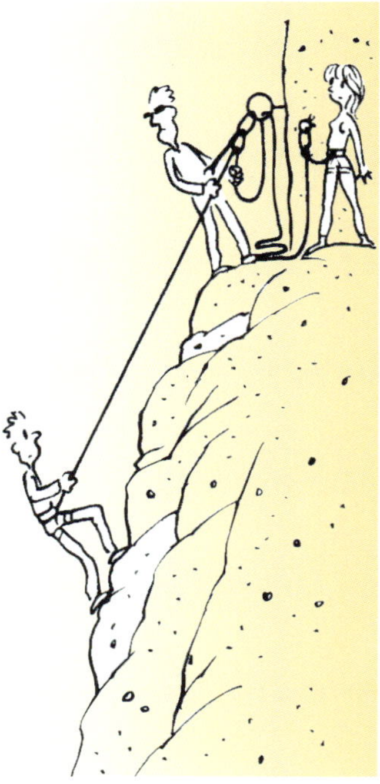

Ersten ablassen!

Abbauen mit Ablassen

Seil oben klinken oder fädeln

Komplikationen beim Aushängen der Exen vermeiden

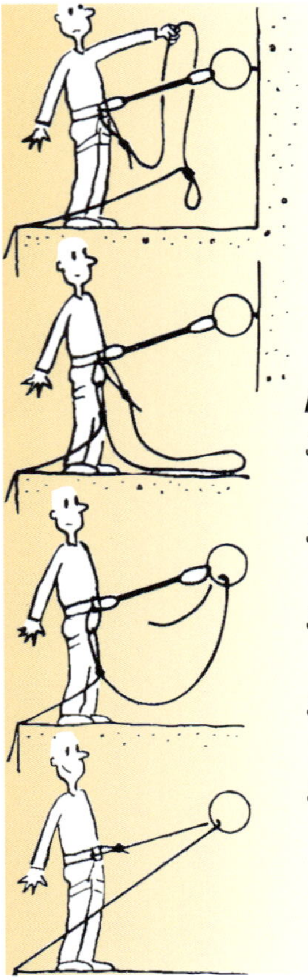

Während beim alpinen Klettern der Nachsteiger die Zwischensicherungen wieder einsammelt, erledigt man diesen Schritt beim Sportklettern selbst (Abbauen). Man benötigt dazu oben einen fixen (zur Umlenkung gehörenden) Karabiner. Dann ist alles easy. Alternativ muss man das Seil durch eine Metall-Öse fädeln. Die Standardmethode läuft folgendermaßen ab.

Fädeln	***Standardmethode***
Schritt 1	*Fixiere dich mit ein oder zwei Exen und belaste diese Fixierung durchgehend.*
Schritt 2	*Ziehe circa drei Meter Seil hoch und knote eine Seilschlaufe ab.*
Schritt 3	*Fixiere die Seilschlaufe am Sicherungsring des Hüftgurtes.*
Schritt 4	*Binde dich aus, fädle das Seil durch die Öse und binde dich wieder ein.*
Schritt 5	*Löse die Seilfixierung und gib das Kommando »Zu«.*

Sich mit ein oder zwei aneinander hängenden Exen zu fixieren, bietet nur bedingt Sicherheit. Unbelastet können Bewegungen leicht dazu führen, dass

sich ein Karabiner ausklinkt. Das Fädeln ist trotzdem ausreichend sicher, wenn man die Exen auf Spannung hält und zusätzlich das Seil im Sicherungsring des Hüftgurtes zwischenfixiert.
Sollte dann tatsächlich die Selbstsicherung versagen, wird der Fädelnde »lediglich« in die letzte geclippte Zwischensicherung stürzen. Hängt man die Seilfixierung dagegen in eine Materialschlaufe, verhindert dies zwar den möglichen Seilverlust, bietet aber nicht die gewünschte Redundanz im Hinblick auf einen Grounder.

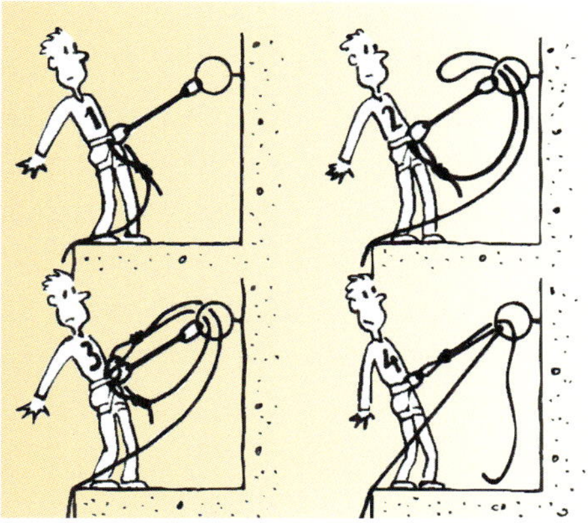

Fädeln Alternativmethode

Schritt 1	*Fixiere dich mit ein oder zwei Exen und belaste diese Fixierung durchgehend.*
Schritt 2	*Ziehe das Seil doppelt durch die Umlenkung.*
Schritt 3	*Knote einen Sackstich und hänge ihn im Sicherungsring ein (Schrauber oder Safebiner).*
Schritt 4	*Löse den Anseilknoten und gib das Kommando »Zu«.*

Diese zweite Variante mag etwas schneller gehen und kann in punkto Sicherheit als gleichwertig angesehen werden. Dass ich sie lediglich als Alternative darstelle, hat folgende Bewandtnis: Doppeltes Fädeln funktioniert nicht bei kleinen Ösen. Außerdem verliert man etwa drei Meter Seil. Reicht das Seil nur knapp bis zum Boden, können Probleme auftreten. Die Methode ist somit nicht in jeder Situation einsetzbar.

Nach dem Fädeln kann man abgelassen werden und das Material einsammeln. Bei senkrechten oder einliegenden Routen gelingt dies problemlos.

Verbindungs-Exe

Bei schrägen oder überhängenden Routen hingegen pendelt man weg. Um das zu verhindern, klinkt man eine Exe in den Sicherungsring und in das gegenläufige Seil. Man kann sich so immer wieder zu den Sicherungen hinziehen und sie aushängen.

Befindet sich die auszuhängende Sicherung unter Last, beschleunigt man sich zu ihr hin und hängt sie dynamisch aus. Ein Key-Lock-Verschluss des Karabiners ist dabei von erheblichem Vorteil. Der Karabiner bleibt nicht so leicht am Haken hängen.
Spannend gestaltet sich das Aushängen der untersten Sicherung. Es gilt zu verhindern, dass man den Sichernden aus seiner Position reißt. Man klinkt die Verbindungs-Exe deshalb aus, bevor man die letzte Zwischensicherung entfernt.
Ausnahme: Der Sichernde ist fixiert (z.B. am Stand) und der Abzulassende will zu ihm zurückkehren. In diesem Fall belässt man die Verbindungs-Exe.

Tipp **Entferne die Verbindungs-Exe zum gegenläufigen Seil, bevor du die letzte Sicherung ausklinkst (Ausnahme vgl. Text)!**

Swing, vgl. Text

Der Sichernde seinerseits erleichtert das Ausklinken der letzten Exe durch seine Standortwahl. Er positioniert sich so, dass das Seil möglichst wenig abgelenkt wird. Je größer der Knick, desto schwieriger das Aushängen und desto größer auch das anschließende Durchsacken. Schätzen Sie in jedem Fall ab, ob sich das Durchsacken noch ausgeht und ob Sie für den Swing freie Bahn haben.
Bei kleinen Hakenabständen kann man das Durchsacken elegant vermeiden, indem man sich eine Exe weiter oben fixiert. Das Seil wird entspannt, überall ausgehängt und wieder gespannt. Danach folgt der Swing.

Übersicht	***Letzte Exe abbauen (überhängende Route)***
Variante 1	*Aushängen und swingen.*
Variante 2	*Aushängen und abklettern.*
Variante 3	*Zunächst hängen lassen und später vom Boden aus entfernen.*
Variante 4	*Sich eine Exe weiter oben fixieren und alles aushängen.*

Bei Dachrouten kann es günstig sein, an geeigneter Stelle neu zu fädeln oder die Route im Zuge einer Toprope-Begehung abzubauen (die Exen gleich im Aufstieg mitnehmen). Zwischendurch neu fädeln ist auch erforderlich, wenn das Seil zu kurz ist. Mit einmal Zwischenfädeln kann die Routenlänge bis zu 75 % der Länge des Seils betragen, also zum Beispiel 45 Meter bei einem 60-Meter-Seil. Man kommt dann beim ersten Ablass-Vorgang bis auf 30 Meter runter und kann dort neu fädeln. In langen Routen sind oftmals entsprechende Ösen vorhanden. Klar, dass Sie bei diesem Manöver das untere Seil-Ende fixieren (›››› Seite 47)!

Dachroute abbauen

Geht man das Seil voll aus, ist Runterkommen nur noch mit Abseilen möglich. Dies setzt voraus, dass man nicht übermäßig wegpendelt. Hängt man erst einmal frei in der Luft, ist guter Rat teuer. Schräg oder überhängend verlaufende Seillängen, die das ganze Seil erfordern, sollten deshalb von vorne herein mit zwei Seilen geklettert werden. Kommen Sie übrigens bitte nicht auf die Idee, lange Seillängen mittels Seilverlängerung abbauen zu wollen. Sobald der Knoten an der untersten Exe angekommen ist, bereitet er dem Manöver ein jähes Ende.

›››› Seite 62

Abseilen

Adäquat gesichert sein

Eigenständig am Seil runterkommen

Abziehen verläuft problemlos

Im Prinzip ist alles ganz einfach. Seil bis zur Mitte fädeln – abseilen – Seil abziehen – fertig. Man benötigt keinen Partner und kann das Tempo selbst bestimmen. Zum Abseilen wird häufig der Achter benutzt. Man hängt ihn mit Schrauber oder Safebiner im Sicherungsring des Hüftgurtes ein (also nicht wie zum Sichern empfohlen).

»»» Seite 52

Der Achter hat dabei im belasteten Zustand ein »Oben« und ein »Unten«. Für optimales Handling achtet man darauf, dass das Seil »unverdreht« hängt und auf der Seite der Bremshand austritt.

»Unverdreht«

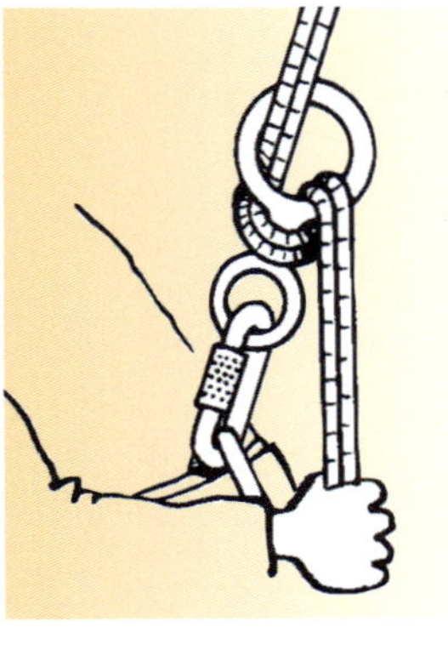

Abseilen funktioniert zwar auch mit verdrehtem Achter, unsauberes Handling scheint aber das so genannte Umschlagen zu begünstigen. Das Seil liegt dann wie bei einem Ankerstich in der großen Öse und lässt sich unter Last nicht mehr in die normale Position zurück schieben. Man kann das Umschlagen bewusst nützen, um ein nicht unter Last stehendes Seil zu sichern (»»» Seite 201). Beim Abseilen hingegen ist es unerwünscht und kann mühsame Manöver nach sich ziehen.

Natürlich sind auch andere Geräte zum Abseilen geeignet, wie ATC, Reverso oder Tre. Sie alle haben den Vorteil, dass die Seile separat geführt sind und sich nicht verdrehen können. Sind Seile erst einmal ordentlich umeinander gedreht, kann es beim Abziehen Probleme geben. Erhöhte Reibung tritt auf. Grund genug, beim Achter Acht zu geben.

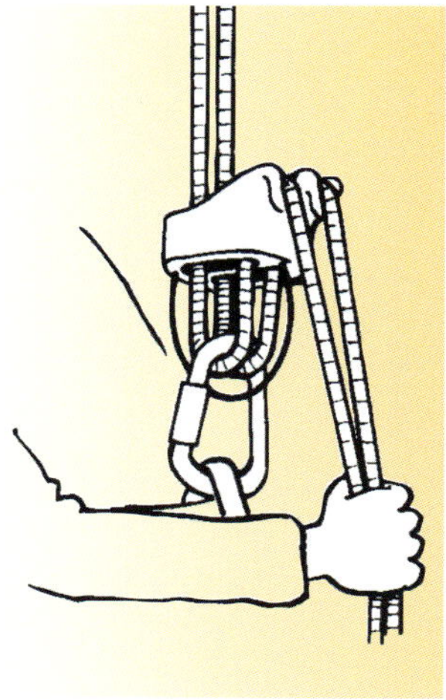
ATC-XP hohe Bremsstufe für dünne Seile!

Probleme beim Abziehen können auch durch Abklemm-Effekte an der Umlenkung entstehen (›››› Seite 27). Wird an einem Ring umgelenkt und liegt dieser am Fels auf, dann drückt Zug am außen liegenden Seilstrang auf den Ring, und der klemmt seinerseits den inneren Seilstrang ab. Anders herum läuft das Seil gut. Nach dem Abseilen prüft man beide Richtungen und zieht in die besser laufende Richtung ab.
Heikler ist der Klemm-Effekt beim Abseilen mit zwei Seilen. Befindet sich der Knoten am äußeren Seilstrang, kann Zug an diesem zum Abklemmen führen. Zug am inneren Seilstrang hingegen führt unweigerlich dazu, dass sich der Knoten in die Umlenkung frisst.

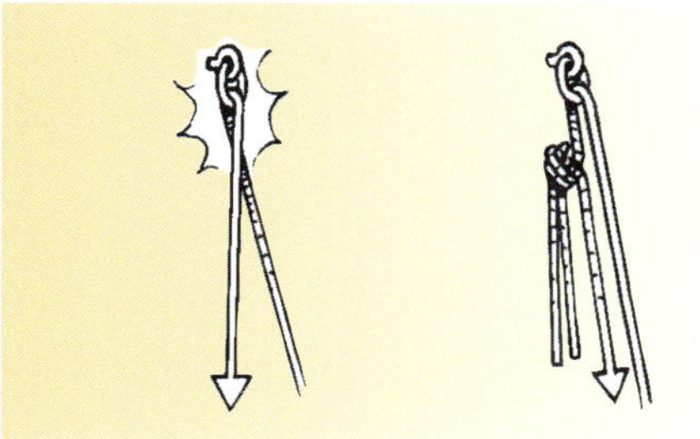

Tipp Beim Abseilen mit zwei Seilen (Ringhaken) befindet sich der Knoten am inneren Seilstrang!

Zwei Seile werden mit gelegtem Sackstich verbunden. Dieser weicht beim Abziehen gut aus, wenn er über Kanten gleiten muss. Da der gelegte Sackstich unter Last etwas »wandern« kann (sich verschieben), sollen die Enden 30 – 50 Zentimeter lang

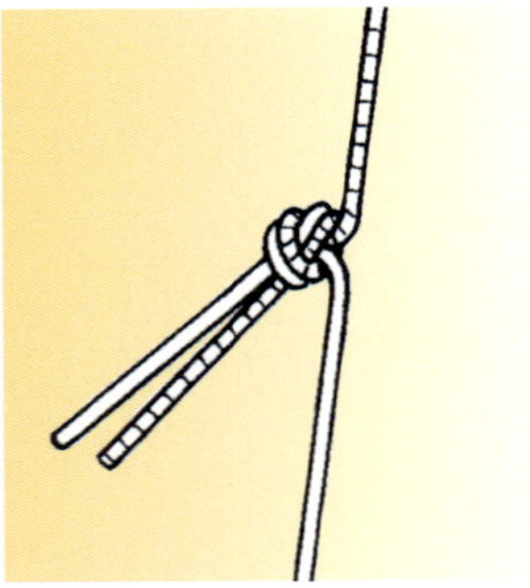
Seile verbinden, ohne ...

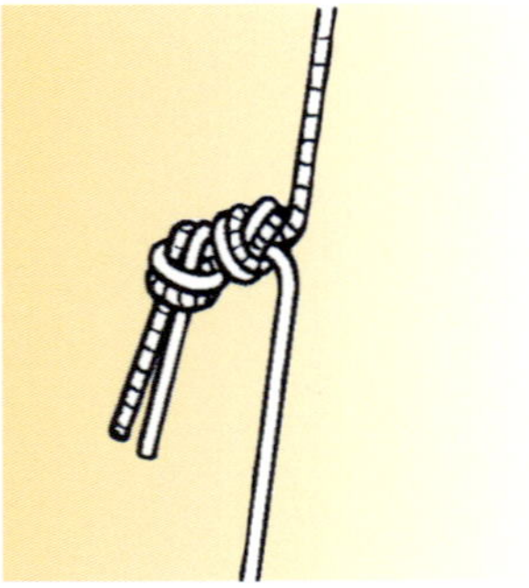
und mit Sicherungsknoten

sein, also deutlich länger als sonst üblich. Besonders bei ungleich dicken Seilen empfiehlt es sich, einen zweiten Sackstich unmittelbar hinter den ersten zu legen. Die beiden bilden dann einen Gesamtknoten, der keinesfalls mehr wandert und genau so gut ausweicht wie ein einzelner Sackstich. Ungünstig ist, den zweiten Knoten auf Abstand zu setzen. Er weicht dann nicht mit aus, sondern wird nachgezogen und kann sich verhängen. Hat man Bedenken bezüglich der Abziehbarkeit der Seile, macht man eine »Abziehprobe«. Rechtzeitig ausgeführt stellt sie sicher, dass alles planmäßig funktioniert.

Sollten Sie einmal jemanden beobachten, dessen Seil nach dem Abseilen auf geheimnisvolle Weise herunterfällt, ohne dass er es abgezogen hätte, dann brauchen Sie ihm deswegen keine übernatürlichen Fähigkeiten zuschreiben. Der Jemand hat mit dem Makramee abgeseilt. Man fädelt das Seil doppelt und legt anschließend mehrere Luftmaschen wechselseitig hintereinander. Stimmt alles, kann man am Einfachstrang abseilen und löst den Makramee durch alternierendes Belasten der beiden Stränge. Wunderbar, nur kann Zug am falschen Strang den Knoten auch vorzeitig lösen. In der Praxis hat diese Technik bereits zu mehreren Unfällen geführt. Mir persönlich ist sie zu gefährlich und außerdem wage ich zu behaupten, dass der Zeitgewinn – wenn überhaupt – allenfalls gering ausfällt. Der Makramee tut also gut daran, eine Geheimwaffe eingeweihter Jemands zu bleiben.

Bei frei hängendem Abseilen an superdünnen Zwillingsseilen oder am Einfachstrang ist die Bremswirkung des Achters zu gering. Man benutzt ein anderes Gerät (zum Beispiel ATC-XP oder Tre) oder den folgenden Bremskraftverstärker.

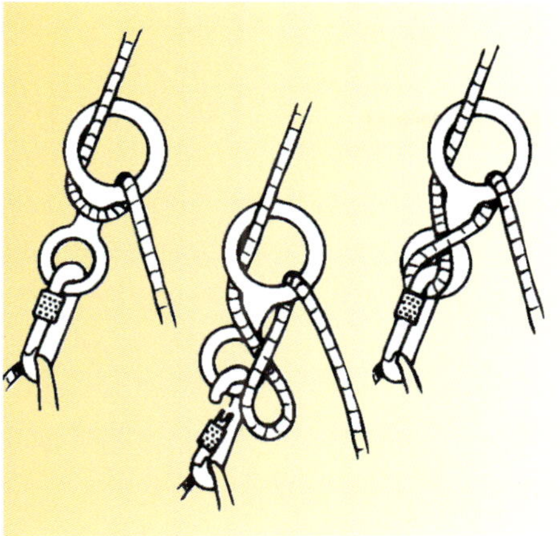

Technik ***Abseilen am Einfachstrang***

Schritt 1 *Hänge den Achter so ein, dass die Seile auf der Schnapperseite austreten.*

Schritt 2 *Ziehe das Seil vom Hals des Achters weg, drehe die Schlaufe um 180° und klinke sie im Karabiner mit ein.*

Wichtig *Das Bremsseil muss dabei über dem Lastseil liegen (ansonsten klemmt die Konstruktion ab).*

Wer abseilen will, benötigt eine Selbstsicherung. Man baut sie aus einer vernähten Bandschlinge und einem Schrauber oder Safebiner. Die Bandschlinge wird mit Ankerstich im Sicherungsring des Hüftgurtes befestigt. Je nach Situation kann diese Sicherungs-Schlinge schulterlang (60 cm), doppelt schulterlang (120 cm) oder eine Zwischengröße sein (90 cm). Lange Schlingen kann man abknoten und hat dann verschiedene Einhänge-Längen zur Verfügung. Zum Aufräumen kann man die Sicherungs-Schlinge über die Schulter legen oder sie um den Rücken führen und auf der gegenüberliegenden Seite in eine Materialschlaufe einklinken.

»»» Seite 32

Selbstsicherungs-Schlinge

Manche Kletterer haben eine Sicherungs-Schlinge während der gesamten Tour am Gurt befestigt. Sinnvoller ist jedoch, die Schlinge nur anzubringen, wenn man sie wirklich braucht. Man hat sie dann während der restlichen Zeit für andere Einsätze verfügbar und auch nichts Unnötiges an sich rumbaumeln. Ob dauerhaft installiert oder nur zeitweise – keinesfalls sollte der zugehörige Karabiner mit Gummi in der Schlinge fixiert werden (wie bei Exen üblich). Es genügt, einen Strang versehentlich noch

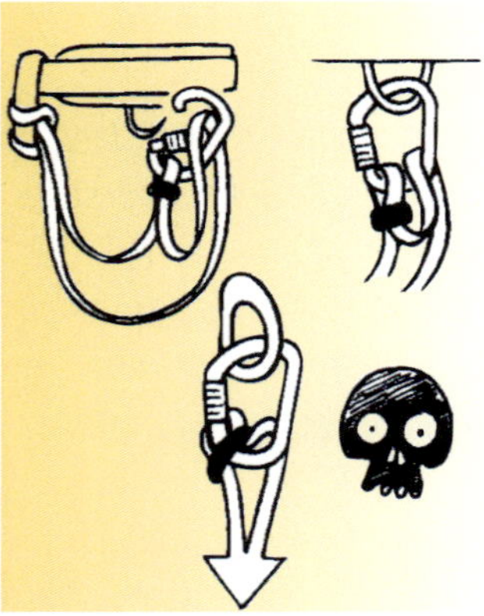

Keine Gummifixierung!

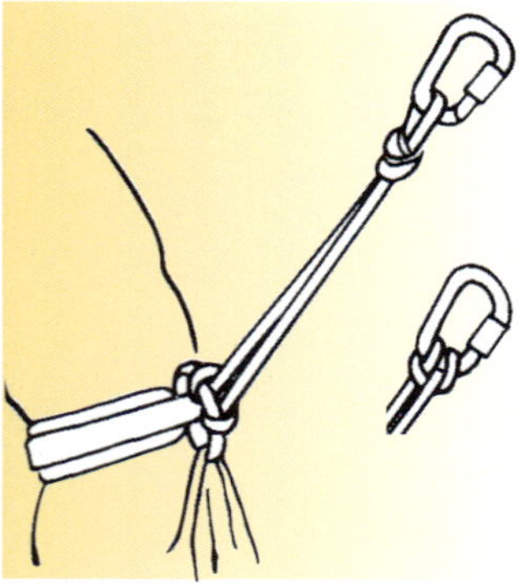

Fixierung mit Sackstich oder Mastwurf

Zugsicherung

einmal in den Karabiner zu hängen und das System wird unter Last mit 50% Wahrscheinlichkeit versagen. Besonders perfide dabei ist, dass Sie die drohende Gefahr nicht erkennen. Verzichten Sie in diesem Zusammenhang auf deutsche Gründlichkeit. Benutzen Sie Mastwurf oder Sackstich, wenn Sie den Karabiner vorne in der Schlinge fixieren wollen. Ankerstich geht auch – könnte aber dazu führen, dass sich ein nicht eingehängter Karabiner ungewollt ausfädelt. Und wenn der Karabiner runterfällt, ist das auch schon recht ärgerlich.

Verwenden Sie beim Abseilen keine Exen für die Selbstsicherung. Die beim Fädeln mögliche Redundanz (›››› Seite 123) besteht hier nicht und häufig kann man die Sicherung auch nicht konsequent auf Spannung halten. Die Gefahr, dass sich Karabiner einer unbelasteten Exenkette ausklinken, ist groß.

Um sich während des Abseilens zu sichern, gibt es zwei Möglichkeiten. Bei der »Zugsicherung« hält ein unten stehender Partner beide Seile zugbereit in der Hand. Sollten Probleme auftreten, verhindert der Partner durch kräftiges Ziehen, dass der Abseilende durchrauscht. Die Zugsicherung bietet allerdings keine Redudanz bei fehlerhaftem Einhängen das Achters (z.B. in der Materialschlaufe).

Bei der Methode mit »Kurzprusik« wird eine kurze Prusikschlinge unterhalb des Achters um das Seil gelegt. Sie darf sich nicht in den Achter ziehen lassen und wird deshalb in eine der Beinschlaufen, also möglichst weit unten am Gurt eingehängt. Der Kurzprusik sichert auch fehlerhaftes Einhängen des Achters sowie das Verkanten von Achter und Karabiner mit ab (›››› Seite 53). Er sollte daher gegenüber der Zugsicherung favorisiert werden.

Bei dünnen Seilen und dicken Prusikschlingen kann es vorkommen, dass der Knoten nicht ordnungsgemäß klemmt. Man prüft, ob die Wicklungen sauber liegen. Sind sie um einander verdreht, korrigiert man das. Liegen die Wicklungen sauber, lockert man den Prusik und fügt eine dritte Windung hinzu (alternativ Prohaska, ›››› Seite 184).

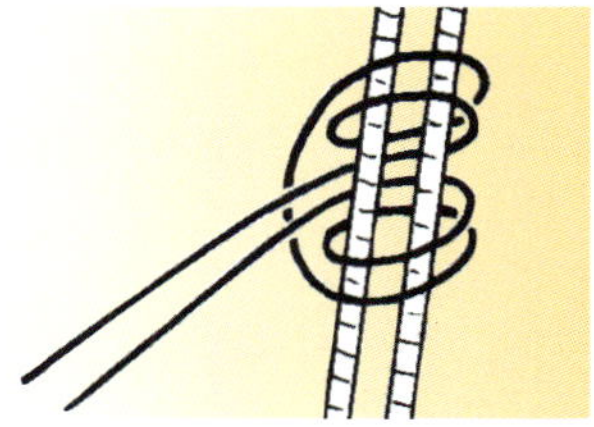

Prusik

Während des Abseilens lässt man den Prusik in der Hand mitlaufen. Man achtet darauf, dass er gut gelockert ist. Ein eng am Seil liegender Knoten hat zu viel Reibung und macht an Onanie erinnernde Handbewegungen erforderlich (obwohl man doch nur mit dem blöden Prusik kämpft).

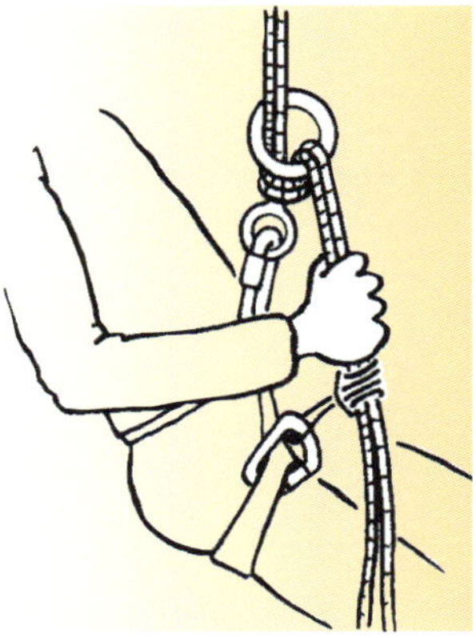

Abseilen mit Kurzprusik

Hat sich ein zu langer Prusik in den Achter gezogen, geht erst einmal gar nichts mehr. Wenn man frei hängt, muss zunächst das System entlastet werden. Man erreicht dies mit einer langen, oberhalb des Achters gelegten Prusikschlinge. Reinsteigen, Aufrichten, Achter rückwärts durchziehen. Dass nichts mehr geht, gilt ebenso für Haare und Bärte, die sich im Achter verfangen haben. Hier besteht alternativ zur obigen Lösung die Option, sich durch mühevolles und schmerzhaftes Ausrupfen vom verfangenen Teil der Haarpracht zu trennen.

Schweizer Methode

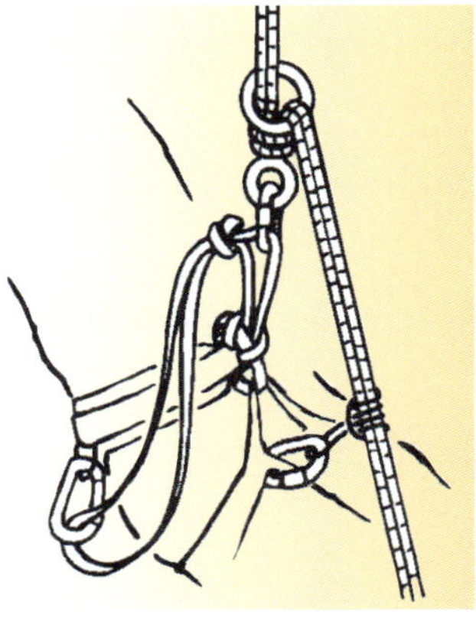

Anders reagiert ein zu langer Prusik beim Abseilen mit ATC. Er wird vor dem Gerät hergeschoben und blockiert überhaupt nicht. Ist also wertlos!

Die Schweizer Abseilmethode umgeht das Problem der Längenabstimmung. Man hängt den Achter nicht im Hüftgurt, sondern in einem Abbund der Sicherungs-Schlinge ein. Der Achter befindet sich jetzt deutlich weiter oben und der Spielraum für den Prusik ist um einiges größer geworden.

Verklemmt sich ein Prusik ungewollt (z.B. an einer Tape-Markierung), entlastet man ihn durch eine Kippbewegung des Beckens. Führt dies nicht zum gewünschten Erfolg, bildet man eine Seilschlaufe geeigneter Länge, steigt hinein und richtet sich auf. Der Prusik ist jetzt entlastet. Man kann ihn lockern und über das Hindernis schieben. Danach lässt man ihn wieder zwicken und entfernt die abgeknotete Trittschlaufe.

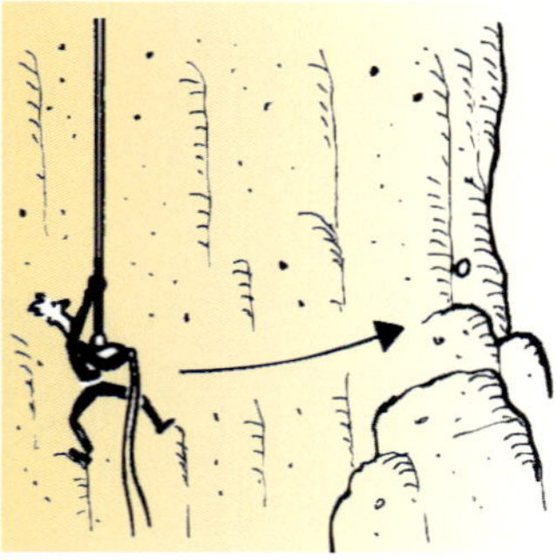

Bleiben Sie beim Abseilen zunächst in Fall-Linie. Sofern der Zielpunkt seitlich versetzt ist, pendeln Sie erst, wenn Sie die Zielhöhe erreicht haben. Frühzeitiges Pendeln beinhaltet die Gefahr, dass Sie die Schräglage plötzlich nicht mehr halten können und unsanft zurückschwingen. Im ungünstigsten Fall scheuert das Seil dabei an einer quer laufenden Felskante entlang. Seilrisse durch diesen Effekt sind bekannt (†).

Beim Abseilen mehrerer Längen können Sie die Seil-Enden verknoten. Das verhindert versehentliches Abseilen über ein Ende hinaus, hat aber auch Nachteile. Gemeinsam verknotete Enden krangeln gerne, und separate Knoten können beim Abziehen vergessen werden. Ob Knoten oder nicht, muss daher situativ entschieden werden. Allerdings ist es in den meisten Fällen ohnehin sinnvoller, den Ersten abzulassen. Diese Vorgehensweise führt in Kombination mit den folgenden Tipps zu einem sicheren und flüssigen Manöver.

»»» Seite 121, 202

Übersicht	***Beim Abseilen unten angekommen***
Seil-Enden	*Behalte beide Seil-Enden bei Dir, nachdem Du unten fixiert bist.*
Seil frei	*Für »Seil frei« genügt es, das Seil zwei Meter durchzuziehen. Aushängen ist zunächst nicht erforderlich.*

Abbauen mit Abseilen

Wenn das übliche Ablassen nicht geht

Solide Selbstsicherung für den Umbau

Es gibt mehrere Fälle, in denen das übliche Abbauen nicht in Frage kommt oder zu erheblichem Verschleiß führt. Fall Eins ist Ablassen über Schlingen. Kein weiterer Kommentar hierzu.

»»» Seite 26

Es gibt aber noch einige weitere »Sünden«. Schnelles Ablassen über Bäume verursacht Brandspuren an Baum und Seil. Sie sollten es deshalb sowohl der Natur zuliebe als auch um Ihres Seils willen unterlassen. Ablassen über konvexe Sandsteinformationen (konvex ist der Bauch vom Rex) »sägt« Rillen in den Fels und verwandelt Ihr Seil binnen kurzer Zeit in einen Faserpelz. Und Ablassen über normale Bohrhakenlaschen ist auch nicht gerade Seil schonend. Einige dieser Situationen können Sie durch ein großzügiges Karabineropfer in den Griff bekommen. Die anderen sind ausschließlich durch Abseilen zu lösen.

Achter straffen

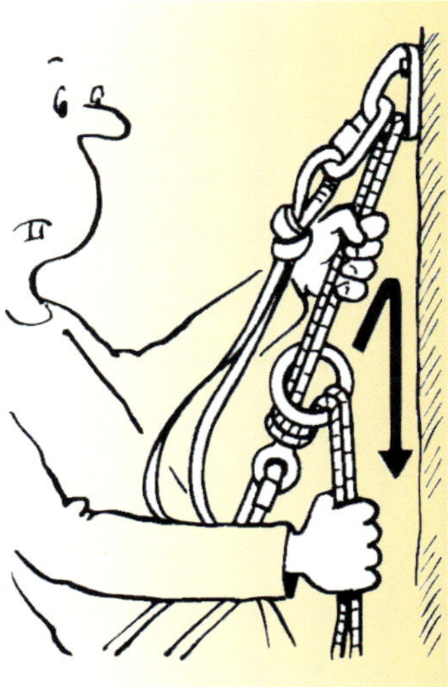

Beim Abseilen an kleinen Ösen kann eine unerfreuliche Komplikation auftreten: Das gefädelte Seil liegt auf dem Selbstsicherungskarabiner. Nach Lastübergabe (Achter wie beim Seil einnehmen

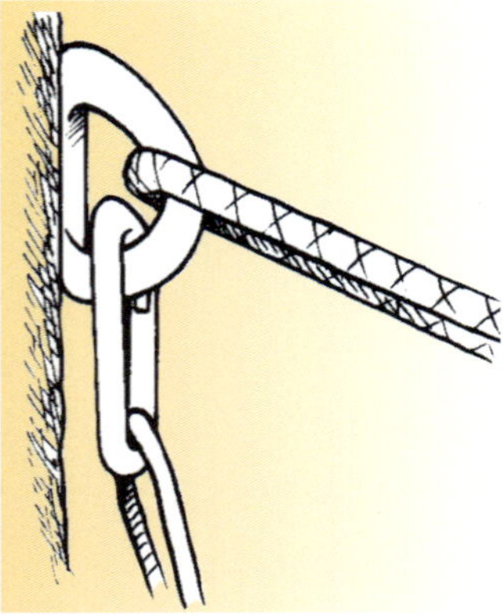

straffen) lässt sich die Selbstsicherung nicht mehr ausklinken. Belasten Sie das Seil in diesem Fall horizontal nach außen, um den darunter liegenden Karabiner frei zu bekommen.
Bei ganz kleinen Ösen, in denen Seil und Karabiner nicht gemeinsam Platz haben, können Sie sich zwischenzeitlich mit einer Prusikschlinge fixieren. Achtung aber vor Seil auf Seil beim Fädeln und vor Scharfkantenbelastung der Prusikschlinge. Sollte die Schlinge reißen, sind Sie tot. Günstiger ist in diesem Fall das bereits erwähnte Karabineropfer.

Tipp **Prüfe den Korrosionszustand des Bohrhakens, bevor du an einem einzelnen Exemplar abseilst!**

Abseilstelle einrichten

Wie selber bauen?

Seil gut abziehbar

Wenig Materialverlust

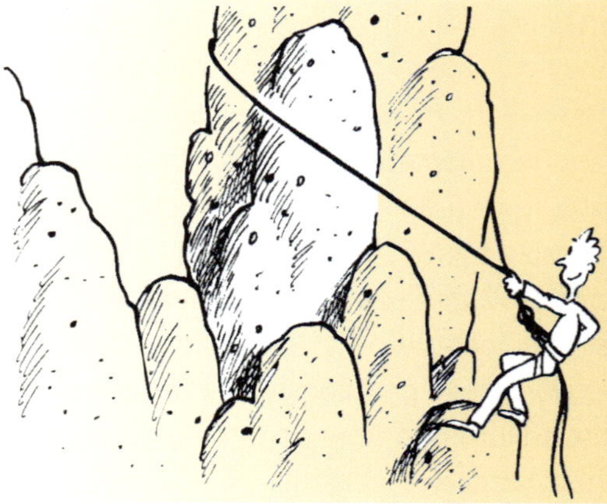

Erfreulicherweise findet man immer mehr Abseilpisten, die mit Ketten oder überdimensionalen Ringen ausgerüstet sind. In weniger begangenen Routen oder bei Eistouren kann es aber notwendig sein, Abseilstellen selbst einzurichten. Grundsätzlich ist dabei zu überlegen, ob man einen oder mehrere Fixpunkte benötigt. Solide Sanduhren, fest verwachsene Köpfel oder die Abalakow-Eissanduhr sind Beispiele für einzeln verwendbare Fixpunkte. In diesen Fällen hinterlässt man eine Reepschnur oder Bandschlinge geeigneter Länge.

»»› Seite 99
»»› Seite 228

Werden mehrere Fixpunkte verbunden, knotet man am besten ein längeres Seilstück in beide Ösen ein, zieht die Schlaufen nach unten und setzt einen zentralen Sackstich auf alle vier Stränge. Alternativ knotet man in jeden Fixpunkt eine separate Schlinge ein. Gemeinsam gefädelt sollen beide Schlingen Last aufnehmen. Beide Konstruktionen sind redundant, einmaliges Reißen oder Durchbrennen eines Stranges bleibt ohne Konsequenz. Weniger sinnvoll ist es, die Fixpunkte mit Ausgleichsverankerung (»»› Seite 147) zu verbinden. In diesem Fall führt bereits ein einmaliges Versagen der Schlinge zum Absturz.

Befinden sich die Fixpunkte oberhalb eines quer laufenden Felsvorsprunges, sollte man die Abseilstelle bis über den Vorsprung verlängern. Das Seil hat dann keinen Felskontakt und lässt sich problemlos abziehen. Generell kann man einen Abseilring oder Karabiner in der Schlinge belassen. Auch die Metall-Öse erleichtert das Abziehen des Seils. Als Nebeneffekt erhöht sich die Lebensdauer der Abseilschlinge. Sie kommt beim Abziehen nicht mit dem Seil in Kontakt und kann insofern auch nicht angeschmolzen werden.

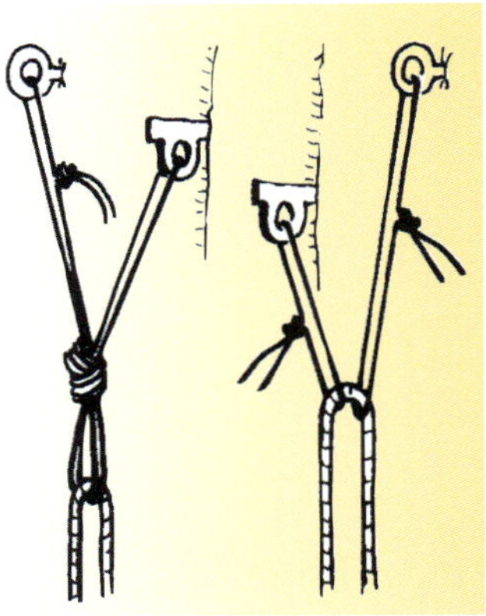

Fixpunkte verbinden

Ggf. verlängern

Im Eis bestehen mehrere Möglichkeiten, Abseilstellen einzurichten. Kurze, dicke, unten fest verwachsene Eiszapfen können direkt benutzt werden. Ggf. schlägt man einen Eisvorhang an entsprechender

Stelle nach hinten durch, um einen vergleichbaren »Zapfen« zu erhalten. Achtung, je höher der freistehende Teil des Zapfens und je dünner der Querschnitt, desto geringer die Stabilität.

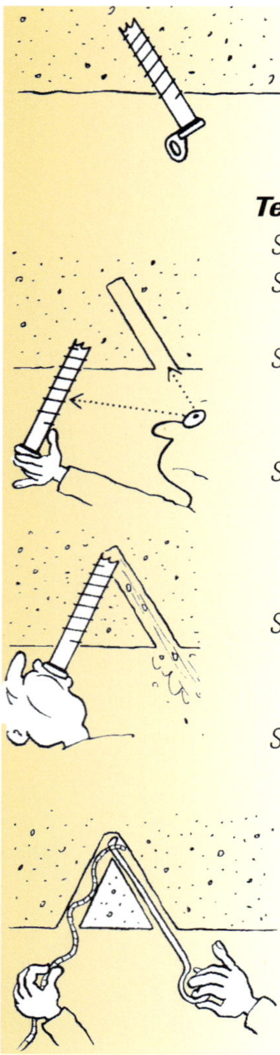

Mit gewissem handwerklichem Geschick kann man eine »Abalakow-Eissanduhr« bauen. Dabei müssen sich zwei Schraubenlöcher im Winkel von circa 60° treffen.

Technik Eissanduhr

Schritt 1 *Kompakte Eispartie wählen oder freilegen.*

Schritt 2 *Schraube mit circa 30° seitlichem Setzwinkel voll einschrauben und wieder entfernen.*

Schritt 3 *Schraube in rund 15 cm Entfernung mit gegengleichem Setzwinkel platzieren und zwei Umdrehungen einschrauben.*

Schritt 4 *Ins erste Bohrloch hinein visieren, gleichzeitig die Richtung der Schraube exakt zu diesem Bohrloch hin ausrichten und die Schraube weiter eindrehen (»wird magisch angezogen«).*

Schritt 5 *Schraube entfernen, Löcher säubern (bei Temperaturen über 0° C mit halb eingedrehter Schraube ausblasen).*

Schritt 6 *Klemmkeilkabel oder Fädelhaken in eines der Löcher stecken, Reepschnur oder Seil in das andere Loch stecken und mit dem Fädelhaken durchziehen.*

Dünne Seile können direkt durch die Sanduhr gefädelt werden. Während des Abseilens frieren sie allerdings etwas fest (Druckschmelzung). Man benötigt daher eine gewisse Kraft, um den Abziehvorgang einzuleiten.

Ist von vorneherein klar, dass man abseilen wird, bereitet man die Eissanduhren gleich während des Aufstiegs vor. Sie leisten am Stand gute Dienste und sind sehr resistent gegen Ausschmelzen.

Immer wieder wird die »Eisbirne« zum Abseilen empfohlen. In der Praxis macht dieses künstliche Köpfel allerdings nur selten Sinn. Man benötigt von vorne herein eine entsprechende Eisformation. Ansonsten ist die Birne zu aufwändig. Auch bedenke man, dass sie wegen der Glätte des Eises einen perfekten Hinterschnitt benötigt. Und selbst wenn sie diesen aufweist, kann das Seil noch durch Schlenkern herunterfallen.

Raffinierter und wesentlich attraktiver ist die selbst ausdrehende Schraube. Eine Exe wird über eine möglichst lange Schraube gelegt oder ohne oberen Karabiner direkt aufgesteckt. Das Seil kommt in die Exe. Es einfach über die Schraube zu legen, ist weniger empfehlenswert.

»»» Seite 104

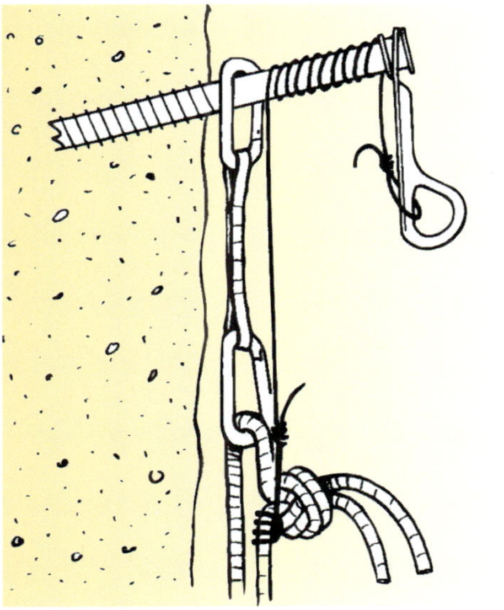

Technik Selbstdrehende Schraube

Schritt 1 *Schraube rein und wieder komplett raus drehen (übersteilter Setzwinkel, damit die Lasche später nicht hängen bleibt).*

Schritt 2 *Reepschnur an der Lasche befestigen und während des erneuten Einschraubens aufwickeln.*

Schritt 3 *Seil in die Exe klinken und Reepschnur beim Seilverbindungsknoten befestigen.*

Schritt 4 *Abseilen (ggf. im Abziehstrang eine Exe mitlaufen lassen).*

Schritt 5 *Zug am richtigen Strang dreht die Schraube heraus.*

Sie können natürlich auch die wesentlich konsumfreundlichere Methode anwenden und Ihre Schrauben stecken lassen. Das geht schnell und ist sicher. Vergessen Sie aber nicht, mich in diesem Fall über Ihr großzügiges Manöver zu informieren.

Standplatz

»»› Seite 141
»»› Seite 144, 147
»»› Seite 66, 73
»»› Seite 38

Gewöhnlich assoziiert man mit »Standplatz« zwei Haken, eine mittels »Zentralpunkt« geschaffene Verbindung und »ordnungsgemäßes« Sichern – sei es am Körper oder am Fixpunkt. Diese Vorstellung deckt aber bei weitem nicht alle Situationen des alpinen Geschehens ab und führt bisweilen dazu, dass unnötig komplizierte Stände gebaut werden. Mitdenken ist die Devise. Wie groß können die Sturzzugkräfte sein und in welche Richtung (Sturzzugrichtung) wirken sie?

Übersicht	***Sturzsituationen***
Nachsteigerrutscher	*Geringer Sturzzug nach unten (kein freies Hängen).*
Nachsteigersturz	*Mäßiger und ggf. konstanter Sturzzug nach unten (freies Hängen).*
Vorsteigersturz	*Großer Sturzzug nach oben oder unten.*

»Stand« zum Nachsichern

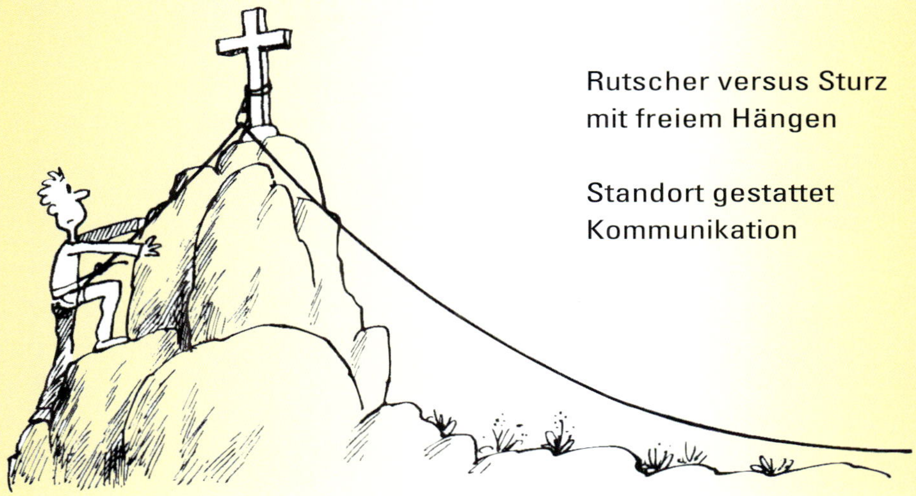

Rutscher versus Sturz mit freiem Hängen

Standort gestattet Kommunikation

Auf den ersten Blick mag dieses Kapitel als exotischer Sonderfall erscheinen. Auf den zweiten Blick erkennt man, dass es für jede letzte Seillänge gilt und darüber hinaus häufig, wenn ungleich starke Partner gemeinsam unterwegs sind. Beispielsweise klettern Bergführer in leichten Routen oft ungesichert. Sie weisen ihre Kunden lediglich an, das Seil zügig auszugeben. Bei solcherart geführten Touren müssen die Standplätze nur nach unten halten.

Sofern freies Hängen ausgeschlossen ist und sofern der Nachsteiger am Stand keine Selbstsicherung benötigt, ist »ordnungsgemäßes« Sichern verzichtbar und man kann den Partner mit Hüftsicherung oder direkter Köpfelsicherung nachholen.

»»› Seite 178

Klettert der Nachsteiger so steil, dass er im Sturzfall frei hängt, muss er fixiert werden können. Das gilt auch, wenn er eventuell in entsprechendes Gelände hineinpendeln könnte. Der Stand kann in die-

»»› Seite 199

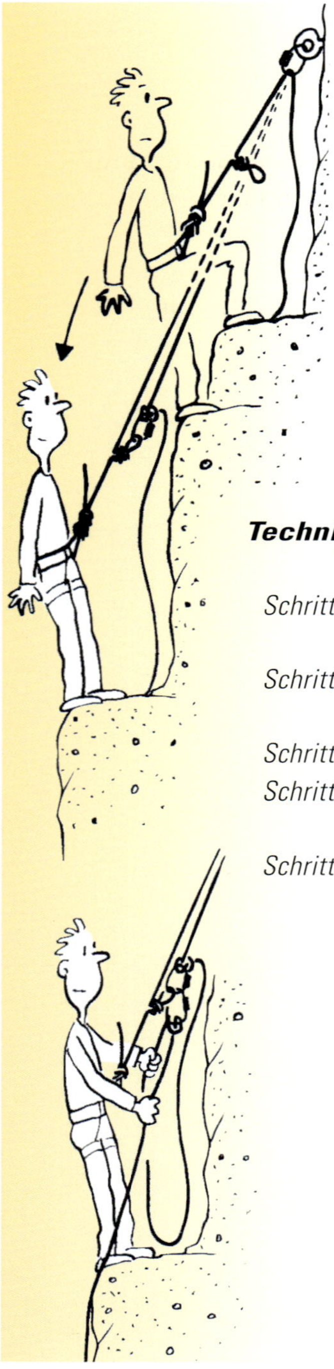

sem Fall aus einer Köpfelschlinge, einem soliden Klemmkeil oder einer Eisschraube bestehen. Doch Achtung: Versagt Ihre Sicherung, haben Sie keine Chance, den Sturz noch zu halten. Der Fixpunkt muss also wirklich verlässlich sein. Gesichert wird mit HMS oder einem anderen nachsicherungstauglichen Gerät (›››› Seite 43).

Bei Ausstiegs-Seillängen ist der Fixpunkt oft so weit zurückversetzt, dass die Kommunikation mit dem Partner gestört oder unmöglich ist. Sie benötigen jetzt eine Konstruktion, mit der Sie von weiter unten aus nachsichern können.

Technik Nachsichern mit verlängerter Selbstsicherung

Schritt 1 *Knote 60 – 80 cm vor dem Anseilknoten eine kurze Seilschlaufe ab (Sackstich oder doppelter Bulin).*

Schritt 2 *Klinke den Stand wie eine Zwischensicherung ein (aber Verschlusskarabiner).*

Schritt 3 *Begib dich bis zum gewünschten Standort zurück.*

Schritt 4 *Fixiere das gegenläufige Seil mit Mastwurf und Verschlusskarabiner in der Seilschlaufe.*

Schritt 5 *Hänge die Partnersicherung ebenfalls in der Seilschlaufe ein.*

Sie können jetzt wieder mit Ihrem Partner kommunizieren und müssen lediglich noch darauf achten, dass die ganze Konstruktion nicht allzu schräg aufgebaut ist und Sie sich in einer geraden Linie zwischen dem Stand-Anker und Ihrem Nachsteiger befinden. Ansonsten besteht Pendelgefahr.
Im Übrigen können Sie mit genau dieser Methode auch einen »Blockstand« bauen – für den Fall, dass Ihre gesammelten Bandschlingen nicht lang genug sein sollten, den Felsblock »einzufangen« (›››› Seite 143).

Zentralpunkt

Bei Wechselführung kann das Seil mit verbaut werden

Reihenschaltung oder Ausgleichsverankerung?

Der Blockstand mit Kletterseil leitet unmittelbar zu der Frage über, wann das Seil am Stand verbaut werden darf und wann nicht.

Alte Hasen werden sich erinnern, dass seinerzeit generell vom Standplatzbau mit Kletterseil abgeraten wurde. Im Falle eines Unfalls, hieß es, könne man sich nicht genügend Bewegungsspielraum verschaffen. In der Tat muss man sich mit Ankerstichschlingen fixieren und ausbinden, wenn man bei belastetem Stand mehr Spielraum für Rettungsmaßnahmen benötigt. Da Unfälle aber glücklicherweise nur selten passieren und man sich mit der genannten Methode behelfen kann, ist diese Argumentation hinfällig.

»»» Seite 129

»»» Seite 209

Trotzdem macht Standplatzbau mit Kletterseil nur bei Wechselführung Sinn. Verwenden Sie das Kletterseil nicht zum Standplatzbau, wenn Sie mehrere Seillängen hintereinander vorsteigen. Die Erklärung leuchtet unmittelbar ein. Sie müssten anderenfalls jeden Stand auf- und ab- und wieder auf- und abbauen. Was natürlich nicht heißt, dass man das nicht dürfte. Zum Beispiel wenn der Blockstand mit Kletterseil die einzige Lösung ist.

Zentralpunkt

»»» Seite 144, 147

Beim Standplatzbau realisiert man grundsätzlich das Zentralpunktprinzip. Dabei gilt: Der Zentralpunkt ist der Punkt, an dem sowohl die Selbst- als auch die Partnersicherung hängt. Er ist mit allen Fixpunkten des Standplatzes möglichst direkt verbunden. Es geht also darum, alle Haltepunkte zu vereinen. Würde man die Fixpunkte nicht verbinden, sich an einem selbst sichern und am anderen die Partnersicherung einhängen, dann würde bereits das Versagen eines der beiden Fixpunkte fatale Folgen haben.
Wie die Fixpunkte zu verbinden sind, ist damit noch nicht gesagt. Es gibt zwei klassische Methoden, die Reihenschaltung und die Ausgleichsverankerung (auch Kräftedreieck genannt). Die Frage, wann welche Methode besser ist, lässt sich nicht immer eindeutig klären. Man würde dafür die Haltekräfte der einzelnen Fixpunkte benötigen.

Andererseits gibt es einen fast schon ins Ideologische gehenden Streit zwischen eingefleischten Befürwortern und Gegnern der einzelnen Methoden. Wurde die Ausgleichsverankerung bis 2002 überwiegend als Standardmethode gehandelt, so gilt dies heute für die Reihenschaltung. Und zwar infolge einer Untersuchung des Deutschen Alpenvereins (Semmel, Stopper 2002). Dabei kam heraus, dass ein zwischen den Fixpunkten und dem Körper angebrachter Zentralpunkt zu einer starken Beschleunigung des Sichernden in Richtung Fels führen kann. Dieser Fall betrifft die Ausgleichsverankerung und ist natürlich ungünstig.

Einfach ist der Zentralpunkt zu realisieren, wenn der Stand nur einen Fixpunkt aufweist. Für alleinige Verwendung kommen geklebte oder zementierte Sicherheitshaken, Elbsandsteinringe, solide Sanduhren, Bäume und Gipfelkreuze in Frage. Köpfel und Blöcke ebenfalls – man bedenke dabei aber die Belastungsrichtung.

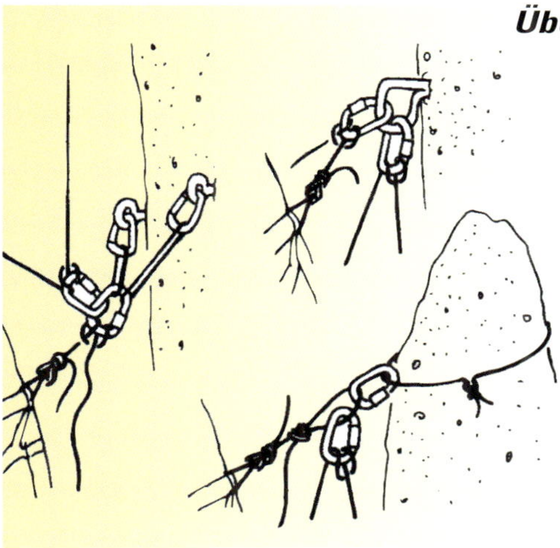

Übersicht	**Partnersicherung einhängen**
Wo	*Direkt in Öse oder Ring des Fixpunktes (auf gute Bedienbarkeit achten).*
Oder	*Im Zentralpunktkarabiner am »gesunden« Schenkel.*
Oder	*In kurzer Seilschlaufe (z.B. bei Blockstand).*
Und	*Unverdreht einhängen (Bremsseil läuft unten aus HMS heraus, »»» Seite 75).*

Nochmals zum Thema Blockstand. Soll der auch zum Vorstiegsichern benutzt werden, machen Sie die Selbstsicherung kurz und verspannen die Konstruktion mit dem Körper.

Bedenken Sie die Sturzzugrichtung und überlegen Sie, ob Sie im Sturzfall gegen den Block prallen. Im Zweifelsfall sichern Sie den Zentralpunkt zusätzlich nach unten ab.

Achtung, legt man eine lange Schlinge um den Block und hängt die Partnersicherung unabhängig von der Selbstsicherung in diese ein, ist das Prinzip des Zentralpunktes nicht erfüllt. Bei Sturzzug nach oben rutscht das Bremsgerät an der Schlinge entlang und das Bremsseil kann aus der Hand gerissen werden.

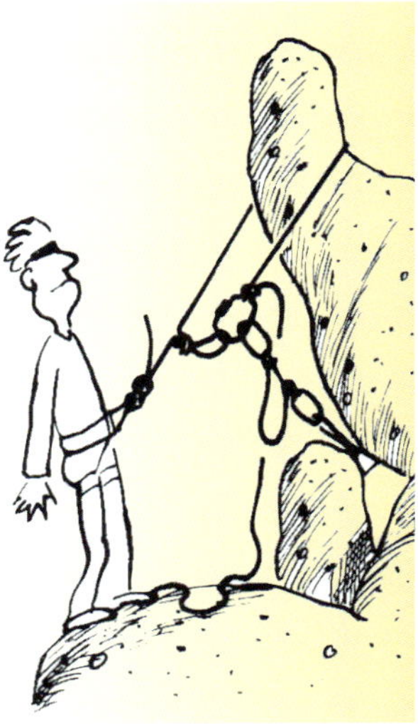

Blockstand

Reihenschaltung

Mehr Last auf den besseren Fixpunkt

Kein Durchsacken bei Versagen eines Fixpunktes

Die Reihenschaltung verbindet zwei oder mehr Fixpunkte so miteinander, dass der Ausbruch eines Hakens zu keinem nennenswerten Durchsacken führt. Die Last kann dabei gezielt mehr auf den einen oder anderen Fixpunkt verlagert werden. Eine exakte Kraftverteilung ist nicht möglich.

Technik ***Reihenschaltung mit Kletterseil***

Wann *Bei Wechselführung.*

Schritt 1 *Knote eine kurze Seilschlaufe ins Seil und klinke sie im unteren der beiden Fixpunkte ein.*

Schritt 2 *Hänge das Seil mit Mastwurf in den oberen der beiden Fixpunkte und spanne den Mastwurf so, dass sich die gewünschte Lastverteilung ergibt.*

Schritt 3 *Hänge die Partnersicherung in die kurze Seilschlaufe.*

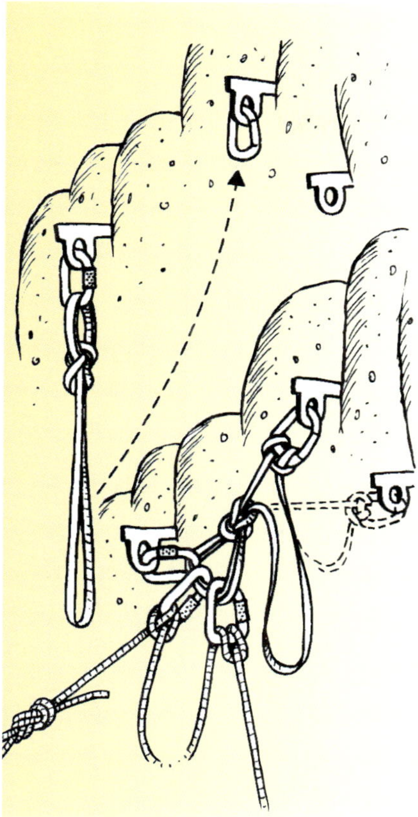

Technik	***Reihenschaltung mit Bandschlinge***
Wann	*Bei gleichbleibendem Vorsteiger.*
Schritt 1	*Knote an einer langen Bandschlinge nahe der Naht eine kurze Schlaufe ab (gelegter doppelter Bulin, »»» Seite 24).*
Schritt 2	*Klinke dieses »Auge« in den unteren der beiden Fixpunkte.*
Schritt 3	*Hänge die Bandschlinge mit Mastwurf in den oberen Fixpunkt ein. Straffe sie, bis die gewünschte Lastverteilung vorliegt.*
Schritt 4	*Hänge Selbstsicherung und Partnersicherung in das abgeknotete Auge ein.*
Ggf.	*Integriere einen dritten Fixpunkt mit dem verbleibenden Strang der Bandschlinge (analog 3).*
Ggf.	*Platziere Dich etwas seitlich, so dass die HMS gut bedienbar ist.*

Der Zentralpunkt wird grundsätzlich am unteren Fixpunkt gebildet. Nur so lässt sich Durchsacken bei Hakenausbruch verhindern. Ist der untere Fixpunkt schlecht, spannt man die Reihenschaltung. Dadurch wirkt von vorneherein mehr Kraft auf den oberen Anker und ein Versagen des unteren bleibt ohne Konsequenz.

Die Partnersicherung kann in dem abgeknoteten »Auge«, im Verschlusskarabiner des Zentralpunkt-Hakens oder direkt in der Haken-Öse (Ring) eingehängt werden. Je direkter sie im Haken hängt, desto weniger Ruck bekommt der Sichernde im Sturzfall ab. Gute Bedienbarkeit hat Priorität vor starren Regeln.

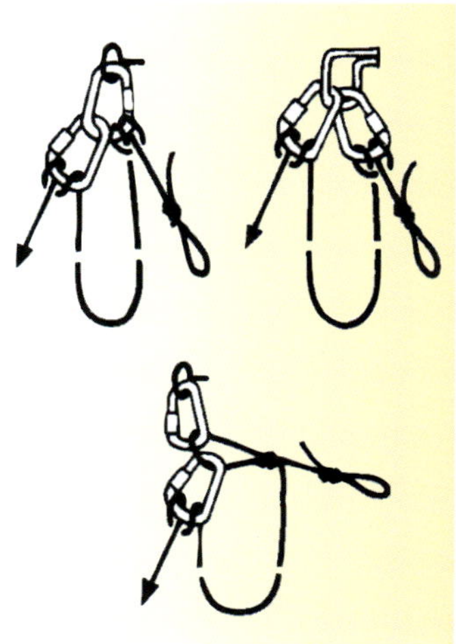

Alternative Zentralpunkte

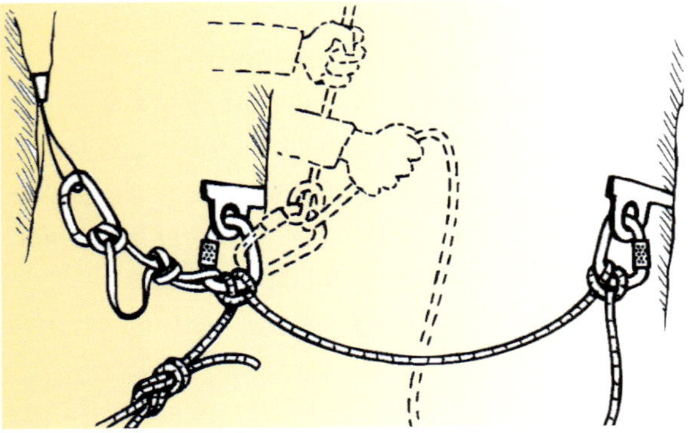

Unter Umständen kann es kritisch werden, wenn die Fixpunkte großen seitlichen Abstand zueinander aufweisen. Man baut den Zentralpunkt dann am besseren der beiden Haken und hängt den zweiten nur locker in Reihe (nicht spannen). Ein Ausbruch des Hakens beim Zentralpunkt führt jetzt aber zu einem Pendelsturz des Sichernden. Das sollte vermieden werden. In Zweifelsfällen hintersichert man den Zentralpunkt zusätzlich.

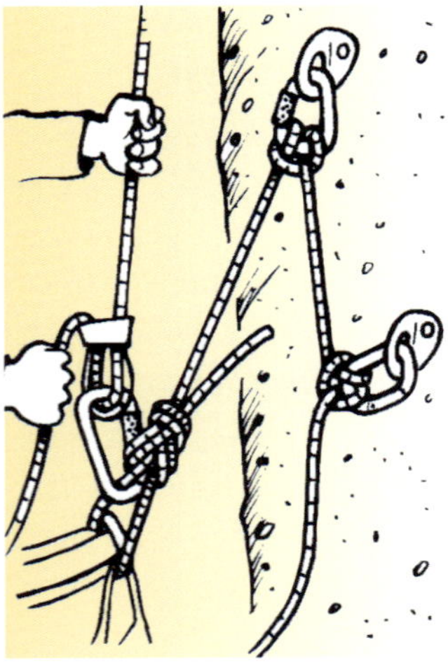

Weichen Sie ggf. von dem Grundsatz »Zentralpunkt unten« ab, sofern Sie zwei allem Anschein nach sichere Fixpunkte benutzen (z.B. nicht korrodierte Expansionsbohrhaken). Sie verbinden diese Fixpunkte ja primär aus Redundanzgründen und bauen den Zentralpunkt jetzt an dem Haken, der das bessere Handling verspricht (›››› Seite 74, 77).

Eine andere, ebenfalls modifizierte Reihenschaltung kann man bei Körpersicherung und Zwillings- oder Doppelseilen anwenden. Jeder Strang wird in einem der Fixpunkte eingehängt und so gespannt, dass sich eine funktionale und möglichst angenehme Sicherungsposition ergibt. Hierbei gelten die unter »Körpersicherung am Stand« genannten Forderungen, insbesondere muss der Sturzzug nach oben erfolgen. Diese Methode bietet maximale Gewähr, dass die Selbstsicherung nicht durch Stein- oder Eisschlag gekappt wird. Das mag im Ernstfall aber nur ein schwacher Trost sein. Suchen Sie sich deshalb unabhängig von der Standplatzmethode möglichst geschützte Orte zum Sichern.

Ausgleichsverankerung

Die bisher dargestellten Methoden lösen bereits die allermeisten Standsituationen – schnell und mit wenig Materialbedarf. Ist mindestens einer der Fixpunkte verlässlich, gilt die Reihenschaltung als Standardempfehlung.

Ausnahmen stellen Standplätze mit zwei voraussichtlich gleich schwachen Fixpunkten dar. Liegen die Festigkeiten beider Fixpunkte unter dem Durchlaufwert der Sicherung, dann hält die Ausgleichsverankerung, während die Reihenschaltung versagt. Der Grund liegt in der exakteren Kraftverteilung der ersteren.
War dieser Gedanke zunächst eine aus Plausibilitätsgründen naheliegende These, so wurde sie 2003 durch Versuche des Sicherheitskreises (Deutscher Alpenverein) bestätigt. Die Ausgleichsverankerung ist somit der Favorit für Situationen mit mehreren schlechten Fixpunkten.

Technik Ausgleichsverankerung

Schritt 1 *Hänge eine Bandschlinge in beide Fixpunkte und verschiebe die Naht in die unmittelbare Nähe eines Fixpunktes.*

Schritt 2 *Drehe einen der Stränge um 180° und klinke den Zentralpunkt-Karabiner in beide Stränge ein.*

Schritt 3 *Hänge die Selbstsicherung im Zentralpunkt ein.*

Schritt 4 *Hänge die Partnersicherung im gesunden Schenkel des Zentralpunkt-Karabiners ein.*

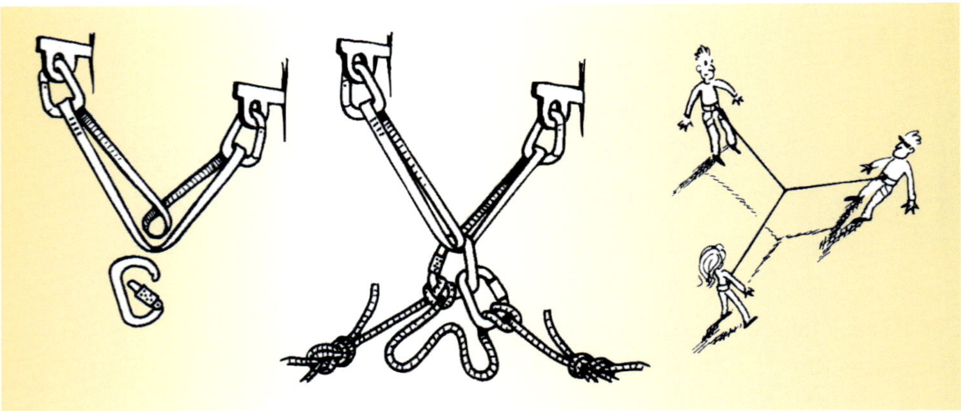

Ausgleichsverankerung

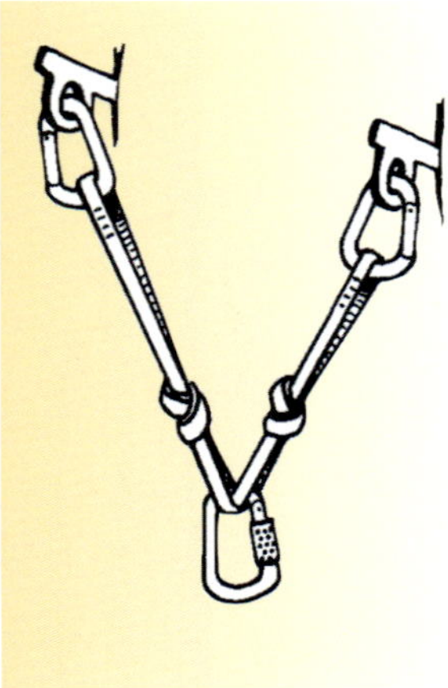

Abgeknotete Variante

Achten Sie darauf, dass der Öffnungswinkel der Ausgleichsverankerung 60 – 90° nicht übersteigt. Bei 120° Öffnungswinkel hätten Sie eine Situation geschaffen, die jeden Fixpunkt mit der Sturzzugkraft belastet. Sozusagen Kraftverdoppelung! Um diesen paradox erscheinenden Effekt zu verstehen, stellen Sie sich drei verknotete Seile vor, die Sie zusammen mit zwei Freunden in Form eines Mercedes-Sterns aufspannen. Dabei wird klar, dass jeder gleich fest ziehen muss, um die gewünschten 120°-Winkel zu erzeugen.

Sollte einer der Fixpunkte versagen, sackt der Zentralpunkt ein Stück durch. Verliert der Sichernde dadurch das Gleichgewicht, verursacht er einen zusätzlichen Fangstoß. Der verbleibende Fixpunkt muss in diesem Fall sogar mehr als den Durchlaufwert des Sicherungsgerätes halten. Das erhöht die Ausbruchwahrscheinlichkeit des zweiten Fixpunktes und damit auch die des gesamten Standes. Um das Durchsacken zu minimieren, können Sie die Bandschlinge ein- oder beidseitig neben dem Zentralpunkt abknoten. Das Ganze dauert lang – Sie haben aber letztendlich eine wirklich gute Verbindung geschaffen. Leider besteht nach wie vor das bereits behandelte Problem einer möglichen Sturzbeschleunigung zur Wand hin (›››› Seite 142).

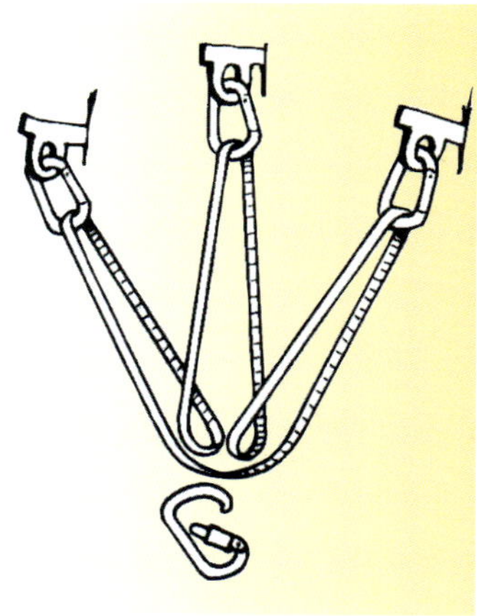

Drei Fixpunkte

Bei der Ausgleichsverankerung kann ein weiterer Fixpunkt mit einbezogen werden (Ausgleichsverankerung mit drei Fixpunkten, siehe Abbildung). Wie man bei der Reihenschaltung einen dritten Fixpunkt integriert, wurde bereits gezeigt (›››› Seite 145). Bei letzterer lassen sich auch noch weitere Fixpunkte dazu schalten. Man benutzt Exen und Bandschlingen geeigneter Länge (ggf. abknoten).

Logischerweise können Sie Reihenschaltung und Ausgleichsverankerung auch kombinieren. Überlegen Sie, wie Sie die beiden abgebildeten Fixpunkt-Arrangements verbinden würden (›››› Seite 150).

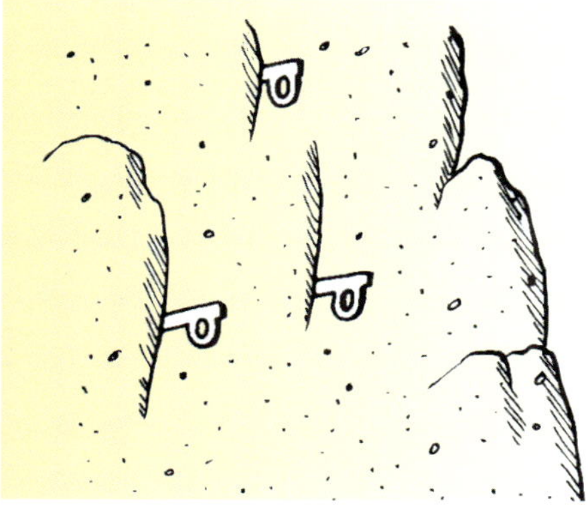

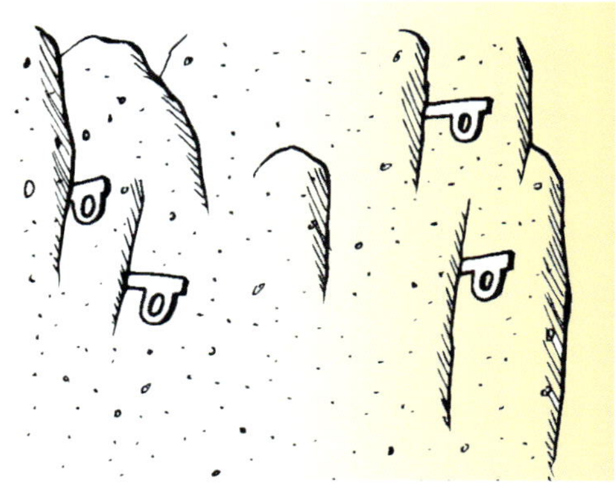

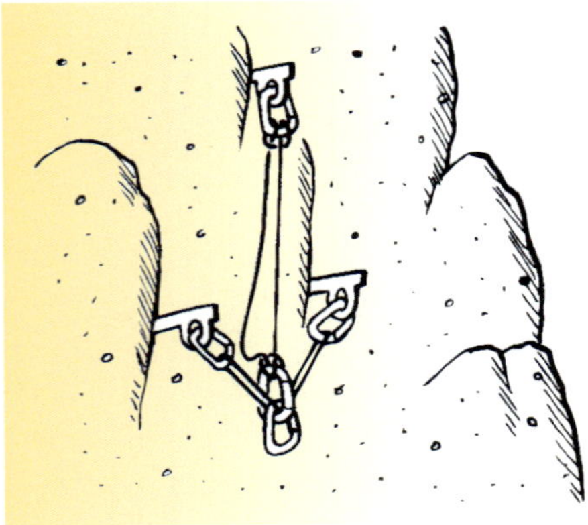

Lösungen von Seite 149

Eine andere Thematik dieses Kapitels sind Keile bzw. Fixpunkte, die nur in eine bestimmte Richtung halten. Man kann solche Punkte paarweise gegenläufig verspannen oder sie zunächst fachgerecht verbinden und anschließend den gesamten Stand nach unten absichern.

»»» Seite 101

Benötigen die Punkte konstante Spannung um in ihrer Position zu bleiben, ist ein Bauernflaschenzug fällig. Geht es lediglich darum, das Ausheben des Standes nach oben zu verhindern, kann man die Abspannung auch mit dem Kletterseil bauen. Man nimmt das am Zentralpunkt befestigte Seil des Sichernden und spannt es mit Mastwurf zu einem dritten, weiter unten befindlichen Fixpunkt. Bedenken Sie, dass man die Abspannung nur für die Vorstiegsicherung benötigt. Sofern Sie alles vorsteigen, installieren Sie die Abspannung erst nach dem Standplatzwechsel. Dann entsteht trotz verbautem Kletterseil keinerlei Zeitverlust.

»»» Seite 102

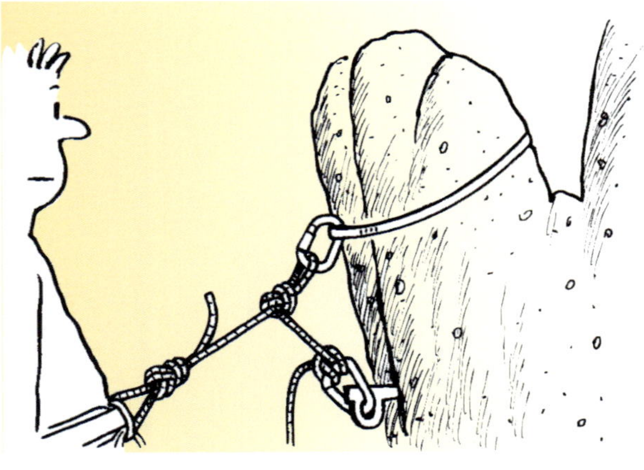

Abspannen mit Kletterseil

Spannend ist die Zeitfrage allemal – sowohl beim Standplatzbau als auch beim Führungswechsel. Selbst »erfahrene« Bergsteiger verbraten häufig mehrere Minuten, bis sie die nächste Länge angehen können. Mehrere Punkte spielen in diesem Zusammenhang eine Rolle. Optimiert man sie, lässt sich der Wechsel meist binnen einiger Sekunden vollziehen.

Achten Sie darauf, die Nachsteigersicherung vorausschauend einzuhängen. Sie soll ohne Umbau auch für den folgenden Vorstieg funktionieren (›››› Seite 75, 78). Sie müssen für diesen Zweck wissen, ob das Seil rechts oder links hochlaufen wird. Steht die Richtung fest, kann man die Sicherung von Anfang an so einhängen, dass sie auch für den späteren Vorstieg optimal läuft. Überlegen Sie darüber hinaus, was Sie mit dem eingezogenen Seil machen.

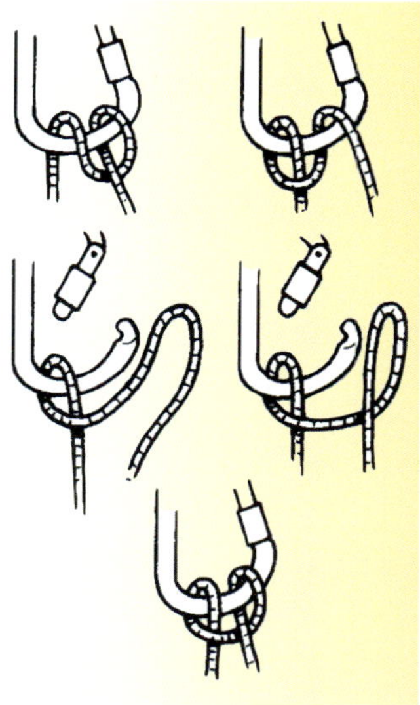

Umbau HMS zu Mastwurf

Übersicht	***Eingezogenes Seil versorgen (Wechselführung)***
Bei genügend Platz	*Kontrollierten Seilhaufen bilden.*
Ansonsten bei steiler und planer Wand	*Seilschlaufe hängen lassen.*
Bei Wind oder Gefahr des Verhängens	*Seil wechselseitig über Selbstsicherung, Oberschenkel oder Fuß legen.*

Schwieriger wird es, wenn immer die gleiche Person vorsteigt. In diesem Fall empfiehlt es sich, die Partnersicherung direkt im Zentralpunkt einzuhängen (nicht im Selbstsicherungskarabiner). Nur so besteht die Möglichkeit, die Selbstsicherung durch Umbau von Halbmastwurf auf Mastwurf zu realisieren (Bildserie oben). Da der Sicherungskarabiner bei diesem Umbau geöffnet werden muss und kurzzeitig keine Sicherung besteht, ist eine stabile Standposition mit adäquater Festhaltemöglichkeit Voraussetzung.

Sind Sie Vorsteiger und startet die nächste Seillänge nach rechts, dann bereiten Sie den Stand so vor, dass Ihr Nachsteiger links von Ihnen gesichert werden kann (›››› Abbildung Seite 156).

Das Thema »eingezogenes Seil versorgen« gewinnt bei gleichbleibendem Vorsteiger noch zusätzlich an Bedeutung. Da das Seil bei Haufenbildung unten herausgezogen werden muss, steigt die Seilverhaugefahr. Besonders prädestiniert dafür sind Dreierseilschaften mit Doppelseil.

Übersicht	***Eingezogenes Seil versorgen (gleichbleibende Führung)***
Bei genügend Platz	*Seilhaufen umdrehen.*
Bei aufgenommenem Seil	*Seilpaket übergeben.*
Bei Zwillings- oder Doppelseil	*Seile von hinten nach vorne durchziehen.*

Unterlassen Sie es, eine dieser Maßnahmen zu ergreifen, dann haben Sie während des nächsten Vorstiegs gute Chancen auf eine Zwangspause. Ihr Partner hat derweil einen noch weniger erfreulichen Job. Der Seilsalat will Ordnung.

Eingezogenes Seil versorgen (Dreierseilschaft)

Hängt die Seilschlaufe nach unten, ist der Führungswechsel kein Thema. Lediglich kann es in diesem Fall mühsam sein, das Seil zum Clippen angemessen schnell auszugeben. Bilden Sie ggf. eine zweite, nur wenige Meter herunter hängende Seilschlaufe, um schneller agieren zu können.

Dreierseilschaften organisieren sich am besten so, dass ein Nachsteiger beide Seile zusammen von hinten nach vorne durchzieht. Zeitgleich beginnt der zweite damit, den Vorsteiger weiterzusichern. Derjenige, der die Seile durchgezogen hat, achtet im Folgenden darauf, dass sie reibungslos ausgegeben werden können.

Verwenden Sie als Vorsteiger einer Dreierseilschaft (V-Seilschaft) unbedingt ein geeignetes Nachsicherungsgerät. Die bis in die 80er-Jahre benutzte Methode zweier getrennter HMS ist außerordentlich mühsam und nur bedingt sicher.

»»» Seite 43

Bisweilen sieht man Leute, die eine Ankerstichschlinge stationär am Gurt befestigt haben und diese auch zur Selbstsicherung am Stand benutzen. Der Vorteil: Man kann den vorbereiteten Karabiner sofort am Stand einklinken. Die Methode hat aber auch Nachteile. Die Länge der Schlinge muss nicht mit der optimalen Länge der Selbstsicherung übereinstimmen. Der Materialbedarf steigt und die stationäre Schlinge ist ein Stück mehr, das die gewünschte Ordnung am Gurt stört.

»»» Seite 130

»»» Seite 32

Standplatz im Eis

Reihenschaltung bei Druckschmelzgefahr

Zeitsparende Aufbaulogik realisieren

Zweifelhafte Standplätze verbessern

Natürlich gelten die bisherigen Überlegungen auch für Standplätze im Eis. Hier besteht der Vorteil, dass man die Sicherungen meist nach Gusto platzieren kann und ihre Festigkeit abschätzbar ist. Eine

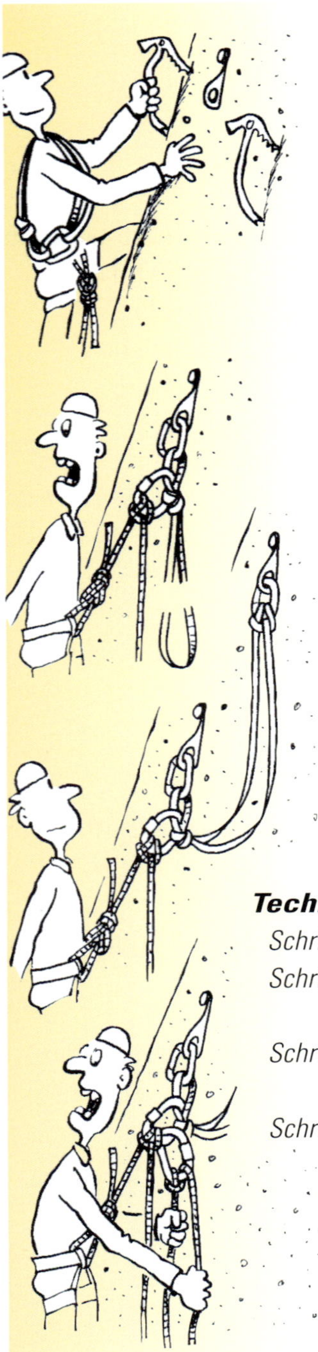

in gutem Eis gesetzte Schraube hält über 10 kN und ist somit ein verlässlicher Fixpunkt (›››› Seite 106). Problematisch sind Temperaturen über 0° Celsius, direkte Sonneneinstrahlung und Schmelzprozesse durch konstante Belastung (Druckschmelzung).

Die Schmelzthematik spricht für die Reihenschaltung; eine Ausgleichsverankerung ist lediglich bei dünnem Eis oder Röhren-Eis zu favorisieren, also bei voraussichtlich gleich schwachen Fixpunkten.

Die Reihenschaltung bauen Sie wie üblich – der obere Fixpunkt bleibt unbelastet. Bei Zwillingsseil können Sie einen der Seilstränge benutzen oder Sie benutzen beide Stränge parallel. Den Doppelstrang zu knoten ist zwar etwas aufwändiger, dient aber der Übersichtlichkeit am Stand. Beide Stränge laufen dann auch hier parallel.

Bei gleichbleibendem Vorsteiger ist natürlich wieder die abgeknotete Bandschlinge fällig. Sinnvollerweise hat man sie bereits vorbereitet um die Schulter hängen und verfährt nach folgendem Rezept.

Technik ***Reihenschaltung mit Bandschlinge***

Schritt 1 *Setze die untere Schraube.*

Schritt 2 *Klinke das Auge der Bandschlinge in die Schraube ein und fixiere dich im Auge. »Stand«.*

Schritt 3 *Setze die obere Schraube circa 50 cm über der unteren und schalte sie locker in Reihe.*

Schritt 4 *Klinke die Partnersicherung im Auge ein (Zentralpunkt* *›››› Seite 151**). »Nachkommen«.*

Bei »Stand« beginnt der Partner bereits, die unteren Fixpunkte zu demontieren. Allerdings wird er erst bei »Nachkommen« seine letzte Sicherung entfernen. Zeit ist trotzdem gewonnen.

Bei Kälte und unbelastetem Stand spielt Druckschmelzung keine Rolle. Dann ist auch die Ausgleichsverankerung nach wie vor eine legitime Konstruktion. Für Fans der abgeknoteten Version gibt es folgende raffinierte Methode.

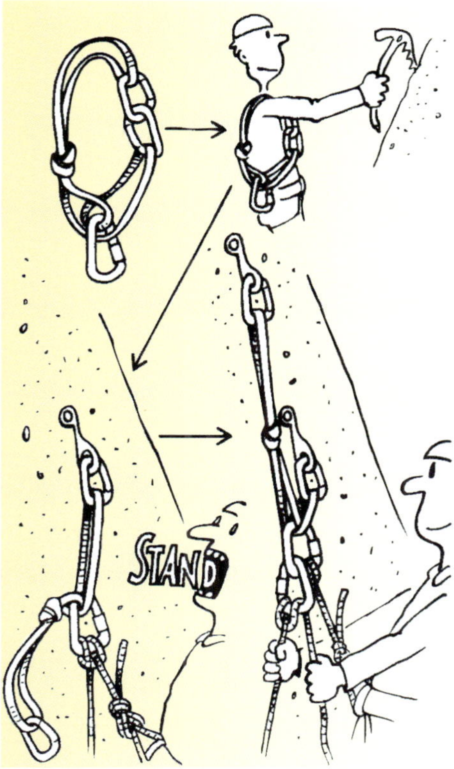

***Technik* Ausgleichsverankerung im Eis (abgeknotet)**

Schritt 1 *Knote eine lange Bandschlinge in der Mitte ab und bereite auf der Seite ohne Naht den Zentralpunktkarabiner vor.*

Schritt 2 *Verbinde die Schlinge mit zwei Karabinern so, dass du sie um die Schulter legen kannst.*

Schritt 3 *Setze die untere Schraube und klinke den für den unteren Fixpunkt vorgesehenen Karabiner ein.*

Schritt 4 *Sichere dich am Zentralpunkt. »Stand«. Setze die obere Schraube und hänge den für den oberen Fixpunkt vorgesehenen Karabiner in diese ein.*

Schritt 5 *Klinke die Partnersicherung im Zentralpunkt ein. »Nachkommen«.*

Planen Sie Standplätze im Eis grundsätzlich möglichst eisschlagsicher (›››› Seite 146). Sind keine geschützten Stellen zu finden, dann richten Sie es so ein, dass die folgende Seillänge außerhalb der Fall-Linie verläuft. »Parken« Sie Ihre Eisgeräte an Stellen, wo sie nicht mit dem Seil in Kontakt kommen. Weder herunterfallende Eisäxte noch Weiterklettern mit einem Gerät sind motivierende Perspektiven (›››› Abbildung Seite 156).

Zum Abschluss dieses Standplatzkapitels scheint ein Exkurs angemessen. Sind die Fixpunkte Ihres anvisierten Standes schlecht, dann finden Sie sich nicht fatalistisch mit diesem Umstand ab, sondern denken sie über Alternativen nach. Seilschaftsstürze sind kein schöner Tod.

Übersicht	***Alternativen bei schlechten Fixpunkten***
Anderer Standplatz	*Klettere ein Stück weiter oder wieder zurück, wenn du dort einen besseren Stand vermutest oder gesehen hast.*
Stand verbessern	*Bringe zusätzliche Sicherungen an, wenn dich die Qualität der vorhandenen nicht überzeugt.*
Teilstrecke nachsichern	*Sichere deinen Partner nur einen Teil der Seil-Länge nach, lass ihn weiter unten wieder Stand machen und dich von dort aus weitersichern.*

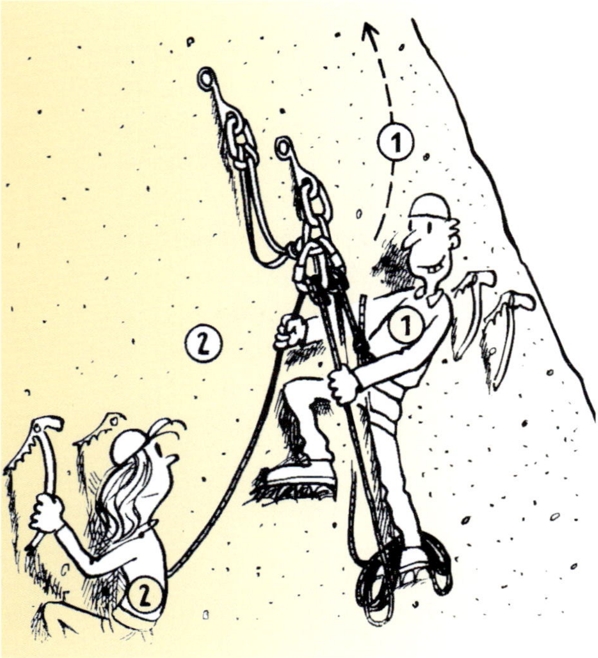

Vgl. Text Seite 152 oben und 155 unten

Die letztgenannte Technik hat den Effekt, dass alle noch zwischen beiden Partnern eingehängten Sicherungen Bestandteil der Sicherungskette bleiben. Die Gefahr eines Seilschaftssturzes ist dadurch deutlich reduziert. Sofern eine Materialübergabe erforderlich ist, kann sie mit der herabhängenden Seilschlaufe bewerkstelligt werden.

Die gesamte Prozedur ist allerdings recht zeitintensiv und sollte insofern nur als ultima Ratio in besonderen Ausnahmesituationen zum Einsatz kommen.

Seilschaft

Während die »Seilschaft« im politischen Allerweltsgeschehen ein zunehmend zwielichtiges Image besitzt, haftet ihr im alpinistischen Sinne keinerlei Makel an. Sie wird je nach Situation und Anzahl der Personen gebildet, ist also keine festgelegte Organisationsform.
Man unterscheidet Zweier-, Dreier- und Viererseilschaft sowie die grundsätzlich anders aufgebaute Gletscherseilschaft. Auch existieren Situationen, in denen es Vorteile bringt, die Seilschaft zu verkürzen. Seiltransport, gleitendes Seil und gestaffeltes Klettern lauten die diesbezüglichen Stichworte.

Zweierseilschaft

Erfordert ein Rückzug die volle Abseillänge?

Sind Manöver nötig, für die man zwei getrennte Seile benötigt?

Über den Aufbau der Zweierseilschaft gibt es nicht viel zu sagen. Jeder bindet sich an einem Ende des Seils ein – fertig. Alpin ist ein 50-Meter-Seil in der Regel ausreichend. Ältere Routen haben sogar

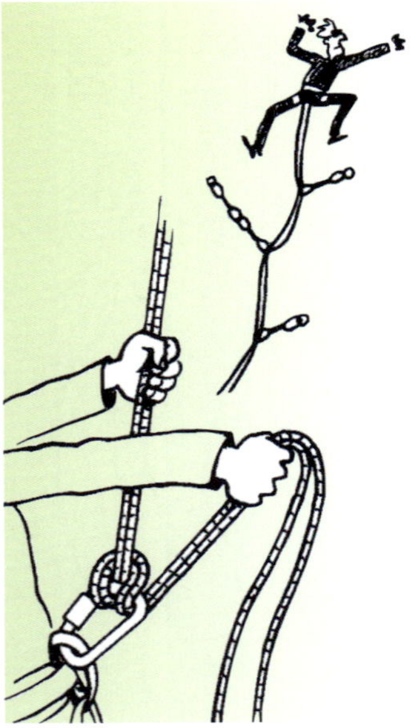

Zwillingsseiltechnik

eher noch kürzere Längen. Bei modernen Routen lohnt sich ein Blick ins Topo. Hier können auch mal 55 oder 60 Meter vorkommen.

Zum Sportklettern sind lange Seile empfehlenswert (circa 70 m) – im Gebirge nur dann, wenn man große Abseilstrecken (30 – 35 m) mit Einfachseil realisieren möchte. Sind noch größere Abseilstrecken nötig oder ist ein Sicherheitsfaktor hinsichtlich Rückzug gewünscht, greift man zum »Zwillingsseil«. Die beiden dünnen Stränge werden dabei konsequent parallel geführt, also immer gemeinsam in Zwischensicherungen eingehängt. Diese Technik bietet neben der vollen Abseilstrecke auch eine Sicherheitsreserve bei Steinschlag. Die Wahrscheinlichkeit, dass beide Stränge getroffen werden, ist geringer als bei einem Einfachseil. Zum HMS-Sichern können beide Stränge gemeinsam als Halbmastwurf gelegt werden.

Für Quergangsmanöver (›››› Seite 187), in delikat abzusichernden Routen und bei technischer Kletterei, bietet die »Doppelseiltechnik« Vorteile. Die Seilstränge werden dabei einzeln in die Zwischensicherungen eingehängt. Bei Zickzack-Verlauf der Route hängt man einen Strang immer rechts und den anderen immer links ein. Diese Variante erlaubt es, viele verstreut liegende Sicherungspunkte zu integrieren, ohne dass die Begehung zu guter Letzt am Seilzug scheitert.

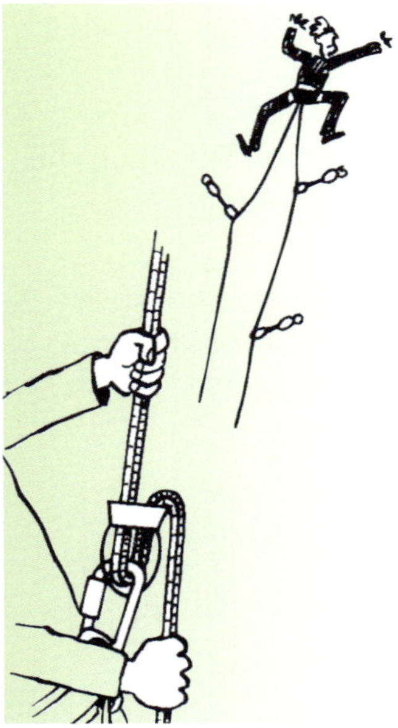

Doppelseiltechnik

Bei geradem Routenverlauf hängt man die Seilstränge abwechselnd ein. Dadurch minimiert man die Sturzweite beim Clippen oder falls ein mit Selbstzug (›››› Seite 239) belasteter Fixpunkt ausbricht. Zum Sichern seien Tube, Reverso oder Tre empfohlen – Sturzzug nach oben vorausgesetzt. Achter und HMS sind ungeeignet (›››› Seite 77), die Seile müssen individuell bedienbar sein. Im Notfall sind zwei getrennte HMS möglich.

Die Doppelseiltechnik wird mit Halbseilen und nicht mit Zwillingsseilen empfohlen. Halbseile sind als Einfachstrang getestet und für die mögliche Sturzbelastung ausreichend dimensioniert. Der Test für Zwillingsseile erfolgt im Doppelstrang, so dass ihre Eignung als Einfachstrang nicht nachgewiesen ist.

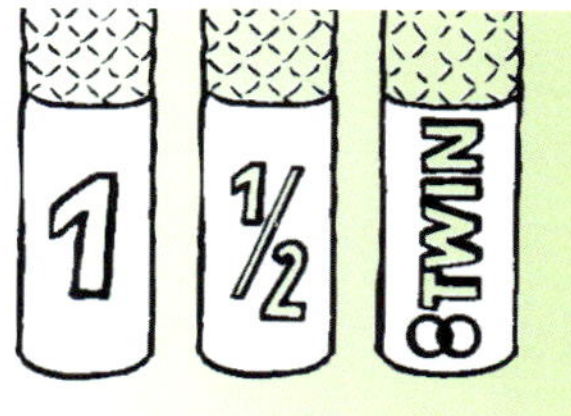

Typenbezeichnungen

Dreierseilschaft

Weiche bei leichtem Gelände

Individuelles Nachsichern bei anspruchsvollem Gelände

Für Dreierseilschaften bestehen zwei etablierte Methoden – Weiche und V-Seilschaft. Das V muss man sich bildlich auf dem Kopf vorstellen, um den Bezug zur Form der Seilschaft herzustellen. Der Vorsteiger ist in beide Stränge (Einfach- oder Halbseile) eingebunden. Die Nachsteiger hängen jeweils an einem. Die V-Seilschaft erlaubt individuelles Nachsichern. Man benutzt dabei obligatorisch die Platte oder ein sonstiges für diesen Zweck geeignetes Gerät. Kommen die Nachsteiger am Stand an, sind die beiden Seilstränge in der Regel mehrfach umeinander gedreht. Dieser »magische« Effekt

»»» Seite 42

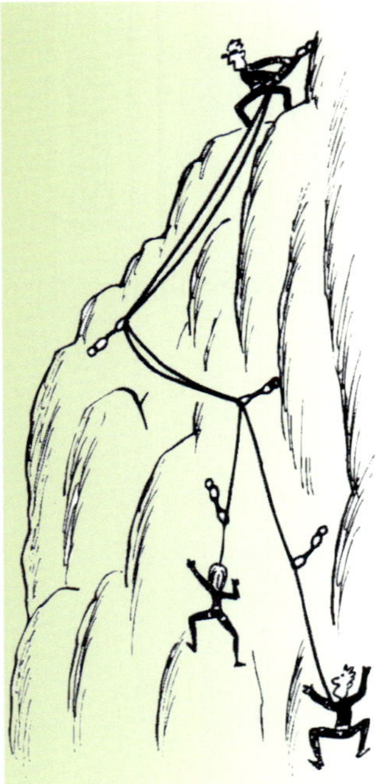

V-Seilschaft

Ankerstich bei Mittelmann

entsteht, weil man die Seile bereits beim Einziehen des Restseils umeinander gedreht hatte. Ziehen Sie insofern das Restseil ein ohne die Stränge zu verdrallern!

Zwischensicherungen können sowohl einzeln als auch mit beiden Strängen geclippt werden. Entscheidungskriterium hierfür ist in erster Linie der Seilverlauf für die Nachsteiger. Der erste Nachsteiger hängt in der Regel lediglich sein eigenes Seil aus den Zwischensicherungen aus und belässt das des Nachfolgenden. Nur sofern eine Zwischensicherung keine Funktion für den zweiten Nachsteiger hat, kann er auch dessen Seil ausklinken und die Sicherung entfernen.

Führungswechsel in einer V-Seilschaft bedeutet Umbinden. Wechseln Sie dabei alle betreffenden Seil-Enden, binden Sie sich also als Mittelmann aus beiden Strängen aus und übernehmen Sie das freie Nachsteiger-Ende. Nur an einem Strang Knoten zu tauschen, führt erfahrungsgemäß zu Seilsalat.

Wird eine kurze V-Seilschaft gewünscht, bindet sich der Vorsteiger in oder knapp neben der Mitte des Seils ein. Man könnte dazu den Ankerstich benutzen, nimmt in diesem Fall das Seil doppelt, zieht es durch den Sicherungsring des Gurtes und steigt anschließend durch die entstandene Schlaufe. Da der Ankerstich bei Zug an einem einzelnen Seilstrang aber bereits ab 0,5 kN durchlaufen kann (Tests DAV-Sicherheitskreis 2006), ist in diesem Fall mit Zwillingsseiltechnik zu sichern.

Besser eignet sich der gelegte doppelte Bulin für den Mittelmann einer kurzen V-Seilschaft (›››› Seite 24). Legen Sie ein Auge, stecken Sie das gut einen Meter lange schlaufenartige Ende durch den Anseilring und vollenden Sie den Sackstich. Danach steigen Sie wie oben durch die Seilschlaufe. Jetzt müssen Sie nur noch den doppelten Bulin verkürzen. Ziehen Sie zu diesem Zweck zunächst das Schlaufen-Ende zum Sicherungsring.

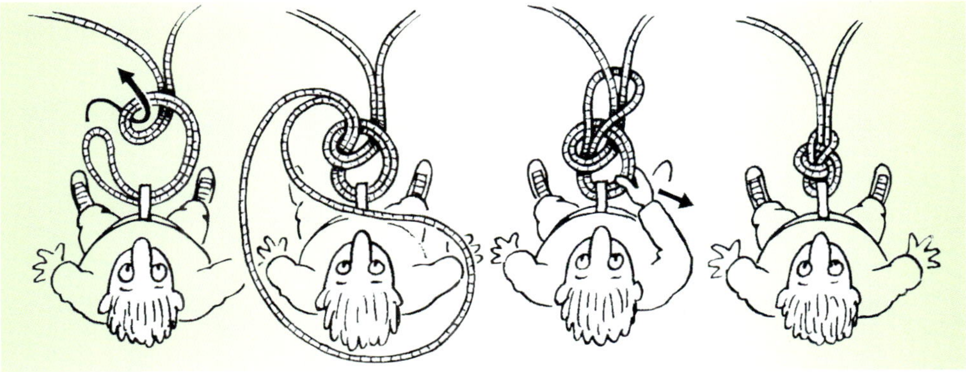

Doppelter Bulin bei Mittelmann

Bei der Dreierseilschaft mit Weiche hängen beide Nachsteiger am selben Seilstrang. Für die Weiche wird eine Schlaufe abgeknotet (Sackstich, Achter oder Schmetterlingknoten). In diese hängt man sich mit Safebiner ein.

»»› Seite 167
»»› Seite 24

Bei der Weichenseilschaft können die Nachsteiger nicht individuell gesichert werden. Beide müssen also gleich schnell klettern oder entsprechend aufeinander warten. Diese Seilschaftsform sollte deshalb nur angewendet werden, wenn beide Nachsteiger den Schwierigkeitsgrad souverän klettern.

Übersicht	***Weiche***
Abstand der Nachsteiger	*Keine gegenseitige Behinderung (Klettergelände circa 3 m; Gehgelände circa 2 m).*
Abstand Gletscher usw.	*Für Gletscher und gleitendes Seil werden größere Abstände empfohlen (»»› Seite 168, 175)*
Länge der Weiche	*Maximale Länge so, dass man den Knoten unter Last noch mit der Hand erreicht (circa 80 cm).*

»»» Seite 167

In einfachem Gelände, also beispielsweise in Firnflanken und auf Gletschern bildet man eher kürzere Weichen. Beim Klettern ist ein gewisser Spielraum erforderlich, da man sich nie ganz synchron bewegen kann. Dieser Spielraum wird dort nicht benötigt und lange Weichen führen dazu, dass man leicht über das Seil stolpert.

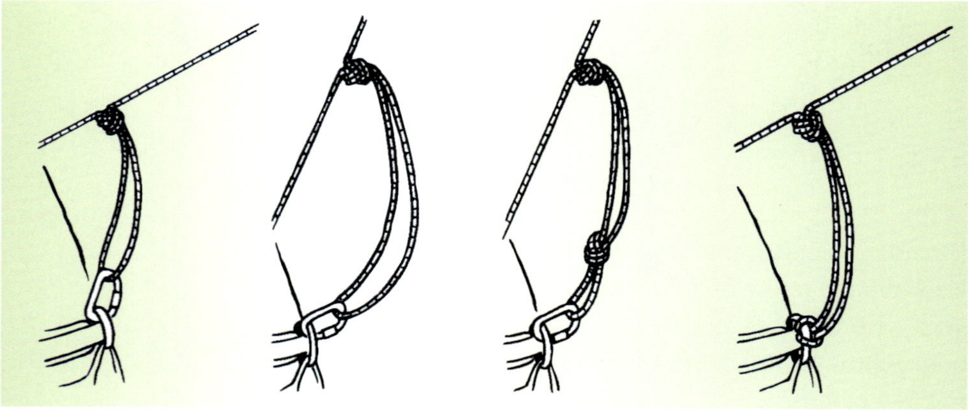

Kürzere Weiche Normale Weiche ... mit abgeknotetem Auge ... mit Ankerstich

Damit der Anseilkarabiner nicht rumschlabbert, kann am Ende der Weiche ein Auge abgeknotet werden (zweiter Sackstich). In Anbetracht der Tatsache allerdings, dass eine Weiche kein Werk für die Ewigkeit darstellt, sondern situativ geändert und optimiert werden sollte (Abstand, Weichenlänge, vgl. oben), ist dieser zweite Knoten wenig sinnvoll.

»»» Seite 160

Sich an der Weiche mit Ankerstich anzuseilen, ist ebenfalls weniger empfehlenswert. Man muss den Knoten verschieben, um überhaupt durchsteigen zu können. Anschließend steigt man durch und schiebt den Knoten wieder zurück. Das lohnt sich allenfalls, wenn dieselbe Einstellung während der gesamten Tour beibehalten werden kann.

Viererseilschaft

Raupe, Doppelweiche oder V-Seilschaft mit Weiche

Abgesehen von Gletschern ist die Viererseilschaft eine Notlösung. Man wendet sie gezwungenermaßen an, wenn lediglich eine von vier Personen vorsteigen kann. Die Viererseilschaft ist in jedem Fall langsamer als zwei Zweierseilschaften. Entweder man kombiniert V-Seilschaft und Weiche (›››› Seite 160, 162) oder ein Nachsteiger der V-Seilschaft ist mittels eines dritten Seils mit dem vierten Mann verbunden. In diesem Fall hängt der verbundene Mittelmann alle pendelrelevanten Zwischensicherungen hinter sich wieder ein. Am Stand angekommen, sichert er den Vierten nach, während der erste Nachsteiger bereits den Vorsteiger weitersichert.

Bei diesem System (Raupe) ist konsequent darauf zu achten, dass eingesammelte Zwischensicherungen bei nächster Gelegenheit nach oben weitergereicht werden. Der Vorsteiger steht sonst früher oder später ohne das zum Weiterklettern erforderliche Sicherungsmaterial da.

Bei leichtem Gelände (z.B. Firnflanke) kommt auch die Doppelweiche in Frage. Analog zur Dreierseilschaft werden jetzt zwei Teilnehmer mit Weichen eingebunden. Eine derartige Seilschaft kommt im Wesentlichen im Bereich der Führungstechnik in Frage. Man ist auf diese Art schneller, als wenn man mit Fixseilen arbeitet.

»»» Seite 184

Gletscherseilschaft

Anseilen muss so einfach wie möglich sein

Spaltensturz muss gehalten werden

Ausbinden unter Last muss möglich sein

Gletscherspalten gehören neben Lawinen zu den heimtückischsten alpinen Gefahren. Sie werden weithin unterschätzt – nicht zuletzt deshalb, weil sie in der Regel unsichtbar sind.
Jede sturzfreie Gletscherbegehung gaukelt uns vor, die Gefahr sei ja gar nicht so groß. Dieser »Lernprozess« kann in der Folge leicht zu immer riskanterem Verhalten führen (Risky-shift Effekt). Gefahrenpotenzial ist also vorhanden und es geht um die Frage der erforderlichen Ausrüstung sowie um die Fragen, wann und wie anzuseilen ist.

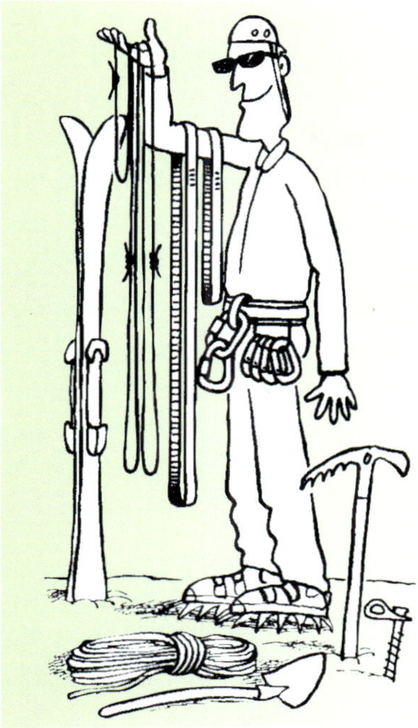

Übersicht	**Ausrüstung für Gletscherbegehungen (pro Person)**
Gurt	*Hüftgurt.*
Karabiner	*Zwei Schrauber (besser Safebiner); drei (besser vier) weitere baugleiche Karabiner.*
Schlingen	*Bandschlinge doppelt schulterlang; zwei Prusikschlingen; Bandschlinge schulterlang oder Kurzprusik (besser beides).*
Sommer	*Pickel; Steigeisen; Eisschraube/n.*
Winter	*Schaufel; Ski oder Snowboard; eine Eisschraube; ggf. Pickel; ggf. Steigeisen.*
Seil	*Einfach- oder Halbseil für maximal sechs Personen.*

Der Gurt wird standardmäßig beim oder vor dem Betreten des Gletschers angelegt. Schlingen und Karabiner sind für jede Gletscherbegehung obligatorisch. Sie werden im Falle eines Spaltensturzes für die Rettung benötigt (›››› Seite 213). Die Frage des Anseilens ist vielschichtig.

Übersicht	**Anseilen am Gletscher**
Sommer	*Oberhalb der Firnlinie.*
Winter	*Je nach Qualität der Schneebrücken.*

Für den Sommer gibt es somit eine klare Empfehlung. Ist das Eis mit Schnee bedeckt, wird angeseilt. Im Winter dagegen wäre diese Forderung überzogen. Die Spaltensturzgefahr ist reduziert. Mit Ski oder Board hat man eine wesentlich größere Auflagefläche und somit ein geringeres Risiko einzu-

brechen. Bei hohen Geschwindigkeiten nimmt die Gefahr zusätzlich ab. Auch sind die Spalten im Winter oft durch meterdicke, tragende Schneebrücken geschlossen.

Diese Argumente sind natürlich kein Plädoyer dafür, um einer schönen Abfahrt willen das Seil im Rucksack zu lassen. Sie liefern lediglich die Begründung, warum im Winter auf eine generelle Anseilempfehlung verzichtet werden kann.

Seien Sie trotzdem vorsichtig. Man ahnt unter Umständen gar nicht, wie viele Löcher der Gletscher hat. Besonders im Frühwinter oder bei wenig Schnee lauern die Spalten oft unter dünnen, wenig belastbaren Schneebrücken.

Um situativ und flexibel entscheiden zu können, benötigt man eine möglichst einfache Anseilmethode. Nur so wird man auch mal für lediglich hundert kritische Meter das Seil anlegen und die darauf folgende Gletschermulde unangeseilt hinunter carven. Die geforderte Einfachheit ist einer der Gründe, warum man sich am Gletscher mit Karabiner anseilt. Im Gegensatz zu früher verzichtet man darauf, Prusikschlingen am Seil vorzubereiten. Sie hängen griffbereit am Gurt und können im Ernstfall jederzeit angebracht werden.

Zum Anseilen bereiten Sie das Seil mit kurzen, abgeknoteten Schlaufen vor (›››› Seite 24). Der doppelte Bulin eignet sich nicht für Mittelleute. Beim Auseinanderziehen der beiden wegführenden Seilstränge verwandelt er sich ganz entgegen seiner sonstigen Eigenschaft in einen schier unlösbaren Klumpen.

Bleiben Sackstich, Achter oder der »Schmetterlingknoten«. Letzterer reagiert perfekt in allen Situationen, in denen die beiden Seilstränge auseinander gezogen werden. Er zieht sich bei Belastung kaum zu und lässt sich danach leicht wieder lösen.

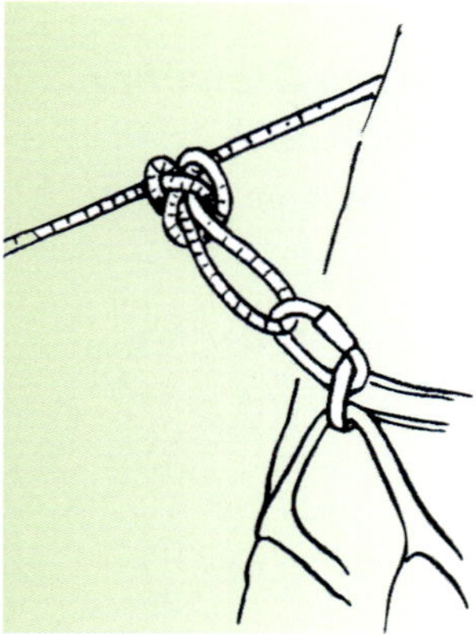

Schmetterlingknoten

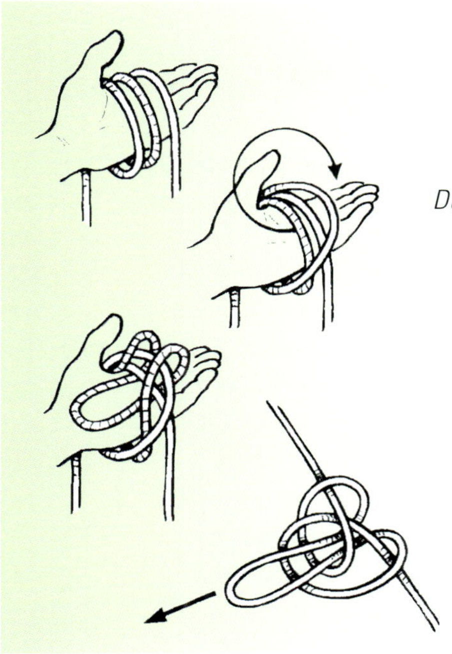

Technik	**Schmetterlingknoten**
Wickeln	*Wickle das Seil zweimal um deine Hand.*
Kreuzen	*Lege den unteren Strang über die beiden anderen.*
Durchstecken	*Zieh den mittleren (jetzt unteren) Strang etwas heraus, führe die entstandene Schlaufe um die anderen Stränge herum und stecke sie hinter ihnen durch.*
Vollenden	*Nimm das Gebilde von der Hand, zieh an beiden Enden an – fertig.*

Der Schmetterlingknoten ist auch als Bremsknoten sehr empfehlenswert. Nach Spaltensturz zugezogene Bremsknoten können mühsam sein. Richtig bitter sind sie aber, wenn man sie im Zuge einer Selbstrettung überwinden und entfernen muss.

»»› Seite 169

»»› Seite 220

Je kürzer die Anseilschlaufe, desto weniger baumelt Ihnen das Seil in den Kniekehlen herum. Aus diesem Grund hängen Sie den Anseilkarabiner am besten in beide Gurt-Ösen ein (statt im Sicherungsring). Sofern Sie sich mit einem herkömmlichen Schrauber anseilen, kann ein zweiter, lastfrei im Sicherungsring dazu gehängter Schnapper nicht schaden. Die Gletscherseilschaft bewegt sich kontinuierlich. Ein Spaltensturz muss ohne »Stand« gehalten werden. Anseilen in Schwerpunktnähe ist daher empfehlenswert. Füße voraus bremst es sich einfach besser als mit dem Kopf durch die Wand.

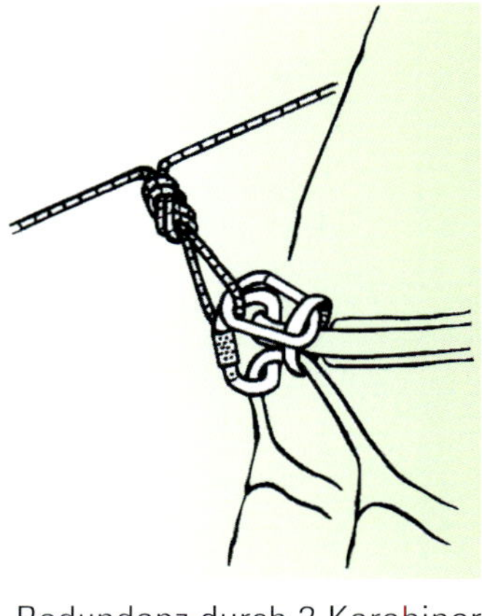

Redundanz durch 2 Karabiner

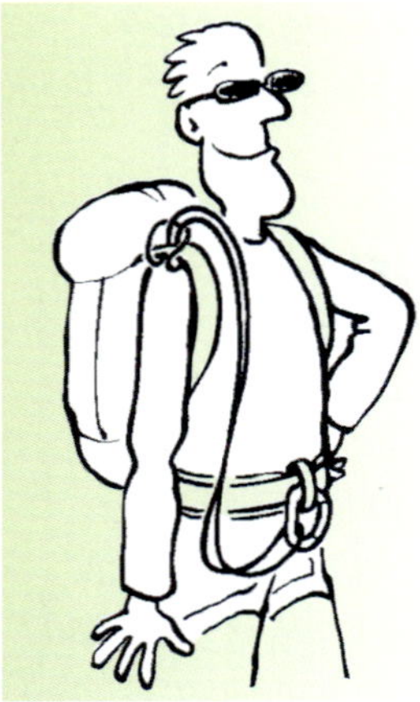

Durch diese »Körpersicherung« werden Spaltenstürze weich gehalten. Ein Brustgurt ist somit auch im Hinblick auf die Sturzsituation verzichtbar.

Das Problem eines schweren Rucksacks können Sie mit der so genannten Rucksackabwurfschlinge lösen. Nach Abwurf baumelt das lästige Teil dann unterhalb der Füße und verursacht keine weiteren Komplikationen.

Die empfohlenen Abstände der Seilschaftspartner divergieren je nach Alpinautor. Jeder hat hier sein eigenes Süppchen gekocht. Bleibt der Job, allgemein akzeptierte Bandbreiten zu benennen.

Übersicht	***Abstände Gletscherseilschaft***
Zweierseilschaft	*12 – 20 Meter / 8 oder mehr Armspannen.*
Dreierseilschaft	*8 – 12 Meter / circa 7 Armspannen.*
Viererseilschaft	*7 – 10 Meter / circa 6 Armspannen.*
Fünferseilschaft	*7 – 10 Meter / circa 6 Armspannen.*
Sechserseilschaft	*Ganzes Seil ohne Reserven.*

Die Tendenz ist eindeutig. Je mehr Teilnehmer, desto geringer die Abstände. Um diese gleichmäßig zu ermitteln, geht man folgendermaßen vor. Bei ungerader Teilnehmerzahl knotet man den ersten Sackstich in Seilmitte und misst dann die entsprechenden Abstände mit Armspannen in beide Richtungen. Bei gerader Anzahl misst man von der Mitte ausgehend zunächst nur die Hälfte der Armspannen, knotet zwei Schlaufen und verfährt weiter wie oben.

Gleiche Abstände

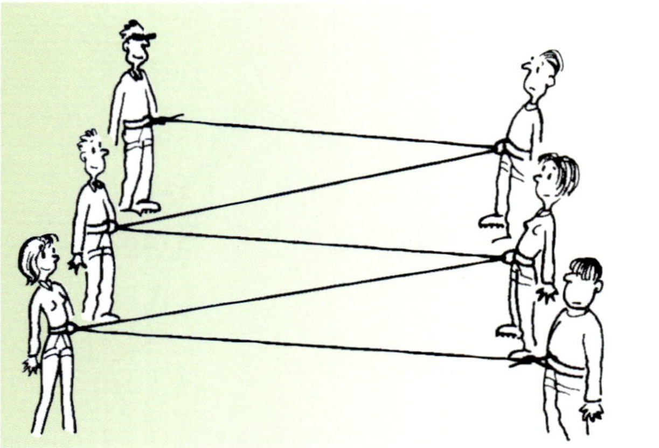

Das vorne und hinten verbleibende Restseil wird zu einer »Seilpuppe« aufgenommen. Man hängt sie an den Gurt oder verstaut sie im Rucksack. Weniger günstig ist, das Restseil über die Schulter aufzunehmen (»»» Seite 174). Dies beeinträchtigt die gewünschte Einfachheit des Ein- und Ausseilens. Für gleiche Abstände in einer Sechserseilschaft stellt man sich in zwei Dreier-Reihen gegenüber. Das Seil läuft Zickzack, die Endleute sind eingebunden. Bei den Mittelleuten läuft das Seil lediglich durch einen Karabiner. Beide Dreier-Reihen bewegen sich rückwärts, bis alle Seilstränge gespannt sind. Erst dann machen die Mittelleute ihre Knoten.

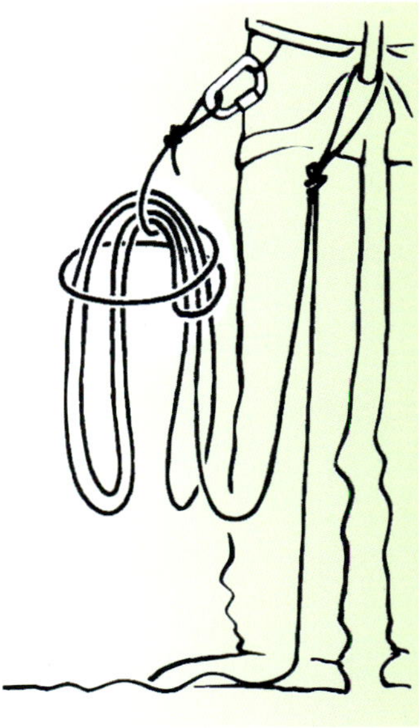

Seilpuppe

Zweierseilschaften leben gefährlich. Besonders im Abstieg hat man nicht allzu viele Chancen, den Partner zu halten. Zweierteams sind daher gut beraten, im mittleren Seildrittel drei bis fünf Bremsknoten anzubringen (am besten Schmetterlingknoten). Die Knoten haben beim Einschneiden am Spaltenrand verblüffende Bremseffekte und erhöhen die Überlebenswahrscheinlichkeit. Bei kritischen Verhältnissen werden auch für Dreierseilschaften je zwei bis drei Knoten empfohlen. Größere Seilschaften können darauf verzichten. Alle Knoten bleiben im Seil, solange man es noch einmal für Gletscherabschnitte benötigen könnte – vorausgesetzt, man braucht den Strick nicht zwischendurch anderweitig.

Bremsknoten

Verhalten am Gletscher

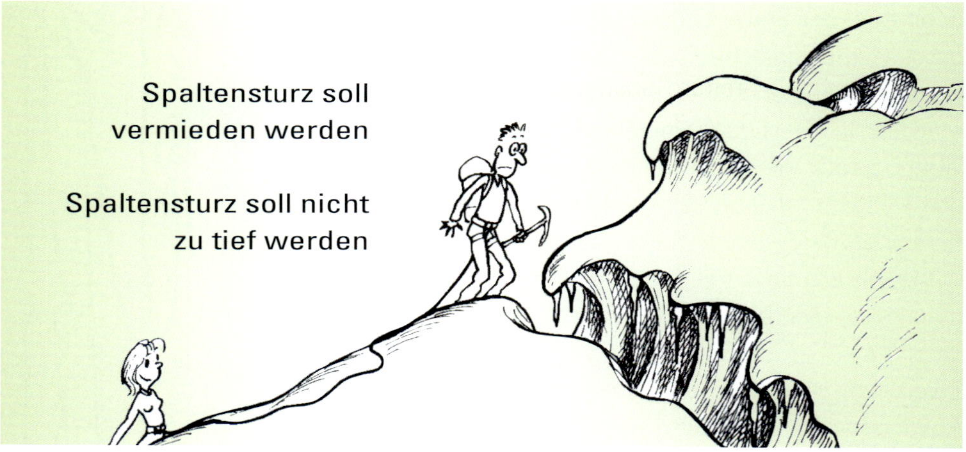

Konvexes Gelände

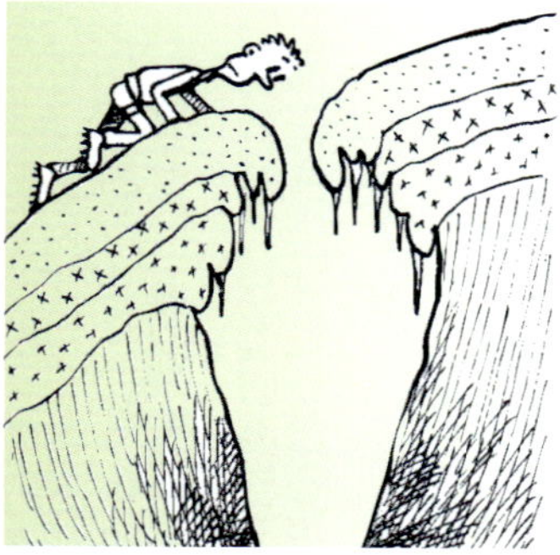

Mehrfache Überdeckung

Spalten sind nicht zufällig irgendwo, sondern ihre Existenz unterliegt Gesetzmäßigkeiten. Um Spaltenstürze zu vermeiden, ist daher ein kleiner Exkurs in die Gletscherkunde angesagt.

Fließt ein Gletscher von flachem in steileres Gelände, bilden sich Risse. Bei den im Alpenbereich vorkommenden, temperierten Gletschern (Eistemperatur um 0° C), werden die Risse nicht tiefer als circa 40 m. Weiter unten herrscht so großer Druck, dass das Eis plastisch reagiert. Will sagen, dicke Gletscher deformieren sich in der Tiefe und fließen als zähflüssige Masse über Gelände-Unebenheiten hinweg. Nur oberflächennah reißen Spalten auf.

Befindet sich die Geländeversteilung im Nährgebiet (wo der Gletscher wächst), werden die sich öffnenden Spalten wiederholt mit Schneebrücken überdeckt. Dadurch entsteht der Effekt, dass Spalten zunächst nach unten breiter werden. Solche Spalten kann man immer wieder beobachten und sie sind logischerweise gefährlich.

In der Vergangenheit wurden nach unten offene Spalten fälschlicherweise durch die A-Spalten-Theorie erklärt. Diese geht davon aus, dass Gletscher wie Legosteine durch Mulden geschoben werden und dabei unten breitere Spalten entstehen. Fatal an dieser falschen Modellvorstellung ist, dass A-Spalten angeblich in Gletschermulden auftreten. Tatsächlich aber befinden sich die wirklich gefährlichen Spalten in konvexen Hangbereichen.

Übersicht	***Gletscherspalten***
Konvexer Hang (von flach zu steil in Fließrichtung)	*Nach unten aufgehende Spalten.*
Gletschermulden (konkav)	*Weit gehend spaltenfrei.*
Gletscherbruch	*Spalten aller Art.*
Zungenbereich	*Keine nach unten aufgehenden Spalten.*
Aperer Gletscher	*Alle Spalten sind sichtbar.*

Bewegen Sie sich abwärts und nähern sich einer Versteilung, ist mit überdeckten Spalten zu rechnen. Deren Richtung verläuft in der Regel quer zur Fließrichtung (Querspalten). Unabhängig vom Gefälle können Spalten aber auch längs verlaufen, wenn sich im Untergrund eine Rippe parallel zur Fließrichtung befindet (Längsspalten). Realisieren Sie Ihre Spuranlage möglichst rechtwinklig zum Spaltenverlauf. So schließen Sie aus, dass mehrere Personen gleichzeitig auf ein und derselben Spalte stehen könnten. Achten Sie darauf, dass alle Teilnehmer der Seilschaft das Seil gestreckt halten, also nicht auf den Vordermann auflaufen. Gestreckt heißt nicht gespannt – der Führende ist schließlich kein Sherpa. Gestreckt heißt aber eben auch nicht mit meterweise Schlappseil.

Vermeiden Sie unnötige Richtungsänderungen. Idealerweise läuft man großräumige Bögen bzw. macht nur eine Kehre über die Länge der Seilschaft.

Spuranlage

Abfahren am Seil

Führerseilschaft

So wird ein möglicher Spaltensturz sukzessive von mehreren Partnern gehalten, ohne dass die Sturzweite überhand nimmt. Bei vielen Kehren könnte es vorkommen, dass ein einzelner Seilschafts-Teilnehmer den Sturz halten muss. Schön für alle übrigen, wenn ihm das gelingt!

Kritisch ist auch Rasten. Sondieren Sie den Rastplatz vorab oder rasten sie in Gletschermulden. »A-Spalten« sind dort jedenfalls keine. In Zweifelsfällen belassen Sie die Seilschaft in der gestreckten Position. Das ist zwar nicht sonderlich kommunikativ, aber in jedem Fall sicher.

Das Seil zu entfernen, ist besonders im Winter bei der Abfahrt überlegenswert. Abfahren am Seil ist kein Vergnügen und sollte auf Bereiche mit Spaltengefahr reduziert bleiben. Dort allerdings konsequent, das heißt, die Seilschaft fährt Spur und macht möglichst nur eine Kurve über die Länge des Seils. Parallel mit Seil einen Hang runterwedeln können Sie vergessen. Ist zwar schön, wenn Sie's draufhaben – als Sicherungsmaßnahme ist diese Methode aber weitgehend zwecklos.

Hat die Seilschaft einen Führer, geht der in der Regel vorne. Er kann auch mal die zweite Position einnehmen, wenn sich die Seilschaft nach Richtungszahl durch dicken Nebel peilen muss oder wenn wegen massiver Spurarbeit durchgewechselt wird. Der Führer sollte sich allerdings nie weiter hinten als in der zweiten Position befinden. Er hat sonst kaum mehr Einfluss auf das Verhalten der Vorausgehenden. Geht der Führer vorne, kommt eine alternative Anseilmethode in Frage. Vom Seil-Ende ausgehend seilen sich die Teilnehmer in passenden Abständen an. Der Führer bindet sich ins andere Ende ein, nimmt das überflüssige Seil auf und bindet es ab. So kann er die Seilschaft zügig in eine steilgeländetaugliche Formation umbauen. Im Beispiel Viererseilschaft nimmt er das Restseil von der Schulter und Teilnehmer Zwei hängt sich in eine neue Weiche zwischen Drei und Vier – fertig (Abbildung links). Auch für zu sichernde Steilpassagen auf dem Gletscher kann dieser Umbau sinnvoll sein. Hier ist bezüglich der Seilschaftsform abzuwägen, ob die Spalten- oder die Absturzgefahr das größere Risiko darstellt. Im Winter kommt noch die Lawinenthematik hinzu (Hoffmann 2001). Überwiegt sie, sollte man das Seil sogar ganz entfernen oder auf den Hang verzichten.

»»» Seite 174

»»» Seite 164, 175

Gleichzeitiges Steigen

Gleichzeitig ist nicht nur am Gletscher zeitsparend

Wann und wo ist gleichzeitiges Steigen vertretbar

Während gleichzeitiges Gehen am Gletscher die Regel ist, bildet angeseiltes, gleichzeitiges Steigen eher die Ausnahme. In den meisten Sicherungssituationen bewegt sich nur ein Partner, während der andere sichert.

Übersicht	**Gleichzeitiges Steigen am Seil**
Gelände ohne Absturzgefahr	*Seiltransport.*
Blockgrate	*Gleitendes Seil.*
Firn- und Eisflanken	*Gleichzeitig mit Rücklaufsperre.*

In alpinen Kletterrouten können längere Passagen mit Gehgelände vorkommen. Diese durchgängig zu sichern, ist genauso unökonomisch wie ausbinden, Seil aufnehmen und weiter oben wieder einbinden. In derartigem Gelände ist »Seiltransport« die Methode der Wahl. Man nimmt das Seil um die Schulter und bindet es ab.

Technik	**Seil aufnehmen**
Richtung	*Führe das Seil vom Gurt nach oben zur Schulter.*
Aufnehmen	*Lege das Seil in einzelnen Schlingen um die Schulter.*
Restseillänge	*Drei bis fünf Meter.*
Abbund 1	*Führe eine Seilschlaufe hinter dem Seilpaket durch und stecke sie durch den Sicherungsring.*
Abbund 2	*Lege einen Sicherungsschlag um das zum Partner führende Seil.*
Hintersicherung	*Hintersichere den Abbund mit Karabiner oder zweitem Sicherungsschlag.*

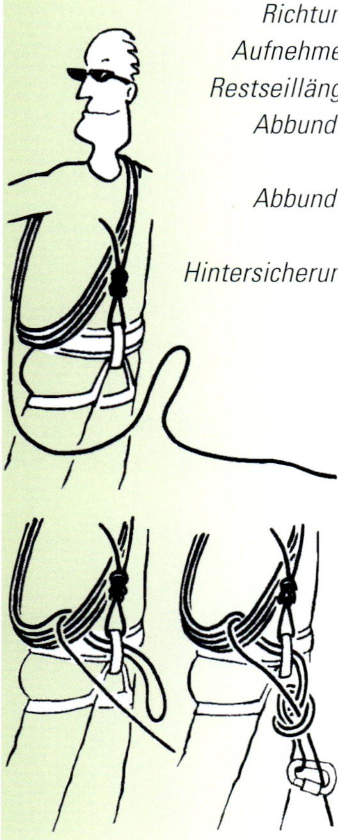

Gleichwertige Partner sind am schnellsten, wenn jeder das halbe Seil aufnimmt. Gibt es einen Führer, nimmt dieser das gesamte Seil auf. Ausdrücklich gewarnt sei vor Aktionen mit aufgenommenem aber nicht abgebundenem Seil. Ein Sturz, egal von wem, führt in diesem Fall zur Strangulation.

An leichten Blockgraten kommt das »gleitende Seil« in Frage. Alle Seilschaftsmitglieder binden sich in Abständen von fünf bis zehn Metern ein. Das Gelände soll keine Steilaufschwünge enthalten und freies Hängen nach einem Ausrutscher soll ausgeschlossen sein.

Technik	*Gleitendes Seil*
Erster	*Bindet sich direkt ein und nimmt das überschüssige Seil auf.*
Mittelleute	*Binden sich mit kurzen Weichen ein (analog Gletscher).*
Letzter	*Bindet sich direkt ein.*
Abstände	*5 – 10 m.*

Der Erste führt das Seil wechselseitig um Gratzacken. Außerdem bringt er vor und nach schwierigen Stellen Zwischensicherungen an. Die Mittelleute hängen diese Zwischensicherungen hinter sich wieder ein. Erst der Letzte entfernt sie. Das gleitende Seil ist die einzige Möglichkeit, lange hochalpine Grate mit vertretbarem Zeitaufwand zu sichern. Doch die Methode hat Grenzen. Ein Ausrutscher kann dazu führen, dass andere Seilpartner aus dem Stand gerissen werden. Verletzungsgefahr! Der Schwierigkeitsgrad sollte daher von allen gut beherrscht werden und ein Seilschaftssturz muss ausgeschlossen sein. Sind schwierige Passagen in der Route enthalten, sichert man gestaffelt oder seillängenweise.

In Firn- und Eisflanken kommt die Sicherung mit Rücklaufsperre in Frage. Dafür benötigt man einen verlässlichen Fixpunkt, in der Regel eine Eisschraube, und eben die Rücklaufsperre. Nachsteigerstürze werden durch die Rücklaufsperre gehalten, ohne dass der Vorsteiger mitgerissen werden kann. Ein Vorsteigersturz wird vom Nachsteiger sozusagen mit Körpersicherung gehalten.

Technik	***Gleitendes Seil mit Rücklaufsperre***
Fixpunkt	*Bringe eine verlässliche Eisschraube an und stelle die Lasche auf 12 Uhr.*
Rücklaufsperre	*Befestige eine Rücklaufsperre möglichst direkt an der Lasche (einzelner Karabiner) und steige weiter.*
Stand oder …	*Baue Stand, wenn der Nachsteiger die Rücklaufsperre erreicht hat oder …*
weitere Rücklaufsperre	*installiere eine weitere Rücklaufsperre.*
Zwischensicherungen	*Platziere ggf. zusätzliche Sicherungen ohne Rücklaufsperre – sinnvollerweise dann, wenn der Nachsteiger gerade eine entfernt.*

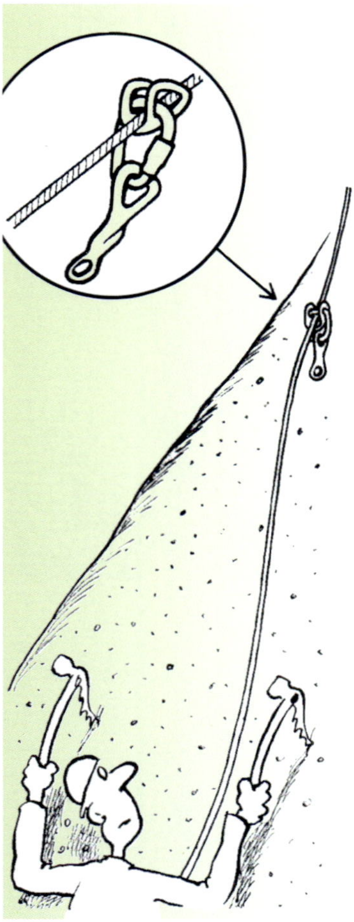

Als Rücklaufsperre ist der »Ropeman« in Kombination mit einem ovalen Verschlusskarabiner (runder Materialquerschnitt) gut geeignet. Der Tibloc geht auch, verkantet aber leichter. Größere Geräte sind eine Frage des Gewichts. Die 12-Uhr-Stellung der Schraube ist wichtig, da die Arbeitsbelastung (Seildurchlauf) nach oben erfolgt. Steht die Lasche wie üblich auf 6 Uhr, wird sie sich hochdrehen. Die Konstruktion kann verkanten und erheblichen Seilzug verursachen. Hat man ein 50-Meter-Seil und drei Rücklaufsperren, sind mit dieser Technik 200-Meter-Seillängen möglich!

Über die dargestellten Fälle hinaus wenden Bergführer das gleichzeitige Steigen am kurzen Seil in weiteren Situationen an. Im Rahmen ihrer Ausbildung trainieren sie gleichzeitiges Steigen ausführlich und können einschätzen, wann die Technik vertretbar ist und wann nicht. Es sei davor gewarnt, dieses Verhalten ohne adäquaten Background nachzuahmen. Ausführliche Informationen zu der erschreckend hohen Zahl von Mitreißunfällen finden sich in »Sicherheit und Risiko in Fels und Eis« (Schubert 1994). Bei entsprechendem Gelände (z.B. in Firnflanken) ist daher zu überlegen, ob man nicht seilfrei geht. Jeder Partner hat damit die Verantwortung für sich selbst. Jeder ist gleichzeitig der Illusion einer Sicherung beraubt, die im Ernstfall nichts nützt und womöglich weitere Menschenleben kostet.

Gestaffeltes Klettern

Praxisgerechtes Sichern in wechselndem Gelände

Ist das Gelände zu anspruchsvoll für gleichzeitiges Steigen, bietet sich »gestaffeltes Klettern« an. Man versteht darunter ein abwechselndes Fortbewegen mit verkürztem Seil. Unterschiedliche Sicherungstechniken kommen zum Einsatz.
Das Verkürzen des Seils erfolgt wie beim Seiltransport. Die Arbeitslänge richtet sich nach dem Gelände. Hat man einen Blockgrat mit mehreren steilen Aufschwüngen vor sich, schätzt man die Länge der Steilpassagen und bemisst das Seil entsprechend. In der Regel werden Längen von 10 – 20 Metern abgebunden.

»»» Seite 174

Sollte das Seil einmal nicht bis zu einem geeigneten Sicherungspunkt reichen, sucht man stabilen Stand, nimmt einige Schlingen von der Schulter und bindet neu ab.

Zum Nachsichern gibt es mehrere Möglichkeiten. Kann ein Sturz oder Pendler mit freiem Hängen enden, kommt nur eine »korrekte« Sicherung mit HMS oder einem Nachsicherungsgerät in Frage. Ist freies Hängen ausgeschlossen, sind einfachere Methoden möglich.

Direkte Köpfelsicherung

Bei der »direkten Köpfelsicherung« legen Sie das Seil unmittelbar über ein geeignetes Köpfel und sichern nach. Die Reibung am Fels ist ausreichend, um einen Sturz zu halten. Sehr ungünstig ist allerdings, wenn das Seil vom Köpfel rutscht oder das Köpfel bricht. Sie sind darauf eingestellt, das umgelenkte Seil zu halten. Versagt das Köpfel, haben Sie so gut wie keine Chance, den Sturz noch zu stoppen. Also nur bei solide verwachsenen und klar hinterschnittenen Köpfeln anwenden.

Alternativ dazu sind Hüft- oder Schultersicherung anwendbar. Man verspreizt sich so, dass man in Belastungsrichtung optimal halten kann und legt das Seil zum Bremsen um die Taille (Hüftsicherung) oder führt es diagonal über den Rücken (Schultersicherung). Bei der Schultersicherung läuft immer das Bremsseil über die Schulter! Sie bietet einfaches Handling (Seil in Position bringen und Seil einnehmen), wohingegen die Hüftsicherung höhere Bremsleistungen ermöglicht. Mit beiden Techniken kann man einen Nachsteigersturz halten – vorausgesetzt, man ist gut eingespreizt und die Gewichtsrelation passt einigermaßen.

»»» Seite 42

Die drei beschriebenen Methoden kommen ohne Selbstsicherung aus. Sie machen nur Sinn, wenn man eine solche auch anschließend nicht benötigt.

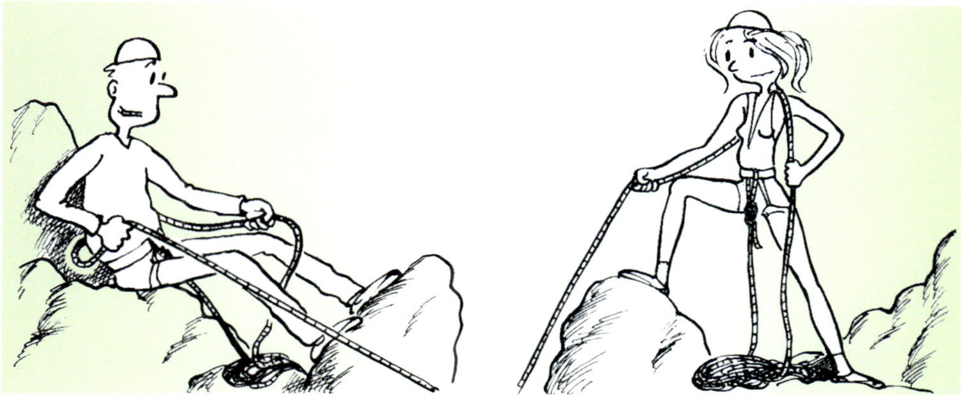

Hüft- und Schultersicherung

Prädestiniert sind Ausstiege auf Schotterfelder oder Wiesen sowie »Stände« auf breiten Bändern, wo die nächste Seillänge wie vom Boden aus gesichert werden kann. Oder kurze Steilaufschwünge in ansonsten leichtem Gelände.

Spannend beim gestaffelten Klettern ist die Frage der Vorsteigersicherung. Bei gleichwertigen Partnern ist sie natürlich angesagt. Werden dabei Zwischensicherungen gelegt, muss der Stand Sturzzug nach oben vertragen. Besteht die Seilschaft aus unterschiedlich qualifizierten Kletterern (faktischer, ehrenamtlicher oder professioneller Führer), entscheidet der Vorsteiger, wann er gesichert werden möchte und wann nicht. Ist der Fels fest und Steinschlag unwahrscheinlich, kann ein souveräner Vorsteiger auf die Sicherung verzichten. Das spart Zeit, sowohl beim Standplatzbau als auch beim Seil-Handling. Wenig erfahrene Kletterer sind oftmals nicht in der Lage, das Seil so schnell auszugeben, wie ein flotter Vorsteiger es benötigt. Man sollte jedoch in punkto ungesichertem Vorsteigen defensiv agieren. Der Absturz des besseren Partners stellt schon fast den GAU dar und kann für den anderen verhängnisvolle Folgen haben.

»»› Seite 143, 150

»»› Seite 46

Seiltechnik

In diesem Kapitel kommen Techniken für unterschiedliche Szenarien zur Sprache. Das Begehen von Klettersteigen und Fixseilen, der Aufstieg am frei hängenden Seil sowie das Absichern komplexer Quergangssituationen. So unterschiedlich das zugrunde liegende Gelände auch sein mag – es gibt Analogien und Ähnlichkeiten.

Klettersteig

Um Klettersteige zu begehen, benötigen Sie Gurt, Helm und Klettersteig-Set. Darüber hinaus werden Handschuhe empfohlen. Das Set sollte als »Y-Bremse« aufgebaut sein. Sie hat zwei Seilstränge mit Klettersteigkarabinern (an den oberen Ästen des Y) und ein gemeinsames Bremssystem (am unteren Ast). Das Bremssystem ist wegen der möglichen hohen Sturzfaktoren von großer Bedeutung. Der Sturzfaktor ist ein rechnerischer Wert, der die Härte eines statisch gehaltenen Sturzes beschreibt. Je größer die Sturzweite und je weniger sich dehnendes Arbeitsseil, desto härter der Sturz.

Sturzweite / ausgegebene Seillänge = Sturzfaktor

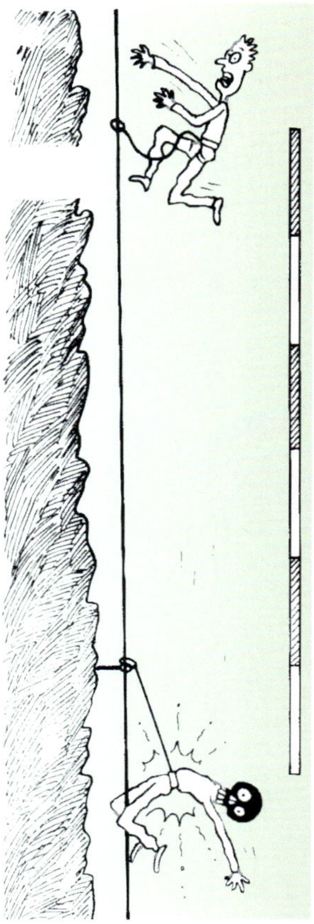

Der maximale Sturzfaktor beim Seilschaftsklettern ist Zwei. Er entsteht bei einem Sturz direkt in den Stand. In der Praxis läuft das Sicherungsgerät aber bereits bei weniger harten Stürzen durch und reduziert den Fangstoß (›››› Seite 37). Wegen dieses Effektes hat der Sturzfaktor für Seilschaftsklettern eher theoretische Bedeutung. Beachtenswert wird er jedoch beim Klettersteig. Dort hängen Sie an einem circa einen Meter langen Seilstück. Stellen Sie sich vor, Sie stürzen 5 m über der letzten Verankerung des Stahlseils. Freien Fall vorausgesetzt, ergibt das einen Sturzfaktor von Sechs (6 m Sturzweite / 1 m Seil). Die auftretende Bremskraft genügt allemal, Ihnen einige Knochen zu brechen. Von der Anprallthematik am Fels ganz zu schweigen.
Aus diesem Grund benötigt Ihr Klettersteig-Set eine Bremse. Sie läuft spätestens bei 6 kN durch und kappt die Fangstoßspitze. Achtung, sollten Sie noch mit »V-Bremse« unterwegs sein, ist Umrüsten angesagt. Dieses System reagiert statisch, wenn beide Klettersteigkarabiner im Stahlseil eingeklinkt sind.
2007 ereignete sich ein tödlicher Unfall nach einem bis dato unbekannten Muster. Es war nur ein Karabiner eingeklinkt und der andere am Gurt fixiert. Bei dem Sturz wurden beide Y-Stränge auseinander gezogen, was die Naht nicht aushielt. Der Unfall führte zu einer Rückrufaktion diverser Klettersteig-Sets und sollte zur Konsequenz haben, dass man einen momentan nicht benötigten Strang am anderen Strang einklinkt und nicht am Gurt.

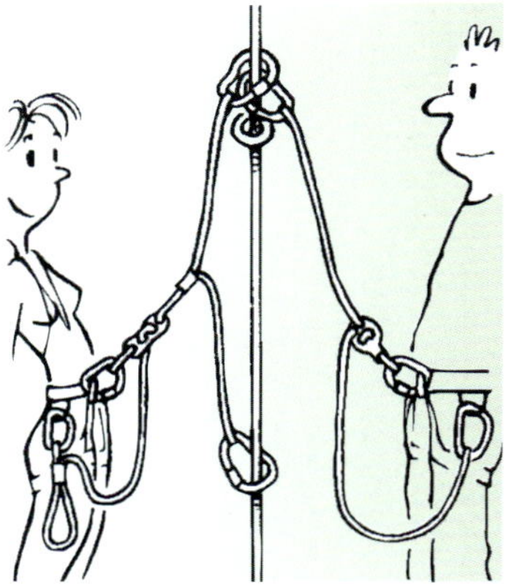

Y-Bremse und V-Bremse

Schwierig zu beantworten ist die Brustgurt-Frage. Während die Thematik hoher Fangstoßkräfte für seine Verwendung spricht, lässt die extrem niedrige Wahrscheinlichkeit für das Faktor-X-Szenario auch die alleinige Hüftgurtverwendung zu. In Summa sollte jeder nach seiner Facon glücklich werden. Wer an den Brustgurt gewöhnt ist, möge sich durch das erweiterte Spektrum der Anseilempfehlung nicht verunsichern lassen. Wer dagegen aus der Sportkletter-Ecke kommt, darf Klettersteige guten Gewissens nur mit Hüftgurt begehen.

Auf Klettersteigen sollte sich maximal eine Person zwischen zwei Verankerungen befinden. Bei exponierten Abschnitten wartet man zusätzlich unterhalb der Bremszone, bis der Vordermann umgeklinkt hat. Ich jedenfalls möchte niemanden aus fünf Meter Höhe auf die Rübe bekommen – Helm hin oder her.
Für das an jeder Verankerung erforderliche Umhängemanöver gibt es mehrere Möglichkeiten.

Übersicht	***Umhängen an Verankerungen***
Reguläre Technik	*Nacheinander beide Klettersteigkarabiner umhängen.*
Schnelle Technik	*Immer nur einen Klettersteigkarabiner am Seil mitlaufen lassen.*
Leichte Passagen	*(ohne Steinschlaggefahr) Ungesichertes Umhängen, zweiten Karabiner am ersten Y-Strang einklinken.*

Die schnelle Technik halbiert die Anzahl der Umhängevorgänge, reduziert aber gleichzeitig Ihre Aktionsfreiheit. Sie müssen immer einen Karabiner in der Hand halten.
Ungesichertes Umhängen erzeugt Momente, in denen Sie ohne Sicherung dastehen. Es muss trotzdem erlaubt sein – schließlich darf man Klettersteige ja auch ganz ohne Sicherung bege-

hen. Lediglich wenn Sie für Kinder oder Anfänger verantwortlich sind, kommt ungesichertes Umhängen nicht in Frage. Sie sollten Ihren Schützlingen dann die reguläre Technik zeigen und diese um der Vorbildwirkung willen auch selbst anwenden. Werden Anfänger oder Kinder auf anspruchsvolle Klettersteige mitgenommen, ist eine zusätzliche Seilsicherung zu erwägen. In diesem Zusammenhang können alle Techniken der vorausgegangenen Kapitel zum Einsatz kommen, vom gleichzeitigen Steigen bis zum gestaffelten Klettern. Die Karabiner der Klettersteigbremse werden natürlich trotzdem eingehängt.

Reguläre Technik

Fixseil

Fixseile kommen bei schweren Hochtourenpassagen und besonders bei Expeditionen zum Einsatz. Während man sich bei letzteren spezieller Steigklemmen mit Griff bedient (Jumar, sprich Dschümar), benutzt man bei Fixseilmanövern im Rahmen alpiner Touren in der Regel diverse Klemmknoten.

»»» Seite 131

Der am weitesten verbreitete Klemmknoten ist der Prusik. Bei Verwendung von Bandschlingen bietet sich der Bandschlingenklemmknoten (Prohaska) an. Um mit einem dieser Knoten ein Fixseil zu begehen, benutzt man den »Fixseilprusik«.

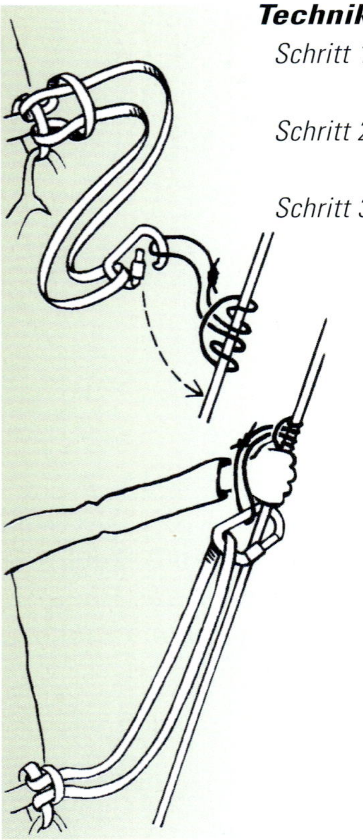

Technik Fixseilprusik

Schritt 1 *Befestige eine schulterlange vernähte Bandschlinge am Sicherungsring des Hüftgurtes (Ankerstich).*

Schritt 2 *Verbinde einen ums Seil gelegten Kurzprusik mit der Bandschlinge (Verschlusskarabiner)*

Schritt 3 *Klinke das Seil in den Verschlusskarabiner mit ein (dadurch entsteht der so genannte Degengriff, den man gut greifen kann und der eine brauchbare Zughilfe darstellt).*

Um ein Fixseil zu installieren, klettert man möglichst gerade nach oben und befestigt das Seil an einer soliden Verankerung. Läuft das Seil gerade hoch, kann bereits der erste Nachsteiger die Zwischensicherungen entfernen. Läuft das Seil schräg und sind sie nötig um Pendler zu verhindern, hängt man die Zwischensicherungen am besten mit zwei versetzten Exen ein (Abbildung rechts). Die Begeher können dann – ähnlich wie beim Klettersteig – erst die längere Exe unter ihren Fixseilprusik umhängen und anschließend auch die kürzere. Klar, dass Umhängemanöver Zeit brauchen und dass man sie am besten vermeidet.

Verläuft die Kletterstrecke gerade hoch, können mehrere Personen gleichzeitig am Fixseil aufsteigen. Limitierend ist hier allenfalls gegenseitige Behinderung bei Zickzack-Verlauf der Kletterstrecke.

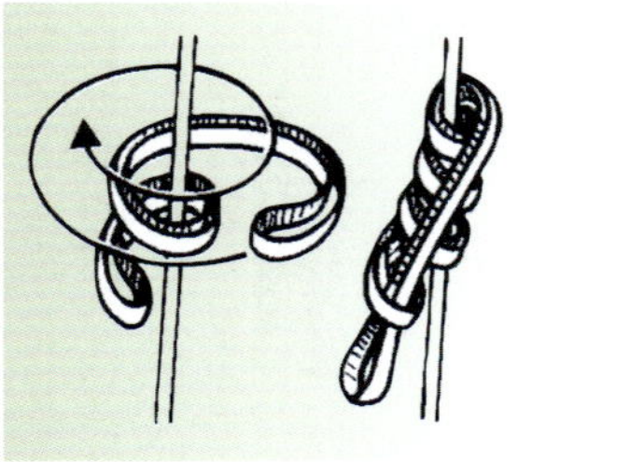

Bandschlingenklemmknoten

Fixseile begehen sich angenehm, wenn sie leicht nach unten gespannt sind. Dazu stellt sich einer der Gruppe als »Spanner« zur Verfügung. Der Spanner

wartet unten, bis alle anderen oben angekommen sind und wird anschließend nachgesichert. Mit dieser Logik lassen sich auch mehrere Fixseillängen hintereinander realisieren.
Die Technik hat in zeitlicher Hinsicht ihre Grenzen und man sollte längere Fixseilpassagen bereits im Rahmen der Tourenplanung bedenken. Kann man entsprechende Passagen in mehreren normal agierenden Seilschaften begehen, ist man schneller.

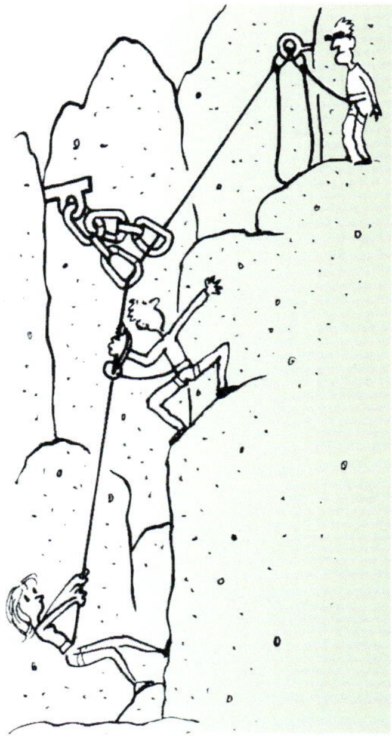

Fixseil begehen

Eine interessante Variante des Fixseilgehens ist die »Überschlagmethode«. Sie bietet sich an, wenn man immer ganze Seillängen ausgehen kann, und besonders dann, wenn zwei Vorsteiger zur Verfügung stehen. Vorsteiger Zwei macht zunächst den Spanner. Wer als Mittelmann oben angekommen ist, belässt seinen Fixseilprusik als Standsicherung. Der Spanner übernimmt gleich den nächsten Vorstieg und sobald er oben wieder Stand hat, steigen die Mittelleute in umgekehrter Reihenfolge weiter auf. Der Degengriff lässt sich ohne jeglichen Umbau auch in Gegenrichtung verwenden. Sind Sie mit der Überschlagmethode zu Gange, können aber nicht die ganze Seillänge ausgehen, dann ziehen Sie das Restseil nicht ein. Lassen Sie die Mittelleute vor dem Start ihre Prusiks über das Restseil schieben und den Spanner das Seil verkürzen oder manuell spannen. Andernfalls ist eine größere Umbauaktion am oberen Stand fällig.

Überschlagmethode

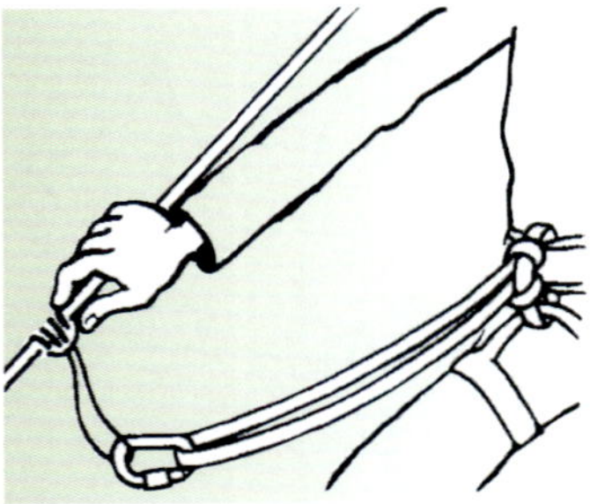

Fixseilprusik im Abstieg

Für den Abstieg am Fixseil stehen zwei Techniken zur Verfügung. Keine der beiden ist wirklich befriedigend. Variante Eins ist der beschriebene Fixseilprusik – allerdings ohne Degengriff.
Hier besteht das Problem, dass man das Seil im Sturzfall reflexartig festhält und dabei eventuell den Klemmknoten vor sich herschiebt. Er wird dann nicht belastet und klemmt nicht.

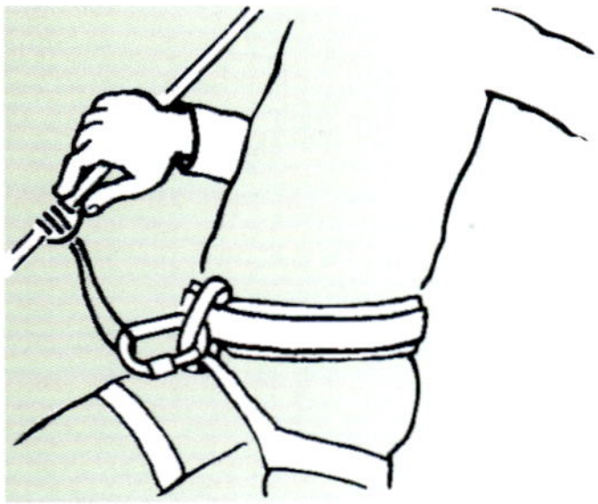

Alternative

Variante Zwei benutzt einen Kurzprusik, der mit Verschlusskarabiner im Sicherungsring eingehängt ist. Die Gefahr, diesen vor sich her zu schieben, ist reduziert. Man hat aber wenig Bewegungsspielraum und der Klemmknoten zwickt deshalb immer wieder ungewollt.
Wegen dieser Probleme wird der Abstieg am Fixseil nur für leichtes Gelände (z.B. Firnfelder oder exponierte Geh-Passagen) empfohlen. In schwierigeren Situationen geht Ablassen und/oder Abseilen deutlich schneller (›››› Seite 202).

Fixseil bei Expedition

Werden Fixseile im Rahmen von Expeditionen oder ähnlichen Unternehmungen fest installiert, muss auch das untere Ende befestigt werden. Der Wind würde es ansonsten verblasen.
Die untere Befestigung erfolgt locker, so dass genug Schlappseil zum Abseilen zur Verfügung steht. Die analog zum Bremsknoten angebrachte Steigklemme gleitet reibungsarm nach oben. Das Seil muss daher in diesem Fall nicht gespannt sein.

Behandeln Sie alte Fixseile mit Skepsis. Steinschlag könnte sie beschädigt haben und das windbedingte Scheuern am Fels ist eine Zeitbombe. Müssen Sie ein vorgefundenes Fixseil als Erster hochklettern, lassen Sie sich zusätzlich sichern und bringen Sie Zwischensicherungen an.

Geländerseil

Im Prinzip funktioniert das Geländerseil wie ein selbst gebauter Klettersteig. Es wird auch auf die gleiche Art und Weise begangen. Da die Teilnehmer aber nicht zwingend Klettersteig-Sets mitführen, muss Improvisieren erlaubt sein.
Anstelle des Sets verwendet man zwei schulterlange Ankerstichschlingen. Der fehlende Fangstoßdämpfer wird durch die Elastizität des Geländerseils kompensiert. Um Stürze auszuschließen, kann man darüber hinaus den laufenden Karabiner jederzeit mit dem Fixseilprusik nachrüsten.

»»» Seite 184

Technik	***Geländerseil aufbauen***
Rauf	*Klettere zunächst bis zur oberen Verankerung. Bringe dabei die Zwischensicherungen an.*
Runter	*Steige mit Fixseilprusik oder laufendem Karabiner wieder ab.*
Seil fixieren	*Fixiere das Seil dabei an jeder Zwischensicherung (Mastwurf) und straffe es so gut wie möglich.*

Abbildung Geländerseil Seite 188

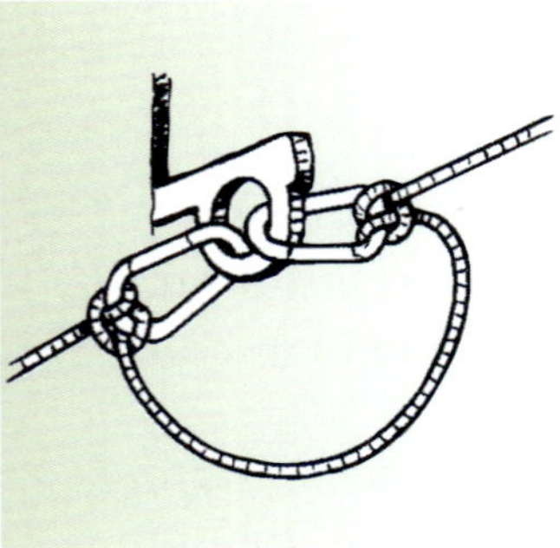

Hin und wieder ist eine entkoppelte Zwischensicherung sinnvoll. Sie schließt Seilbewegungen von einer Seite zur anderen aus. Man realisiert sie beispielsweise durch zwei separate, direkt in die Haken-Öse eingeklinkte Karabiner oder durch zwei gegenläufig gesetzte Klemmkeile. In jedem Fall benötigt die Konstruktion zwei Knoten und eine kurze Schlappseilschlaufe. Nur so kann die Entkoppelung wirksam werden.

Wenn das Geländerseil fertig ist, steht man als Aufbauender wieder unten. Die Konstruktion ist somit sehr zeitaufwändig. Das Geländerseil lohnt sich in der Regel nur, wenn man es belassen und im Abstieg wieder verwenden kann. Diese Überlegung setzt voraus, dass man weiter oben kein Seil mehr benötigt und dass man im Falle längerer Geländerpassagen genügend Seile dabei hat. Sind diese Voraussetzungen nicht erfüllt, liegt ein schwerwiegender Planungsfehler vor und man sollte die Tour abbrechen. Zum Abbau des Geländerseils versetzt der Vorletzte die fixierten Zwischensicherungen wieder in den Normalzustand, so dass der Letzte regulär gesichert auf- bzw. absteigen kann.

Aufbau Geländerseil

Quergangsmanöver

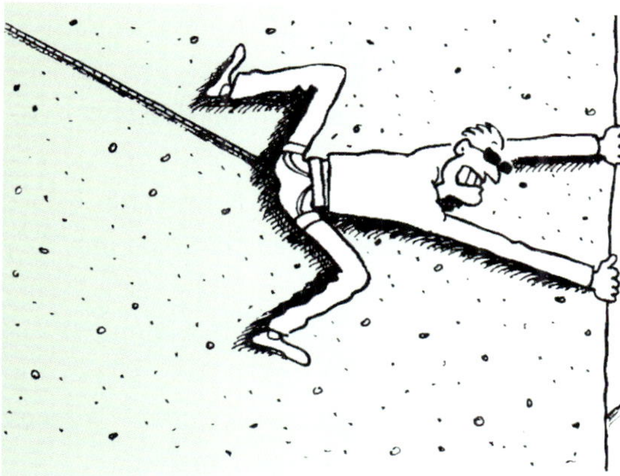

Nicht kletterbare Passagen mit Seilzug überwinden

Nachsteiger sind gegen Pendeln gesichert

In Querungen legt man Zwischensicherungen nicht nur im eigenen Interesse. Auch für den Nachsteiger soll die Passage adäquat gesichert sein. Das kann spezielle Manöver erfordern. Alternativ sind sie notwendig, wenn der Vorsteiger eine Passage nicht frei klettern kann und schrägen Seilzug benötigt. Der klassische Seilquergang nach Dülfer (Dülferquergang) wird heute praktisch nicht mehr angewendet. Effektiver ist »rückwärtig absichern«. Man benötigt dazu Doppel- oder Zwillingsseil. Einfachseil plus Hilfseil geht auch (›››› Seite 244).

›››› Seite 116

Rückwärtig absichern

Technik	***Rückwärtig Absichern (Zweierseilschaft)***
Quergangsbeginn	*Fädle einen der Seilstränge durch eine Metall-Öse (Ringhaken, fixer Karabiner oder Opferkarabiner).*
Quergangsverlauf	*Clippe im Verlauf des Quergangs immer den nicht gefädelten Seilstrang.*
Falls es nicht frei geht	*Lass dich von deinem Partner auf Zug nehmen. Du hast dann beide Hände frei, um die Stelle mit schrägem Seilzug zu überwinden.*
Quergangsende	*Mache Stand und hänge die Seile in getrennte Sicherungen ein.*
Nachsichern	*Sichere den Nachsteiger, indem du das direkt laufende Seil einziehst und das gefädelte Seil ausgibst.*

Ist man zu dritt als V-Seilschaft unterwegs, muss die Methode etwas modifiziert werden.

Technik	***Rückwärtig Absichern (Dreierseilschaft)***
Mittelmann	*Binde einen der Nachsteiger aus und hänge ihn mit Weiche in die Mitte eines Seilstranges.*
Schlussmann	*Binde den Schlussmann in beide Enden ein.*
Quergangsbeginn	*Fädle das Seil, an dem nur der Schlussmann hängt. Clippe das andere Seil mit einer Exe.*
Quergangsverlauf	*Clippe immer das Seil, an dem der Mittelmann hängt (den nicht gefädelten Seilstrang).*
Mittelmann nachsichern	*Mache Stand und sichere den Mittelmann nach (der Schlussmann sichert ihn zusätzlich rückläufig; dafür die Exe am Quergangsbeginn umhängen!).*
Schlussmann nachsichern	*Wie bei Zweierseilschaft.*

Ist die zu überwindende Quergangspassage so grifflos, dass man sie selbst mit schrägem Seilzug nicht überwinden kann, kommt nur noch der »Pendelquergang« in Frage. Pendelquergänge haben eindeutigen BigWall-Charakter. Persönlich habe ich sie bislang nur am El Capitan benötigt.

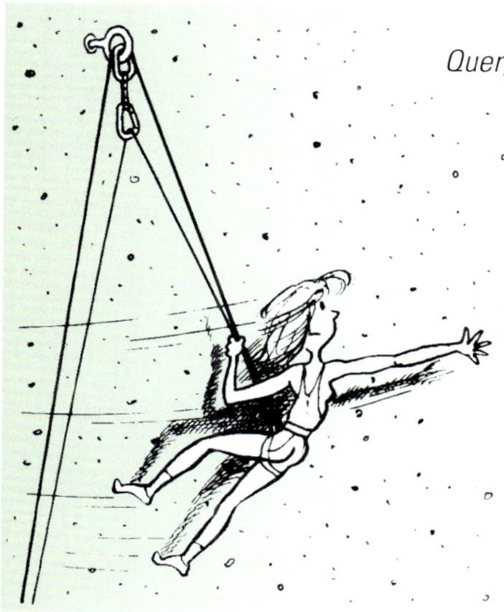

Technik	***Pendelquergang***
Quergangsbeginn	*Fädle einen der Seilstränge durch eine Metall-Öse und hänge den zweiten Strang mit einer Exe ein.*
Pendeln	*Bitte deinen Partner, dich bis auf die gewünschte Höhe abzulassen. Schaukle dich auf (hin und her rennen), bis du wieder kletterbares Gelände erreichst.*
Nachsichern	*Dein Partner klettert zur Umlenkung und hängt die Exe aus. Lasse ihn von der Umlenkung ab und ziehe ihn mit dem direkt verlaufenden Seilstrang zu dir herüber.*

Dreierseilschaft rückwärtig absichern

Selbstgesichertes Klettern

»»» Seite 129

»»» Seite 40

»»» Seite 168

Sie sind allein, wollen klettern und haben die Möglichkeit zum Ausstieg einer Route zu gelangen. Frisch an`s Werk! Seil oben fixiert und am Einfachstrang abgeseilt! Klinken Sie dabei die notwendigen Zwischensicherungen, um das Seil entlang der Route zu führen. Nehmen Sie das am Einstieg herumliegende Restseil zu einer Puppe auf. Die Puppe soll frei hängen und das Seil etwas straffen. Ist kein Restseil übrig, hängen Sie einige nicht benötigte Ausrüstungsstücke daran.

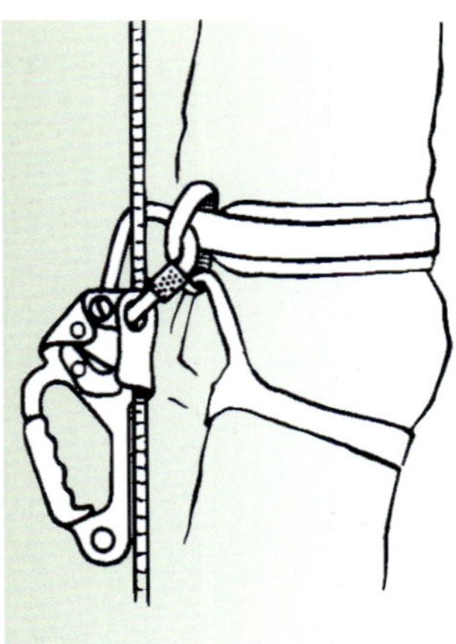

Um sich zu sichern, benötigen Sie eine Steigklemme. Das Seil wird eingelegt und die Klemme mit Safebiner am Sicherungsring befestigt. Sie muss bei Aufwärtsbewegungen selbständig am Seil hoch laufen. Außerdem muss sichergestellt sein, dass das Seil bei unbeabsichtigtem Öffnen der Klemme nicht freikommen kann. Bei manchen Klemmen-Typen ist dies ohnehin unmöglich (z.B. Ropeman). Bei der klassischen Steigklemme allerdings muss der Befestigungskarabiner so eingeklinkt sein, dass er das Seil zusätzlich führt. Sollte sich der Mechanismus ungewollt öffnen, könnten Sie zwar immer noch abstürzen, mit einem Handgriff ist das System aber wieder funktionsfähig. Löst sich das Seil hingegen vollständig von der Klemme, kann es so weit von Ihnen wegpendeln, dass Sie es nicht mehr erreichen – ein ziemlicher Alptraum in einer schweren Route. Da beide Szenarien schon zu Unfällen geführt haben, sollten Sie einen Blick auf Ihr Bremssystem werfen, bevor Sie sich ins Seil setzen. Hat da alles noch seine Richtigkeit?

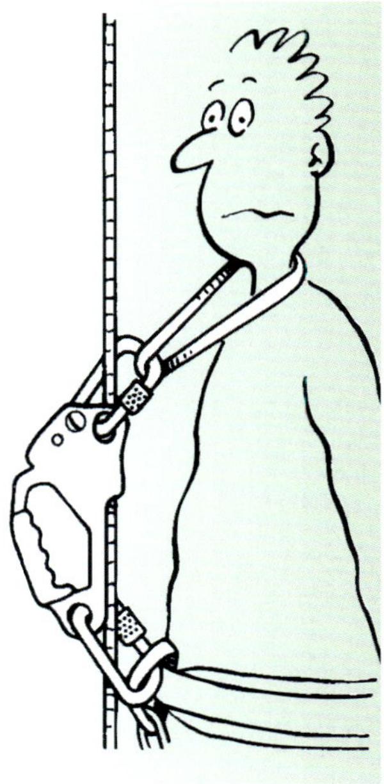

Reduziertes Durchsacken

Will man das geringfügige Durchsacken des Körpers gegenüber der Bremse ausschließen, kann man klassische Steigklemmen mit der unteren Bohrung am Hüftgurt einhängen und die oberen Bohrungen an einer um den Hals gelegten Bandschlinge passender Länge. Die Steigklemme lässt sich dann nicht mehr gegen den Körper verschieben und das Durchsacken ist reduziert. Seildehnung tritt natürlich trotzdem auf. Benutzt man eine Steigklemme auf diese Weise, kann sie mit einer zweiten Klemme kombiniert werden. Die zweite Klemme hängt man auf die übliche Art und Weise ein. So hat man jede Menge Redundanz geschaffen. Möglicherweise tut das der Psyche gut.

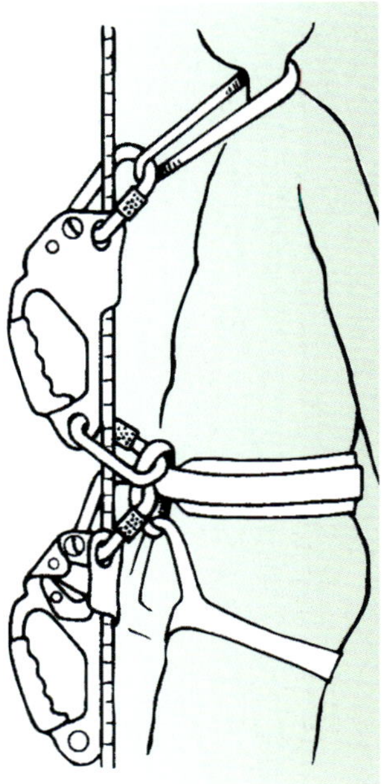

Zwei Steigklemmen

Weniger überzeugend sind die Systeme zum selbstgesicherten Vorsteigen. Will man mehr als eine Seillänge bewältigen, muss man in jedem Fall zunächst rauf, dann abseilen und zum Schluss am Seil wieder rauf. Ein mühsames Prozedere, aber was tut man nicht alles für die Solobegehung einer BigWall. Bei den üblichen Selbstsicherungstechniken wird ein Seil-Ende unten am Stand festgebunden und man klinkt das Seil mittels eines Bremsgerätes am Gurt ein. Man muss Seil ausgeben können und das Bremsgerät muss im Sturzfall blockieren. Möglich ist dies beispielsweise mit GriGri.

Da man zum Seilausgeben beide Hände benötigt, scheidet Rotpunkt-Klettern aus. Fixieren Sie sich an einer Zwischensicherung, bemessen Sie den Abstand bis zum nächsten Haken und geben Sie entsprechend Schlappseil. Klettern Sie bis zur nächsten Zwischensicherung und wiederholen sie den Vorgang. Peinlich wird es, wenn Sie zu wenig Seil ausgegeben haben. Das Seil spannt sich und Sie hängen fest. Sofern Sie in diesem Fall nicht wirklich gut stehen, ist Zurückklettern die beste Option. Bemessen Sie das Seil neu und starten Sie einen zweiten Versuch.

Klar, dass die Sturzweite mit der ausgegebenen Schlappseillänge korrespondiert und auch klar, dass ihr Bremsgerät versagt, wenn Sie es im Sturzfall reflexartig umklammern und dabei den Bremshebel festhalten. Klar ist drittens, dass ihr Sturz ggf. unangenehm hart gebremst wird. Sie benutzen ein statisches Sicherungssystem, bei dem der Fangstoß ausschließlich durch den Sturzfaktor bestimmt wird. Und theoretisch kann auch noch das Seil hinter dem scharfkantigen Blockiermechanismus des GriGri eingeklemmt und abgeschert werden.

Selbstgesichert Vorsteigen

Binden Sie sich wegen dieser Risiken und Nebenwirkungen zusätzlich in das freie Seil-Ende ein. So schaffen Sie immerhin eine gewisse Redundanz – besonders bei langen Seillängen.

Aufstieg am Seil

Mehrere Situationen können Sie dazu zwingen, an einem fixen Seil aufzusteigen. Sie hängen sturzbedingt frei in der Luft oder Ihr Seil hat sich beim Abseilen verklemmt. Sie haben im Rahmen einer Expedition ein senkrechtes Fixseil vor sich oder Sie haben den ehrenvollen Job, eine BigWall-Länge zu »cleanen« (das Sicherungsmaterial mitnehmen).

»»› Seite 246

Je nach dem, ob der Fixseilaufstieg von vorneherein geplant war oder improvisiert werden muss, variiert die Ausrüstung. Im einfachsten Fall benutzen Sie zwei Prusikschlingen. Am elegantesten sind Jumars mit individuell abgestimmten Trittschlingen. Unabhängig vom Material bleibt das Aktionsmuster grundsätzlich gleich.

Technik	***Aufstieg am Fixseil***
Oberer Prusik/Jumar	*Circa armlang – am Gurt eingeklinkt.*
Unterer Prusik/Jumar	*Circa beinlang – dient als Trittschlinge.*
Längenabstimmung	*Längenunterschied beider Schlingen rund 20 cm.*

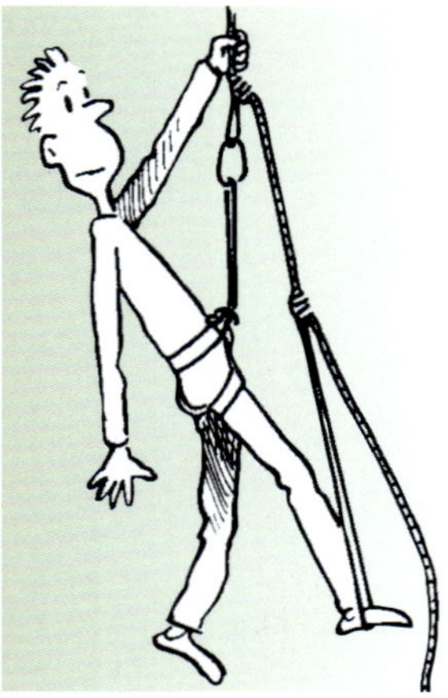

Während die ersten Empfehlungen (oben armlang, unten beinlang) für jedermann einprägsam sind, liefert die dritte den letzten Schliff. Egal ob die Schlingen insgesamt etwas länger oder kürzer sind, die Relation zueinander muss passen.

Mit einem optimal eingestellten System machen Sie 60 – 80 cm Höhe pro Hub. Sind die Schlingen schlecht abgestimmt, ist weitaus weniger drin. Sie sind drei bis vier Mal langsamer. Ähnlich langsam sind Sie auch mit dem früher empfohlenen System, bei dem man eine etwa körperlange obere Schlinge hinter dem Gurt durchsteckt und als Beinschlaufe benutzt.

Technik	***Prusiken***
Schritt 1	*Richte dich auf, halte dich mit einer Hand am Fixseil und schiebe die obere Schlinge mit einer schnellen Bewegung so weit wie möglich nach oben.*
Schritt 2	*Verweile ggf. einen Moment zum Rasten.*
Schritt 3	*Hebe das Hub-Bein und schiebe die untere Schlinge so weit wie möglich nach oben.*

Hinweise	***Prusiken***
Tipp 1	*Anstelle der armlangen Prusikschlinge kannst du auch den Fixseilprusik ohne Degengriff benutzen.*
Tipp 2	*Steht dir ein Klemmgerät und eine Prusikschlinge zur Verfügung, dann setze die Klemme unten ein.*
Tipp 3	*Experimentiere mit unterschiedlich langen Schlingen und finde dein persönliches Optimum heraus.*

Müssen Sie regelmäßig Fixseile begehen, lohnen sich Steigklemmen mit Griff. Der Bewegungsablauf bleibt gleich, der Aufbau weicht etwas ab. Während man beim Prusiken nur über eine der beiden Schlingen gesichert ist, verbindet man beim Jumarn auch die untere Klemme zusätzlich mit dem Gurt. Die Länge dieser Verbindung muss so bemessen sein, dass sie sich gerade spannt, wenn der Fuß maximal angehoben ist.

Knoten Sie Schlingen geeigneter Länge direkt in die Steigklemmen ein oder befestigen Sie sie mit Ankerstichen. Am Gurt Schrauber oder besser Safebiner. Steigt man mit Ankerstich oder Mastwurf in die Trittschlaufe, rutscht der Fuß nicht so leicht heraus. Die Schlingenlänge ist für diesen Zweck entsprechend zu korrigieren.

Prusiken und Jumarn

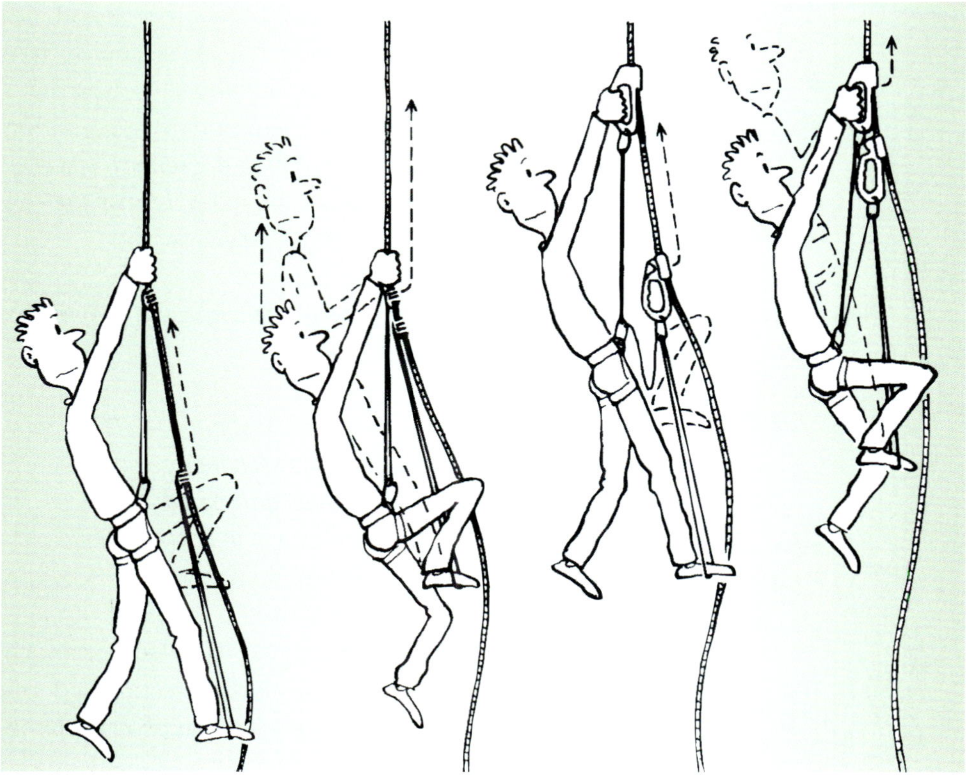

Behelfsmäßige Bergrettung

Behelfsmäßige Bergrettung heißt: mit wenig Material kreative Lösungen entwickeln. Das ist leichter gesagt als getan. Der Ernstfall ist nie stressfrei, und die erforderlichen Manöver können komplex sein. In Stress-Situationen macht es wenig Sinn, Techniken anzuwenden, die man im »wirklichen Leben« nie benutzt und entsprechend schlecht beherrscht. Beispielsweise wurde das Spaltenbergungsverfahren »Lose Rolle« in der Vergangenheit mit gestecktem Prusikknoten gelehrt. Haben Sie schon mal einen Prusik gesteckt? Unter Stress? Wenn ja, gratuliere! Es ist ein Anliegen des Lehrteams des Deutschen Alpenvereins und auch dieses Buches, die Rettungsverfahren zu vereinfachen bzw. komplexe Techniken aus Standardmodulen zusammenzusetzen. Ein weiterer Schritt in diesem Sinne ist eine definierte Minimalausrüstung. Mit einpacken, sofern nicht ohnehin im Rucksack!

Minimalausrüstung	***Behelfsmäßige Bergrettung***
Kurzprusik	*Reepschnurlänge 90 cm.*
Zwei Prusikschlingen	*Reepschnurlänge 2 – 4 m.*
Zwei Bandschlingen	*Schulterlang (60 cm); doppelt schulterlang (120 cm).*
Ein zusätzlicher	*Schrauber oder Safebiner.*
Drei Schnapper	*Baugleiche Karabinermodelle.*

Zusätzlich leistet eine umlenktaugliche Rücklaufsperre (z.B. Ropeman) oft gute Dienste.
Neben der genannten, für die diversen Bergetechniken erforderlichen alpinistischen Ausrüstung sind Biwaksack und Erste-Hilfe-Material natürlich immer auf Tour mit dabei.

Blockieren der Sicherung

Unter Last die Hände frei bekommen

Im Ernstfall ist Blockieren der erste Schritt. Man kann die Blockierfunktion aber auch zu anderen Zwecken gebrauchen, beispielsweise zum Fotografieren. HMS und Tube blockiert man mit Schleifknoten, Achter mit Abklemmen und beim GriGri kann man das Bremsseil hintersichern. Anstelle eines Schleifknotens ist auch der »Wasserklang« möglich. Er löst sich allerdings so leicht, dass man ihn immer zusätzlich sichern sollte.

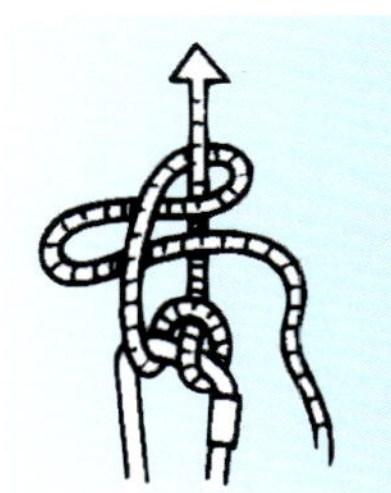

Wasserklang

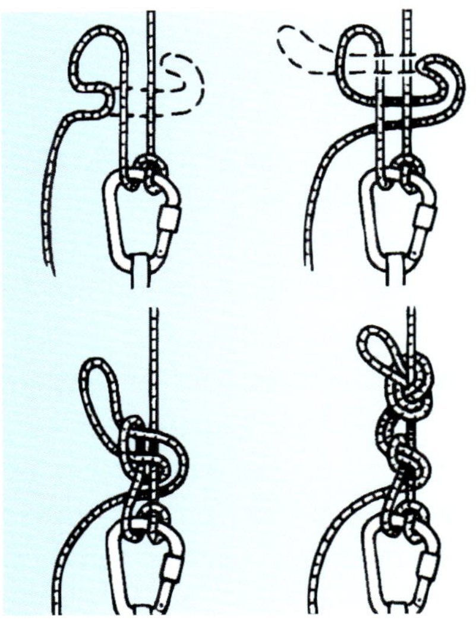

Technik	***Schleifknoten***
Schritt 1	*Lege ein Auge so, dass das quer laufende Seil vor oder hinter den gegenläufig parallelen Seilen liegt (nicht dazwischen).*
Schritt 2	*Führe das Bremsseil um beide Seile herum und stecke eine Schlaufe durch das Auge.*
Schritt 3	*Schließe das Auge indem du die Schlaufe zuziehst.*
Hintersichern	*Sichere die Schlaufe mit einem Sicherungsschlag.*
Lösen	*Entferne die Hintersicherung und ziehe kräftig am Bremsseil.*

Bei der dargestellten Methode halten Sie das Bremsseil immer solide in der Hand (nicht nur mit zwei Fingern) und sind in der Lage, den Schleifknoten unmittelbar hinter der HMS zu bilden. Zusätzlicher Seilschlupf wird vermieden. Der Schleifknoten ist ein enger Verwandter von Luftschlaufe und Tie-On-Schlinge. Um die Zusammenhänge deutlich zu machen, hier alle drei im Überblick.

Luftschlaufe

Tie-On-Schlinge

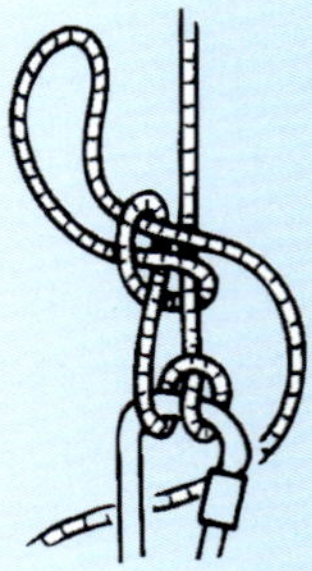

Schleifknoten

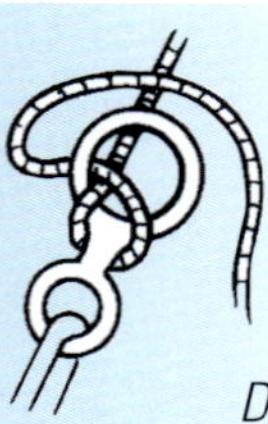

Technik	***Achter abklemmen***
Abklemmen	*Klemme das Bremsseil zwischen Lastseil und Achter ein. Führe das unbelastete Seil wieder zurück auf die Bremshandseite.*
Lösen	*Ein Ruck am Bremsseil löst die Blockierung.*
Doppelt Abklemmen	*Führe das abgeklemmte Seil um den Hals des Achters und klemme es ein zweites Mal ein.*

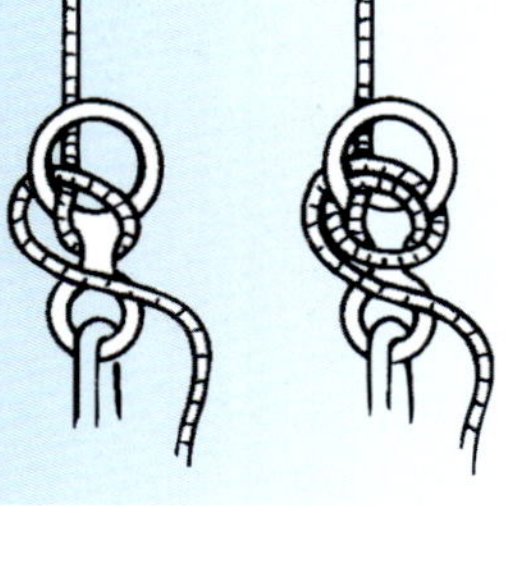

Der abgeklemmte Achter rutscht unter Last möglicherweise langsam durch, der doppelte tut dies auf keinen Fall. Da sich beide Konstruktionen bei Entlastung in Wohlgefallen auflösen können, sollten Sie das Bremsseil immer in der Hand behalten oder es zusätzlich fixieren. Möchte man ein nicht belastetes Seil blockieren, schiebt man das um den Hals des Achters liegende Seil über die große Öse. Es bildet dann einen Ankerstich. Paradebeispiel dafür ist Ihr Partner, der 30 Minuten zum Fädeln benötigt, während Sie sich in dieser Zeit eine Zigarette drehen wollen. Dieses so genannte Umschlagen des Achters kann auch unbeabsichtigt auftreten, zum Beispiel beim Abseilen (»»» Seite 126).

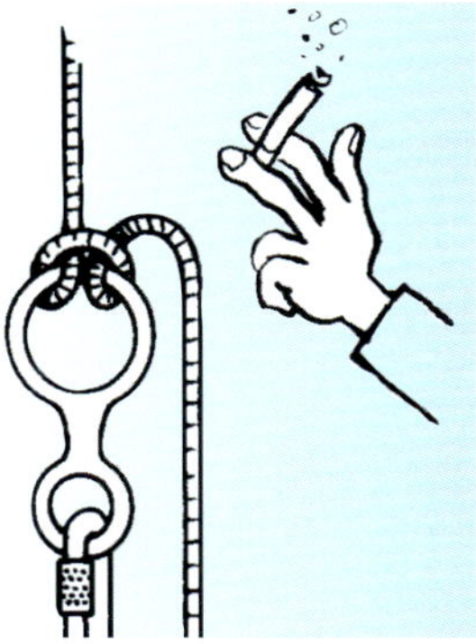

Tuber werden mit Schleifknoten am gesunden Schenkel des Karabiners blockiert. Bei der folgenden Methode haben Sie das Bremsseil immer fest in der Hand (ATC lediglich entlasten »»» Seite 55).

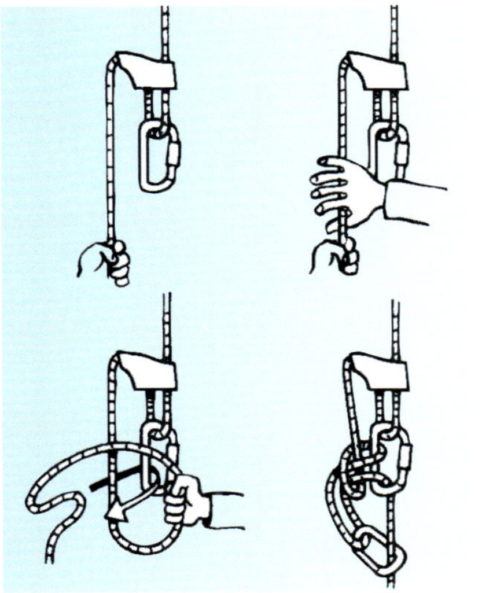

Technik	***Tube blockieren***
Schritt 1	*Halte das Bremsseil mit der dem Schnapper gegenüber liegenden Hand.*
Schritt 2	*Führe die Schnapperseitenhand zwischen Körper und Tube vorbei (Daumen unten) und greife das Bremsseil.*
Schritt 3	*Bilde ein Auge, indem Du den Daumen nach oben drehst.*
Schritt 4	*Stecke eine Bremsseilschlaufe durch Karabiner und Auge.*
Hintersichern und Lösen	*Wie Schleifknoten »»» Seite 199.*

Das GriGri blockiert zwar automatisch, tut dies aber bei dünnen Seilen oder wenig Zug nicht verlässlich. Hintersichern Sie es deshalb in lastfreien Situationen. Klemmen Sie zu diesem Zweck das Bremsseil zwischen Metallfalz und beweglichem Hebel ein.

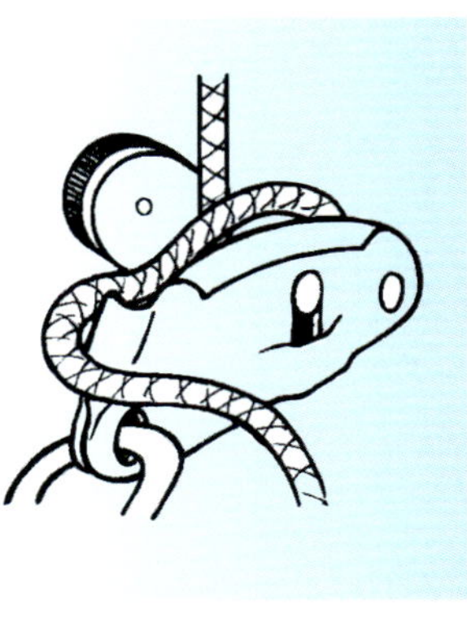

Beim Toprope-Sichern kann man Halbautomaten mit einem Sackstich im Bremsseil hintersichern, wenn der Partner etwa vier Meter Höhe hat. Durchrauschen beim Ablassen ist somit ausgeschlossen.

Rückzug

Im Normalfall ist runter kommen kein Problem. Man seilt einfach bis zum Wandfuß ab. Schwieriger wird die Situation bei Wind, Quergängen, Überhängen oder wenn jemand verletzt ist.

Starker Wind kann dazu führen, dass die Seile horizontal durch die Luft wehen (›››› Seite 121). Ein seitlich weggeblasenes Seil kann sich verfangen und dem Rückzug ein jähes Ende bereiten. Seilen Sie bei Wind nicht unbedacht ab. Lassen Sie den Ersten oder die beiden Ersten ab.

Übersicht	***Ablassen bei Rückzug***
Zweierseilschaft	*Ersten an beiden Strängen ablassen.*
Dreierseilschaft	*Ersten und Zweiten an je einem Strang ablassen.*
Bei Einfachseil	*Vor dem Ablassen fädeln.*

Sind Sie mit Einfachseil unterwegs, fädeln Sie das Seil, bevor Sie mit dem Ablassen beginnen (›››› Seite 121). Mit Achter oder Tube können Sie beide Schritte auch in einem Arbeitsgang erledigen (Metall-Öse vorausgesetzt).

Am unteren Stand sichert man sich mit Ankerstichschlinge. Zudem behält jeder sein Seil-Ende bei sich. Wer abgelassen wurde, bleibt also am besten eingebunden. So ist gewährleistet, dass die Seile nicht wegwehen können. Auch ist gewährleistet, dass weitere Abseilende nicht über das Seil-Ende hinaus gleiten können. Weiterer Vorteil in führungstechnischer Hinsicht: Es muss niemand ohne Sicherung bzw. ohne überprüfte Sicherung unten warten. Natürlich hat der Führende zu wissen, wohin er seine Partner ablässt. Bei unbekanntem Gelände muss er selbst zuerst runter.

Übersicht	***Funktionen des unten fixierten Seils***
Wind	*Seil kann nicht seitlich weg geweht werden.*
Redundanz	*Zusätzliche Standsicherung.*
Partnersicherung	*Man kann Zugsicherung geben, ›››› Seite 130.*
Querung	*Man kann den Abseilenden zum Stand herüber ziehen.*

Bei schrägem oder überhängendem Routenverlauf clippt der Erste alle nötigen Zwischensicherungen, um den unteren Stand zu erreichen. Der Letzte entfernt die Exen während des Abseilens. Er gerät dabei zusehends ins Abseits, sei es seitlich versetzt oder außen in der Luft. Befindet er sich auf Höhe des Standes, wird er vom Partner herüber gezogen. Diese Technik lässt sich bei mäßigen Überhängen und moderaten Querungen anwenden.

›››› Seite 40

Rückzugtechnik

Verläuft die Seillänge noch schräger oder überhängender, clippt der Erste die Zwischensicherungen wie oben. Unten angekommen, zieht er das Restseil ein und lässt seinerseits den Anderen ab. Oben muss das Seil dabei durch eine Metall-Öse laufen (ggf. Karabineropfer).

Der Obere klinkt sich wie beim Abbauen mittels Exe oder Ankerstichschlinge ins gegenläufige Seil und nimmt die geclippten Exen mit. Das kann zu luftigen Pendlern oder Swings führen. Man erreicht den Stand, indem man sich am gegenläufigen Seilstrang hinüberzieht. Das Verfahren heißt »Rückzugtechnik«, bewältigt immer nur halbe Seillängen und funktioniert bis circa 45° Schräge. Horizontale Querungen müssen zurückgeklettert werden.

›››› Seite 124

Tipp Belasse die Verbindung zum gegenläufigen Seil, bis du am Stand angekommen bist!

Ist jemand so verletzt, dass er nicht selbständig abgelassen werden kann, lässt man ihn zusammen mit einem Retter ab. Sind nur zwei Partner unterwegs, kommt die »Einmannbergetechnik« zum Einsatz. Der Verletze wird in beiden Fällen auf dem Rücken des Retters fixiert. Wichtig ist, dass er 20 cm höher hängt als dieser. Sollte einer der beiden einen Brustgurt tragen, ist die Länge der Fixierungsschlinge entsprechend zu korrigieren (höherer Anseilpunkt).

Technik	***Retter und Verletzten ablassen***
Retter	*Beinlange Ankerstichschlinge im Sicherungsring vorbereiten.*
Verletzter	*Armlange Ankerstichschlinge vorbereiten. Seitlich am Gurt zwei weitere Ankerstichschlingen befestigen.*
Einhängen	*Retter und Verletzter klinken sich in einer am Seil-Ende abgeknoteten Schlaufe ein. Sobald beide im Steilen hängen, wird der Verletzte auf dem Rücken des Retters positioniert und mit den seitlichen Schlingen fixiert.*
Ablassen	*Der zweite Retter lässt beide gemeinsam ab.*

Zum Ablassen von zwei Personen kombinieren Sie am einfachsten Achter (unten) und HMS (oben). Auch Schuhmann HMS, doppelter HMS oder der Achter mit Bremskraftverstärker sind möglich.

›››› Seite 118
›››› Seite 129

Alternativ zur Fixierung mit Ankerstichschlingen kann man das Seil-Ende so mit Weichen vorbereiten, dass beide sich direkt einhängen können.

Muss der Verletzte horizontal gelagert werden (z.B. bei Schock), sind zusätzlich zur armlangen Ankerstichschlinge zwei weitere Fixierungen erforderlich. Eine führt zu den Kniekehlen, die andere zu einem ggf. improvisierten Brustgurt (›››› Seite 19). Der Verletzte wird quer vor dem Retter positioniert. Bei der Einmannbergemethode übernimmt der Retter beide Jobs. Ablassen ist somit hinfällig, es muss abgeseilt werden.

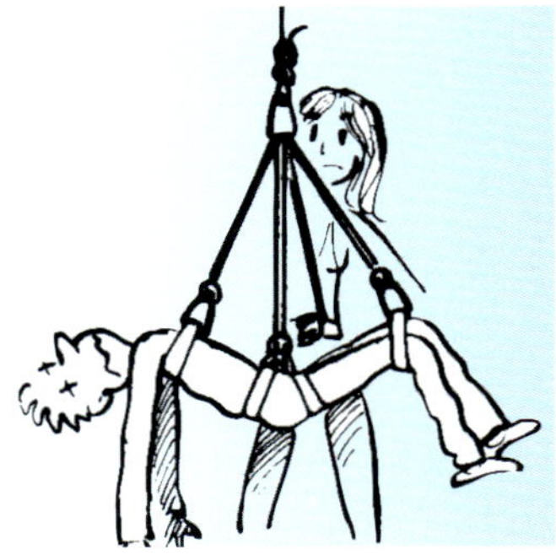

Technik	***Einmannbergemethode***
Retter und Verletzter	*Wie beim gemeinsamen Ablassen vorbereiten.*
Abseilgerät	*Hohe Bremsstufe wählen (siehe unten).*
Einhängen	*Retter und Verletzten mit den Ankerstichschlingen am Abseilgerät einklinken.*
Redundanz	*Prusiksicherung ist obligatorisch.*

Die Frage der Bremsstufe hängt von den Seilen und den verfügbaren Geräten ab. Während die übliche Abseiltechnik bei dicken Stricken noch funktioniert, würde ich sie niemals bei Halb- oder Zwillingsseilen anwenden.

Technik	***Erhöhte Bremsstufen für dünne Seile***
Tube	*Nicht zu empfehlen.*
Tre	*Nicht möglich, da zu weit oben eingehängt.*
ATC-XP	*Hohe Bremsstufe wählen.*
Achter	*Seile nach 180° Drehung zusätzlich im Karabiner einklinken.*

»»› Seite 129

Einmannbergemethode

Bei schrägem Routenverlauf müssen Sie alle erforderlichen Zwischensicherungen einhängen (»»› Seite 40). Bei Einfachseil klinken Sie beide Stränge (optimaler Führungseffekt). Bei Halb- oder Zwillingsseilen dürfen Sie hingegen immer nur den gefädelten Strang clippen. Der Knoten bleibt sonst beim Abziehen hängen. In jedem Fall bleibt etwas anderes hängen, nämlich alle geclippten Karabiner. Eigentlich schade!

Flaschenzug

Eine Person soll hochgezogen werden

Das eigene Körpergewicht wird zum Ziehen mit eingesetzt

Physikalisch ist Kraft mal Weg konstant. Bei einem Flaschenzug müssen Sie zum Beispiel den doppelten Weg ziehen, benötigen aber nur die halbe Kraft (zuzüglich einiges an Reibung). Sie brauchen also in jedem Fall ganz schön Power, um Ihren Partner einfach so hoch zu ziehen. Power oder nicht – es stellt sich die Frage, warum sie das überhaupt tun sollten. Zug geben ja, aber komplett hochziehen?

Für den Fall, dass Sie lediglich etwas mehr Zug geben müssen, halten Sie die HMS, knüpfen einen Prusik ins Lastseil und klinken das Bremsseil ein. Anstatt nur zu halten, können Sie auch zwischenzeitlich mit Schleifknoten fixieren. Der auf diese Art entstandene »Expressflaschenzug« reicht für »etwas mehr Zug« aus. Er besitzt aber keine Rücklaufsperre und ist mühsam zu handhaben. Sollten Sie tatsächlich jemanden hochziehen müssen, können Sie ihn vergessen.

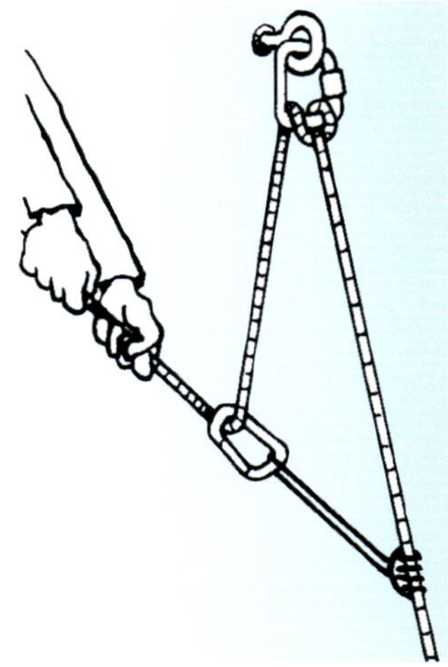

Expressflaschenzug

In der Praxis ist die Rücklaufsperre ein zentrales Qualitätskriterium für den Flaschenzug. Sie muss selbständig und ohne Hubverlust arbeiten. Als Rücklaufsperre können Sie alle Geräte benutzen,

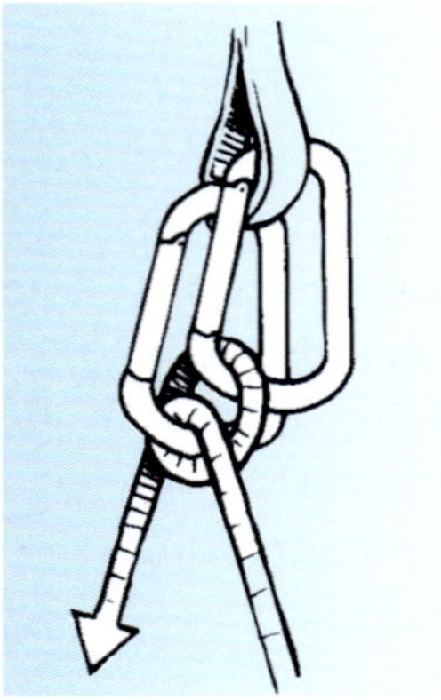

die ein Umlenken des Seils zulassen und in eine Richtung blockieren (z.B. Minitraktion, Ropeman, Sicherungsplatte, Tre, GriGri, Reverso, klassische Steigklemme). Haben Sie kein solches Gerät, legen Sie eine Gardaklemme.

Technik *Gardaklemme*

Schritt 1 *Clippe das Seil in zwei baugleiche, parallel eingehängte Karabiner.*

Schritt 2 *Clippe das Zugseil im gleichen Umlaufsinn nochmals in den lastseitigen Karabiner.*

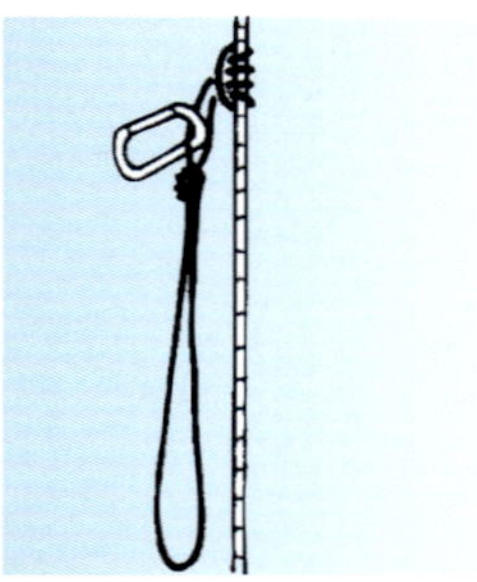

Rettungsprusik

Falls Sie mit einem Nachsicherungsgerät arbeiten (›››› Seite 42), ist die Rücklaufsperre bereits vorhanden. Bei HMS-Sicherung ist der Aufbau etwas komplizierter, aber mit Hilfe des »Rettungsprusik« leicht lösbar. Der Rettungsprusik ist eine längere Prusikschlinge mit kurzem Abbund. Im Abbund wird standardmäßig ein Karabiner vorbereitet. Vergisst man ihn, ist er unter Last oft nur mühsam nachzurüsten.

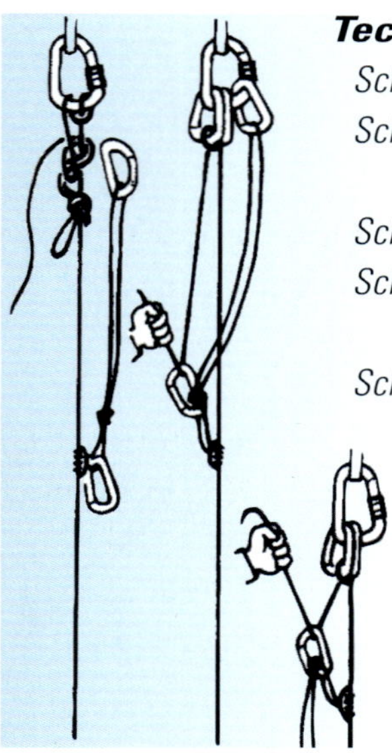

Technik *»AV-Einfach« (bei HMS-Sicherung)*

Schritt 1 *Seil mit Schleifknoten fixieren.*

Schritt 2 *Rettungsprusik ins Lastseil knüpfen, lang einhängen und Last übergeben.*

Schritt 3 *HMS durch Rücklaufsperre ersetzen.*

Schritt 4 *Zugseil in den vorbereiteten Karabiner am Rettungsprusik einklinken.*

Schritt 5 *Rettungsprusik nach dem ersten Hub oben aushängen und nach unten verschieben.*

Wenig effektiv dabei ist, dass Sie nach oben ziehen müssen. Das geht mit der Zeit ganz schön auf den Bizeps. Es lohnt sich daher, das Zugseil nochmals umzulenken und auch das eigene Körpergewicht zum Ziehen mit einzusetzen.

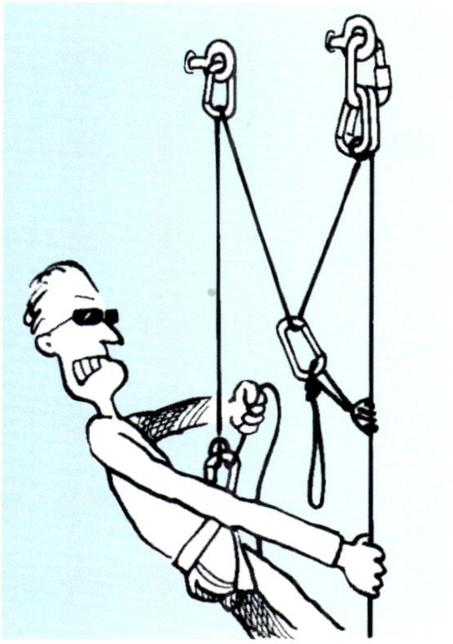

Technik	***AV-Einfach optimiert***
Selbstsicherung	*Verlängere deine Selbstsicherung (schafft größeren Aktionsradius).*
Umlenkung	*Lenke das Zugseil in einem separaten Karabiner um.*
Körpereinsatz	*Befestige das umgelenkte Zugseil mit HMS, Prusik oder Seilklemme am Gurt.*
Ziehen	*Ziehe mit Deinem Körpergewicht nach unten.*
Gegenläufig ziehen	*Ziehe zudem per Hand das ursprüngliche Zugseil oder das Lastseil nach oben.*

So können Sie gut und gerne zwei Zentner hochzerren. Sollte das nicht ausreichen oder sollten Sie mit der Umlenk-Logik nicht klar kommen, erweitern Sie Ihren AV-Einfach zum »Schweizer Flaschenzug«. Er gilt als Rolls Royce der Flaschenzüge. Persönlich ziehe ich jedoch den AV-Einfach mit Umlenkung vor. Experimentieren Sie! Nutzen Sie einen Schlechtwettertag, um sich mit beiden Systemen vertraut zu machen und starten Sie Ihren individuellen Vergleichstest.

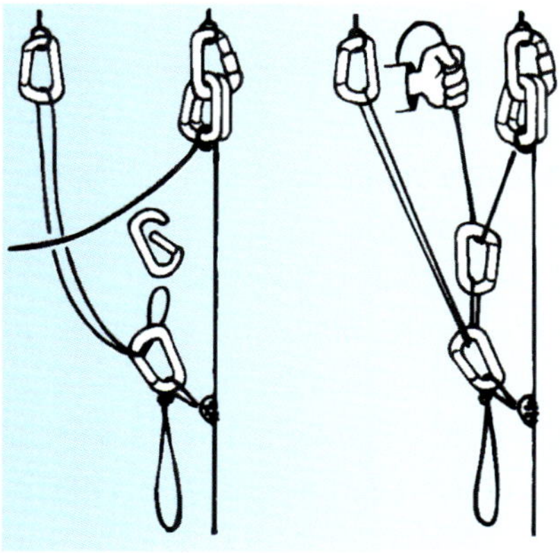

Technik	***AV-Einfach zu Schweizer Flaschenzug***
Schritt 1	*Zugseil am Rettungsprusik aushängen.*
Schritt 2	*Eine 2 – 3 m lange Zusatzschlinge (Bandschlinge, Langprusik oder Restseil) oben fixieren, am Rettungsprusik umlenken und mit Karabiner versehen.*
Schritt 3	*Zugseil im Karabiner der Zusatzschlinge einklinken.*

Seilverlängerung

Bei Bergungen kann es notwendig sein, den Verletzten mehr als eine Seillänge weit abzulassen – sei es mit oder ohne Retter. Dazu benötigen Sie ein System, bei dem der Knoten durch das Sicherungsgerät läuft. Hier gilt »back to the roots«, denn alle modernen Geräte verweigern diese Aufgabe. Lediglich HMS und Achter funktionieren.

Seilverlängerung bei Achter

Verbinden Sie zunächst die Seile. Benutzen Sie einen gelegten Sackstich und achten Sie darauf, dass die Stränge im Knoten nicht verdreht sind. Der Knopf muss so klein wie möglich und fest zugezogen sein. Lassen Sie ein Ende circa 40 cm und das andere circa 80 cm lang. Wollen Sie mit Achter ablassen, gehört das Bremsseil oberhalb des Achters umgelenkt. Die Bremsleistung wäre ansonsten zu gering und das Seil würde krangeln. Bei dünnen Seilen und einem eher größeren Achter können Sie den Knoten ohne weitere Maßnahmen durchlaufen lassen. Ggf. müssen Sie aber etwas nachhelfen, dass er durchrutscht. Ziehen Sie in diesem Fall die Enden durch, bevor der Knoten zum zweiten Mal in den Achter läuft. Ist der Achter zu klein oder

der Knoten zu dick, geht gar nichts. Testen Sie Ihre Ausrüstung. Sollten Sie erst im Ernstfall feststellen, dass der Knoten nicht durchläuft, ist guter Rat teuer. Der Flaschenzug lässt grüßen. Anders liegen die Dinge beim HMS. Das Manöver funktioniert praktisch immer, ist aber etwas aufwändiger.

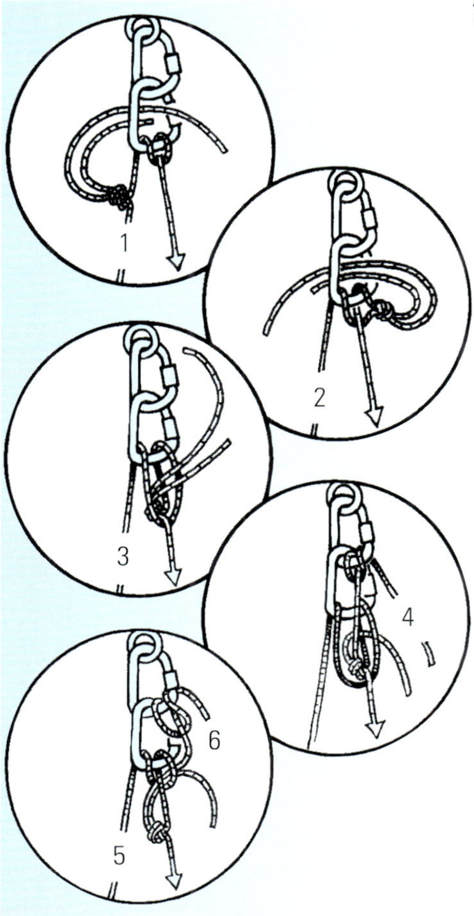

Technik Seilverlängerung bei HMS

Schritt 1 *Hänge zwei HMS-Karabiner aneinander und lasse über den unteren der beiden ab.*

Schritt 2 *Lasse den Knoten ein Mal durch den HMS laufen (ggf. etwas nachschieben). Ziehe beide Seil-Enden durch den Karabiner.*

Schritt 3 *Lasse den Knoten zum zweiten Mal durch den HMS laufen. Ziehe wieder beide Seil-Enden durch. Unmittelbar nach dem zweiten Durchlauf fängt sich der Knoten in der Schlaufe der HMS und zieht diese auf.*

Schritt 4 *Halte das Bremsseil fest. Stecke mit dem langen Seil-Ende eine HMS im oberen Karabiner.*

Schritt 5 *Übergib die Last auf die obere HMS. Lasse die Schlaufe über den Knoten schlupfen und spanne das Bremsseil wieder.*

Schritt 6 *Gib die obere HMS nach, bis die Last wieder unten hängt.*

Die Methode sieht auf den ersten Blick etwas kompliziert aus, ist aber deutlich eleganter als die alte Technik, bei der man den Knoten mit einem Ruck durch die HMS-Schlaufe reißt. Einziger Wermuttropfen ist die gesteckte HMS (keine Standardtechnik). Alternativ können Sie das Seil auch vier bis fünf Mal um das Karabinerprofil wickeln. Wichtig ist in jedem Fall, dass Sie die Seil-Enden nach jedem Knotendurchlauf aus dem Karabiner ziehen. Unterlassen Sie das, können sich HMS und Sackstich mir nichts, dir nichts in einen echten gordischen Knoten verwandeln. Die Aktion mit dem Schwert ist nicht angesagt, so dass wieder der Flaschenzug grüßen lässt.

Sollen zwei Personen abgelassen werden, kann man ein kompliziertes System anwenden, bei dem die Last zwischenzeitlich auf einen mit HMS und Schleifknoten befestigten Langprusik übertragen wird. Ist der Knoten jenseits des HMS, löst man die Prusikschlinge und übergibt die Last wieder auf das Hauptseil. Alternativ kann man die oben beschriebene Technik anwenden (gut festhalten!). Besteht die Möglichkeit, das Bremsseil zusätzlich ein Mal Zickzack umzulenken (rauf und wieder runter), hat man auch mit HMS optimale Verhältnisse zum Ablassen von zwei Personen.

Verletzten diagonal ablassen

Muss ein Verletzter diagonal abgelassen werden, und stehen genügend Retter zur Verfügung, kann man den Verletzten in eine neue Fall-Linie einpendeln lassen. Man benötigt dazu eine zweite Ablassstelle, die sich oberhalb des gewünschten Zielpunkts befindet. Ein zweites Seil wird dort ablassbereit und ohne Schlappseil fixiert.

Lässt man am ursprünglichen Seil ab, gerät das zweite Seil zunehmend unter Last und zieht Retter und Verletzten in die neue Fall-Linie. Ist diese erreicht, klinkt man das ursprüngliche Seil aus und lässt am neuen Seil weiter ab.
Versuchen Sie als Retter niemals ohne diese Konstruktion diagonal abgelassen zu werden. Wenn sie die Schräge nicht mehr halten können und ins ursprüngliche Lot zurückpendeln, provozieren Sie den GAU. Scheuert dieselbe Seilstelle an einer quer laufenden Felskante, kann das Seil reißen.

»»» Seite 132

Spaltenbergung

Dass Gletscher gefährlich sind, habe ich bereits dargelegt. Ist man angeseilt und agiert korrekt, sind die Folgen eines Spaltensturzes aber meist überschaubar. Vorausgesetzt man hat einen Plan, wie man wieder heraus kommt. Klären Sie vorab, welches Verfahren angewendet werden soll. Im Ernstfall nützt es, wenn jeder seine Rolle kennt.

»»» Seite 170

Übersicht	***Spaltenbergung***
Mannschaftszug	*Bei (vier,) fünf oder mehr Personen.*
Lose Rolle	*Bei (zwei,) drei oder vier Personen.*
Selbstrettung	*Als Führer oder bei Zweierseilschaft.*
Flaschenzug	*In speziellen Fällen.*

Der Mannschaftszug ist die einfachste Bergetechnik und setzt auch keinerlei Aktivität seitens des Gestürzten voraus. Er sollte deshalb in jedem Fall favorisiert werden. Die Technik ist aber nur bei größeren Seilschaften möglich. Kann eine zweite Seilschaft Hilfe leisten, nützt man dies und verbindet die Seile. Vier oder mehr Personen sind in der Lage, den Gestürzten gemeinsam wieder aus der Spalte zu ziehen. Steckt ein leichter Teilnehmer im Loch und sind die anderen kräftig genug, klappt's auch mit drei. Alle bleiben normal angeseilt, lediglich der Zweite der Seilschaft begibt sich zum Spaltenrand. Er nimmt Kontakt zum Gestürzten auf und gibt die erforderlichen Kommandos.

Übersicht	***Seilzweiter bei Mannschaftszug***
Gesichert zum Spaltenrand	*Mit Fixseilprusik oder laufendem Karabiner (»»» Seite 184).*
Kontakt aufnehmen	*Alles ok?*
Kommandos geben	*Achte insbesondere darauf, dass der Gestürzte nicht in die Wechte gezogen wird.*
Seil anheben	*Bei aufrechtem Stand das Seil vom Boden abheben (reduziert Reibung, verhindert weiteres Einschneiden).*
Mitziehen	*Ggf. den Prusik entfernen (nicht aber den laufenden Karabiner).*

»»» Seite 111, 113

Stehen zu wenige Personen für den Mannschaftszug zur Verfügung, wendet man die »lose Rolle« an. Sie ist für eine Dreierseilschaft prädestiniert. Der Mittelmann baut den Anker und der Dritte begibt sich zum Spaltenrand. Aufbauend auf eine Idee

Mannschaftszug

von Freudig (1995) wurde das ursprüngliche Verfahren 2002 vom Lehrteam des Deutschen Alpenvereins vereinfacht, so dass die lose Rolle seither mit bekannten Standard-Bausteinen arbeitet.

Lose Rolle, Text nächste Seite

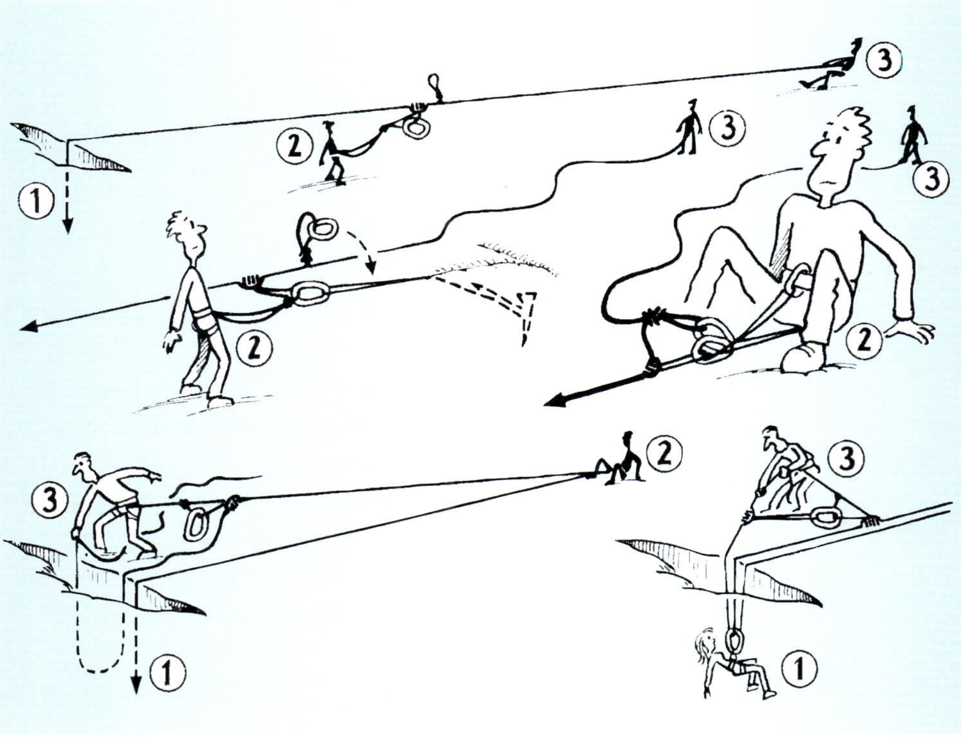

Technik Lose Rolle / Mittelmann

(Schlussmann übernimmt anfänglich die gesamte Last)

Aktionsspielraum schaffen – *Hänge dir einen Rettungsprusik größerer Länge um (Prusik vorne vor dem Anseilknoten anbringen).*

Anker bauen – *Baue einen verlässlichen Anker (T-Anker oder Rammski, »»» Seite 111, 113).*

Anker einhängen – *Klinke den Anker in den Abbund des Rettungsprusik und straffe die Verbindung (Prusik vorschieben).*

Seil hintersichern – *Lasse den Dritten das Seil entspannen (Lastübergabe) und hänge deinen ursprünglichen Anseilknoten mit in den Anker ein.*

Anker hintersichern – *Positioniere dich so, dass du den Anker optimal mit deinem Körper absicherst und straffe deine Selbstsicherung (durch Abknoten verkürzen).*

Achtung **Sollte sich der Anker lösen ohne dass der Mittelmann in Bremsposition ist, verschwindet die ganze Seilschaft in der Spalte.**

Technik Lose Rolle / Schlussmann

Rettungsprusik – *Knote einen Rettungsprusik als Selbstsicherung ins Seil, während der Mittelmann den Anker baut.*

Nach Entlasten – *Löse deine Anseilverbindung und entferne den Knoten.*

Zur Spalte gehen – *Sichere dich mit dem Rettungsprusik zum Spaltenrand vor. Achte darauf, dass dein Seil direkt zum Anker läuft (nicht um den Mittelmann herum).*

Selbstsichern – *Stelle den Rettungsprusik so ein, dass du am Spaltenrand straff nach hinten gesichert bist.*

Kontakt aufnehmen – *Alles ok?*

Lose Rolle – *Lasse dem Gestürzten eine Seilschlaufe herunter, die er im Sicherungsring einhängt (Verschlusskarabiner).*

Rücklaufsperre – *Bringe eine Prusikschlinge am Zugseil an und klinke sie im Abbund des Rettungsprusik ein (Länge ähnlich Selbstsicherung).*

Ziehen – *Ziehe beidarmig und straffe die Rücklaufsperre nach jedem Hub.*

Der Gestürzte zieht am ursprünglichen Seil mit. Ist das Zugseil lang genug, kann auch der Mittelmann mitziehen. Seine Hauptaufgabe ist jedoch definitiv das Absichern der Verankerung – ein Punkt, dem früher zu wenig Bedeutung beigemessen wurde.

Die Vereinfachung bei der losen Rolle besteht darin, dass alle Beteiligten zunächst einen Rettungsprusik ins Seil knüpfen. Dieser wird auch für die Selbstrettung benötigt und kann insofern als Standard-Baustein gelten. Er ist als erster Schritt auch unter Stress und ohne großes Nachdenken realisierbar. Die weiteren Schritte erfordern jedoch nach wie vor kritisches Mitdenken und die Kenntnis des Gesamtablaufs. Anstelle des Rettungsprusik kann auch der Fixseilprusik ohne Degengriff benutzt werden, zum Beispiel bei fehlendem Material (›››› Seite 184).

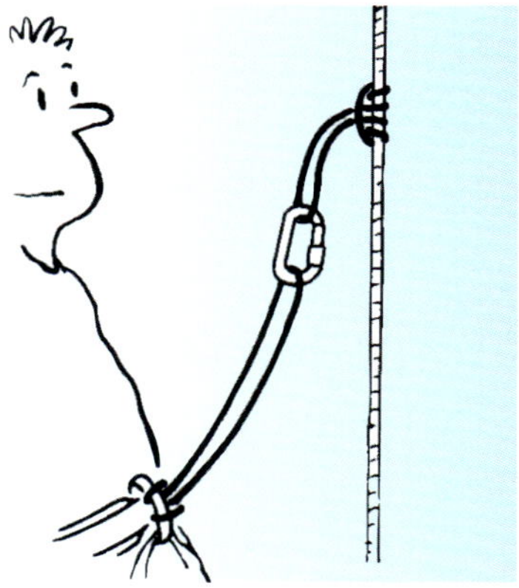

Fixseilprusik ohne Degengriff

Noch ein paar Worte zum Gestürzten. Die Option einer Rucksackabwurfschlinge wurde bereits angesprochen. Hat man Skistopper und löst sich ein Ski beim Sturz, ist er weg. Auch kann das Öffnen einer Step-In Bindung freihängend Schwierigkeiten bereiten. Es ist daher in Spaltenzonen nicht abwegig, Fangriemen anzulegen oder sie mit Prusikschlingen zu improvisieren. Wenn man mit Seil abfährt, ist das fangriemenbedingte Verletzungsrisiko jedenfalls kein Argument.

›››› Seite 168

›››› Seite 172

Führt der Gestürzte die Seilschaft, tut er gut daran, die Selbstrettung zu beherrschen. Mir persönlich jedenfalls ist die Vorstellung unheimlich, in einer Spalte zu hängen, während Leute mit möglicherweise wenig Erfahrung komplizierte Manöver ausführen. Die Selbstrettung beginnt mit Prusiken und löst das Problem des am Spaltenrand eingeschnittenen Seils mit dem Selbstflaschenzug.

Technik	***Selbstrettung aus Spalte***
Rettungsprusik	*Installiere einen armlangen Rettungsprusik.*
Prusiken	*Prusike mit zweiter, beinlanger Prusikschlinge bis zu dem Punkt, wo das Seil einschneidet (›››› Seite 196).*
Umbau	*Entferne die Beinschlinge und installiere eine Gardaklemme (›››› Seite 208) oder sonstige Rücklaufsperre am Sicherungsring.*
Selbstflaschenzug	*Klinke das Zugseil in den vorbereiteten Karabiner des Rettungsprusik ein und teste die Funktion deines Flaschenzuges mit einem ersten Hub.*
Höherkommen	*Suche mit den Füßen Halt und kombiniere das Ziehen mit einer beischlafähnlichen Hüftbewegung.*
Prusik nachschieben	*Stemme dich nach hinten, so dass das Seil nicht mehr im Schnee aufliegt.*
Bei Bedarf	*Vergrößere mit kreisenden Bewegungen den Schneekanal, in dem das Seil verschwindet.*
Bei Bedarf	*Verlängere deinen Rettungsprusik, wenn er das Weiterschieben einschränkt.*
Wechte entfernen	*Bei stark überwechteten Spalten kann es nötig sein, die Wechte abzutragen. Pickel oder Schaufel sind geeignete Werkzeuge. Setze deine Kapuze auf.*

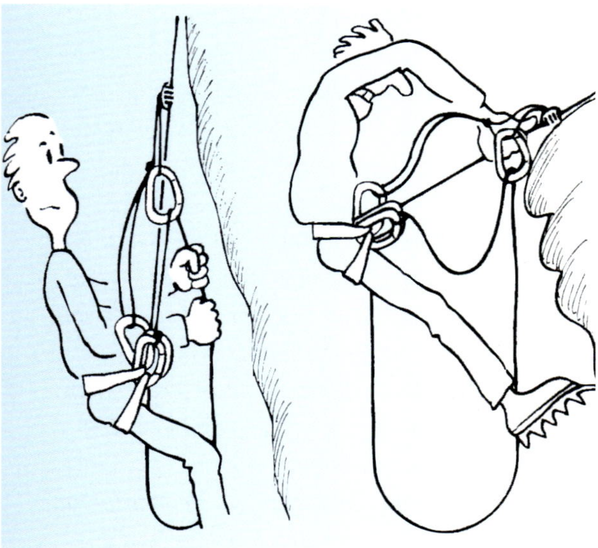

Die Konstruktion des Selbstflaschenzuges stimmt exakt mit dem Modell AV-Einfach überein (›››› Seite 208).
Die gesamte Selbstrettung beruht somit auf den drei Bausteinen: Prusiken, Rettungsprusik und Flaschenzug. Diese Elemente sollten Sie beherrschen! Üben Sie darüber hinaus die Selbstrettung hin und wieder. Windkolke und überwechtete Stufen können genauso realistisch sein wie Spalten.

Ein zusätzliches Problem betrifft die Zweierseilschaft. Sofern Sie als Gestürzter überhaupt das Glück hatten, gehalten zu werden, sind höchstwahrscheinlich Bremsknoten im Seil.
Bester Lösungsansatz: Ihr Partner trainiert seine Cowboy-Fähigkeiten und wirft Ihnen das Restseil zu. Er muss lediglich das Loch treffen, in dem Sie verschwunden sind. Das Ganze klappt natürlich nur, wenn die Restseillänge passt. Dies bedarf einer gewissen Systematik beim Anseilen. Der Abstand beträgt maximal 1/3 Seillänge und ist von der Mitte aus festgelegt. Sollte dieses Verfahren nicht realisierbar sein, müssen Sie die Knoten überlisten. Das ist mühsam, aber möglich.

Übersicht	***Knoten überwinden***
Vorbereitung	*Bereite am Gurt eine kurze Ankerstichschlinge mit Karabiner vor (etwa Exenlänge).*
Unterscheide	*Knoten beim Prusiken – Knoten bei Selbstflaschenzug*

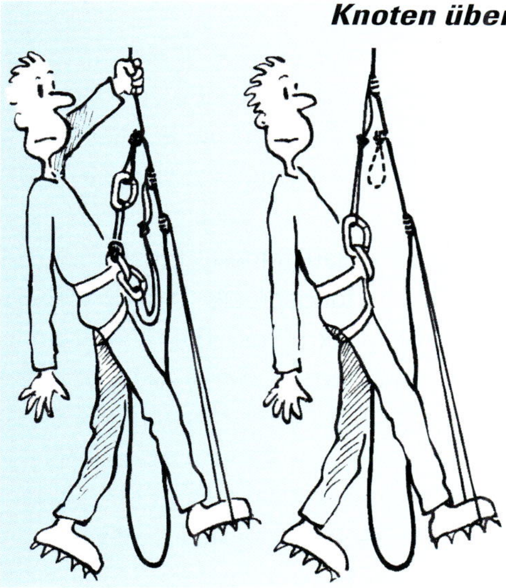

Knoten überwinden	***Beim Prusiken***
Schritt 1	*Prusike bis knapp unter den Knoten, richte dich auf und klinke die kurze Ankerstichschlinge im Bremsknoten ein.*
Schritt 2	*Entferne den Rettungsprusik, installiere ihn oberhalb des Knotens neu und spanne ihn (aufrichten!).*
Schritt 3	*Klinke die kurze Ankerstichschlinge aus und löse den Knoten.*
Tipp	*Sackstich :–(Schmetterlingknoten :–) »»» Seite 167.*

Knoten überwinden	***Bei Selbstflaschenzug***
Schritt 1	*Knüpfe einen Kurzprusik oberhalb des Knotens ins Seil. Hänge Karabiner und lange Trittschlinge ein oder bring alternativ einen langen Rettungsprusik an.*
Schritt 2	*Richte dich in der Trittschlinge auf und klinke deine kurze Ankerstichschlinge in den Karabiner ein.*
Schritt 3	*Löse den Bremsknoten (Schmetterling :–)), spanne deinen Flaschenzug und prüfe seine Funktion, bevor Du die Zusatzfixierung entfernst.*

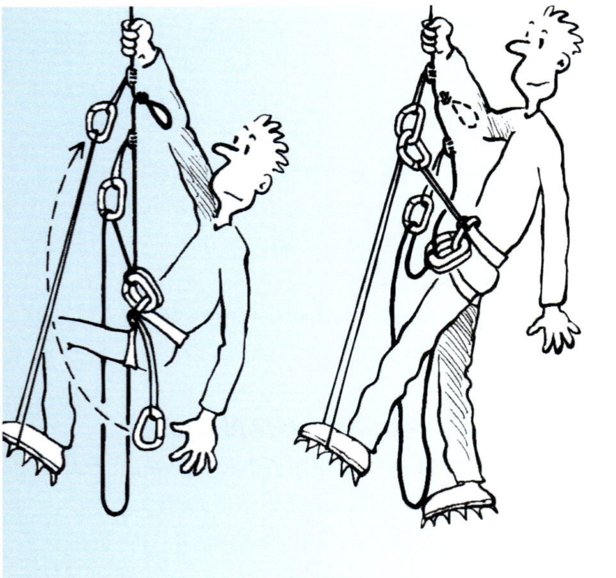

Knoten bei Selbstflaschenzug

Sollte der Gestürzte nicht in der Lage sein, die lose Rolle einzuhängen, findet sich in der Literatur häufig der Tipp, eine Spaltenbergung mit dem Schweizer Flaschenzug durchzuführen.

Dabei können mehrere Probleme auftreten. Ist bereits ein Bremsknoten bis in die Spalte durchgerutscht, wird es höchst wahrscheinlich nicht gelingen, den Verletzten zu bergen. Bremsknoten wirken in beide Richtungen. Darüber hinaus besteht die Gefahr, dass der Verletzte in die Wechte gezogen wird. Er kann schließlich die lose Rolle nicht einhängen, ist also aktionsunfähig. Sind mehrere Retter anwesend, hat in jedem Fall der Mannschaftszug Priorität. Sollten Sie trotzdem einmal den Flaschenzug bei einer Spaltenbergung benötigen, dann verzichten Sie auf die beschriebene Umlenkung des Zugseils. Ziehen sie in jedem Fall von der Spalte weg. Anderenfalls würden Sie Ihren Anker noch zusätzlich belasten.

»»» Seite 215

»»» Seite 209

Transport eines Verletzten

Verletzter wird mit Helikopter geborgen

Improvisieren, falls dies nicht möglich ist

Ist jemand ernsthaft verletzt, gehört er ins Krankenhaus. Zögern Sie nicht, professionelle Rettung anzufordern. Sie tun dies in der Regel mit Ihrem Handy. Über die Notruftaste wählen Sie die europäische Notrufnummer (112). Halten Sie ihr Handy nach einem Notruf in Empfangsbereitschaft. Möglicherweise sind noch Rückfragen zu beantworten.

Übersicht	***Infos bei Notruf***
Wer	*Wer meldet den Unfall. Mobilfunknummer.*
Was	*Was ist passiert.*
Wo	*Unfallort. Beschreibung oder UTM-Koordinaten.*
Wann	*Wann ist es passiert.*
Wie	*Wie viele Verletzte und Art der Verletzung/en.*
Wetter	*Sichtweite. Wolkenuntergrenze.*

Besitzen Sie kein Handy oder haben Sie keinen Empfang, ist die Situation schwieriger. Bei Aussicht, sich optisch oder akustisch bemerkbar machen zu können, verwenden Sie das alpine Notsignal.

Technik	Alpines Notsignal
Signal	*Sechs Mal pro Minute (alle 10 Sek.) und danach eine Minute Pause. Wiederholen.*
Antwort	*Drei Mal pro Minute (alle 20 Sek.) und danach eine Minute Pause. Wiederholen.*

Erscheint es aussichtslos, jemanden alarmieren zu können, holt man selbst Hilfe. Dabei gilt, dass Verletzte nicht alleine bleiben und zwei Personen gemeinsam losziehen sollen. Das System funktioniert also keinesfalls bei einer Zweierseilschaft.

Erwarten Sie einen Hubschrauber, legen Sie Ihren Biwaksack als gut sichtbares Zeichen aus und fixieren ihn. Lose herumliegende Gegenstände gehören eingepackt – sie fliegen sonst bei der Landung davon. Nähert sich die Maschine, signalisieren Sie dem Piloten, dass Sie derjenige sind, der Hilfe benötigt. Strecken Sie dazu beide Arme nach oben (Y = Yes = Ja, wir brauchen Hilfe). Benötigen Sie keine Hilfe, heben Sie nur einen Arm (N = No = Nein, wir brauchen keine Hilfe).

Steht ein größerer ebener oder leicht geneigter Platz zur Verfügung, dann stellen Sie sich mit dem Rücken zum Wind. Der Landepunkt liegt circa zehn Meter vor Ihnen. Der Helikopter muss gegen den Wind anfliegen und landen. Verlassen Sie ihren Standort nicht, wenn die Maschine auf Sie zukommt. Der Pilot benötigt Sie ggf. als Orientierungshilfe (z.B. bei aufwirbelndem Pulverschnee).

Steht kein Landeplatz zur Verfügung, steigt entweder ein Retter im Schwebeflug aus oder der Pilot dreht zunächst ab um später einen Retter mittels Stahlseil abzusetzen. Das funktioniert fast überall – lediglich in steilen Felswänden kommt die Maschine nicht nahe genug an die Wand.

Befinden Sie sich in einem senkrechten Routenabschnitt, sollten Sie nach dem Notruf versuchen,

den Wandfuß oder flacheres Gelände zu erreichen. Gelangt der Retter nicht zu Ihnen, verzögert sich die Bergung. Unter Umständen ist dann ein aufwändiger Bergwacht-Einsatz notwendig.
Besteht keine Aussicht auf baldige professionelle Rettung, gibt es nur zwei Möglichkeiten: Biwak oder behelfsmäßigen Transport. Bei dem letzteren unterscheidet man sitzende und liegende Position.

Übersicht	**Behelfsmäßiger Transport**
Sitzend 1	*Huckepack auf dem Rücken.*
Sitzend 2	*Rucksacksitz (1 – 2 Retter).*
Sitzend 3	*Seiltragesitz.*
Liegend 1	*Seiltrage (6 Retter).*
Liegend 2	*Biwaksackschleife (2 oder mehr Retter).*
Liegend 3	*Skischlitten (2 oder mehr Retter).*

Seiltragesitz (»»› Seite 224)

Haben Sie keine geeignete Ausrüstung, kommt lediglich die Huckepackversion in Frage.
Beim Rucksacksitz stecken Sie Pickel, Skistöcke oder einen Ast unten quer durch die Trageschlaufen. Komfortabler aber teurer ist es, seitlich zwei Schlitze in den Rucksack zu schneiden. Der Verletzte zieht den Rucksack dann wie eine Hose an und wird in ihm getragen.

Technik	Seiltragesitz
Ringförmig aufnehmen	*Nimm das Seil als Ring auf. Achte darauf, dass die einzelnen Schlaufen krangelfrei liegen.*
Enden versorgen	*Versorge die Enden mit dem Henkerknoten (»»» Seite 223).*
Seilpaket teilen	*Klappe das Seilpaket in zwei gleich dicke Hälften auf.*
Trageposition	*Rucksackähnlich, wobei der Verletzte in beiden Seilringen sitzt (»»» Seite 223).*

Biwaksackschleife

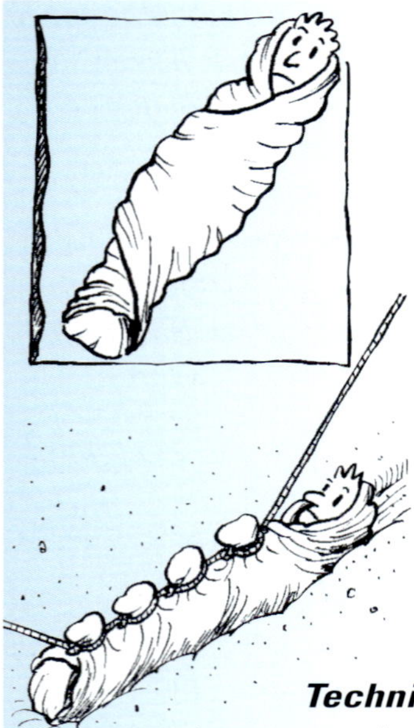

Für die Seiltrage baut man ein etwa körpergroßes, rechteckiges Seilgeflecht mit sechs Haltegriffen (Freudig 1995). Damit kann man einen Verletzten liegend transportieren. Drei rechts, drei links, öfters die Positionen wechseln! Hat man einen Zweimann-Biwaksack und zwei Paar Skistöcke, baut man die Biwaksacktrage (Werner 2005).

Die Biwaksackschleife ist eine eher unbequeme Transportform. Der Verletzte wird nach unten isoliert, aber ohne zusätzliche Stabilisierung durch den Schnee gezogen. Die Schleife ist mit vergleichsweise wenig Material zu bauen und deshalb im Winter oft ohne Alternative.

Technik	Biwaksackschleife
Lage	*Lege den Verletzten diagonal in einen Zweimann-Biwaksack. Polstere unten so gut wie möglich.*
Mumienform	*Klappe die leeren Ecken nach oben.*
Verschluss	*Drücke einen Kiesel, einen Schneeball, ein Verbandspäckchen oder Ähnliches von unten gegen die sich überlappenden Biwaksackschichten und schnüre die »Beule« mit Reepschnur ab (Mastwurf oder Schlag).*
Verbindung	*Verbinde mehrere dieser Abschnürungen straff, bis der Sack gut geschlossen ist.*
Zug- bzw. Bremsleinen	*Bringe im Bereich der Füße eine und bei den Schultern zwei Reepschnüre oder Bandschlingen an (an den Abschnürungen).*

Der Skischlitten ist zwar komfortabel, das benötigte Material steht allerdings nur bei größeren Gruppen zur Verfügung. Es gibt keine einheitliche Bauvorschrift, dafür aber etliche funktionelle Einheiten, die der Schlitten aufweisen sollte.

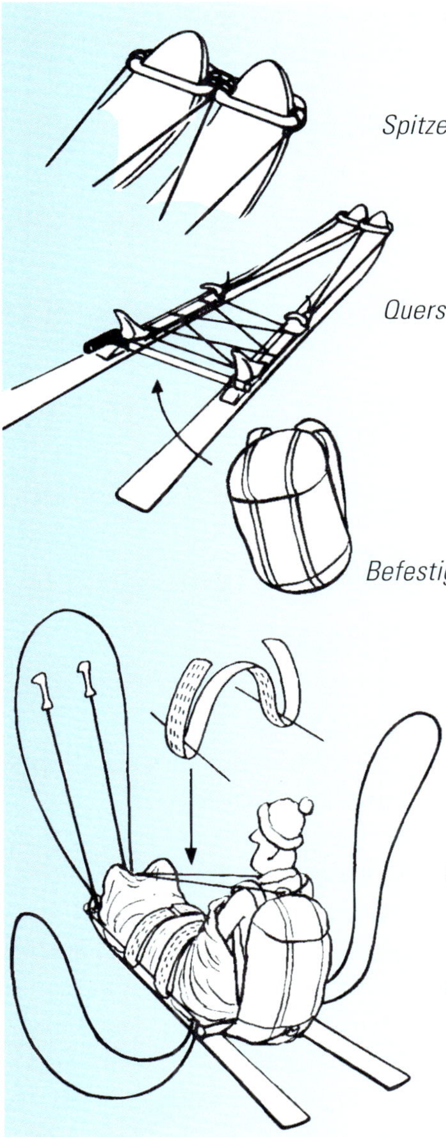

Übersicht	***Skischlitten***
V-Form	*Ein Paar Ski wird in einem Winkel von 15 – 20° fixiert.*
Spitzenverbindung	*Erfolgt mit untergelegtem und festgebundenem Schaufelblatt (Löcher erforderlich) oder mit zur Bindung hin verzurrten Karabinern.*
Querstabilisierung	*Schaufelstiele oder Pickel an den hinteren Bindungsköpfen stabil verankern (ggf. zweite Verbindung an den Ski-Enden).*
Sitzfläche	*Mit zusätzlichem, verzurrtem Schaufelblatt oder Reepschnurgeflecht.*
Befestigungseinheit	*Straffe Reepschnüre von den Skispitzen zu den Bindungen. An diesen wird der Verletzte mittels umgeschlagener Felle fixiert.*
Zugleine	*Vorne ringförmige Zugleine (diagonal über die Brust legen).*
Steuergriffe	*Die Teller zweier Stöcke bei den Skispitzen festbinden.*
Steuerleinen	*An den hinteren Bindungsköpfen zwei Leinen anbringen (Ziehen, Bremsen, Steuern).*
Rückenlehne	*Gefüllten Rucksack an den hinteren Bindungsköpfen fixieren. Zusätzliche Reepschnurstabilisierung von den Schulterriemen zu den Skispitzen.*

Ziemlich aufwändig, wie Sie Text und Skizzen entnehmen können. Die einzelnen Knoten improvisieren Sie am besten. Achten Sie darauf, die Konstruktion solide zu verzurren. Insbesondere die Spitzenverbindung mit Karabinern kann sich schon nach wenigen Metern auflösen, wenn ein Karabiner über die Skispitze rutscht. Problematisch in diesem Zusammenhang sind moderne »Freeriding-Latten« (breite Ski mit runden Schaufeln). Die Karabinerlösung funktioniert hier nicht.

BigWall und Erstbegehung

Wer schon ein paar Jährchen Klettern auf dem Buckel hat, kann durchaus auf die Idee kommen, sich mal am El Cap zu versuchen oder sich mit Erstbegehungen in den Annalen der alpinen Geschichtsschreibung zu verewigen.
Beides bedarf spezieller technischer Fertigkeiten und einer von den üblichen Aktionsmustern abweichenden Logistik. Da ich selbst der Leidenschaft verfallen bin, Spuren in unberührten Wandsektoren zu hinterlassen, schreibe ich dieses Kapitel mit besonderem Engagement.

Haken, Cliffs und Ähnliches

Solide Fixpunkte setzen

Provisorische Zwischenfixierungen anbringen

Fixpunkte schaffen »by fair means«

Die klassische Methode Fixpunkte anzubringen, ist Haken schlagen. Man benötigt einen Hammer und einen für den vorhandenen Riss geeigneten Haken. Felshaken werden nach der Stellung der Öse und nach dem Schaftprofil unterschieden. Zusätzlich gibt es eine ganze Reihe spezieller Sonderformen.

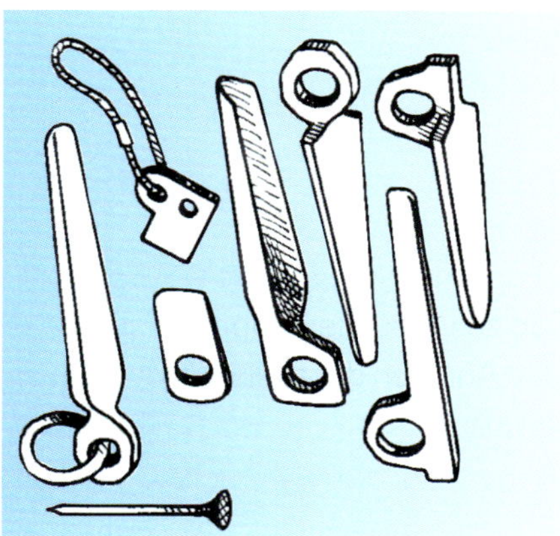

Übersicht	***Normalhaken***
Querhaken	*Öse 90° gegen das Profil gedreht.*
Längshaken	*Öse parallel zum Profil.*
Drehmomenthaken	*Öse 45° gegen das Profil gedreht.*
Profilhaken	*V-Profil, U-Profil, Z-Profil, Bong (breites V-Profil).*
Dünne Haken	*Spachtel- bzw. Messerhaken, RURP.*
Ringhaken	*Mit integriertem Abseilring.*

Haken sollen sich schon per Hand eine gewisse Strecke in den Riss drücken lassen (Einstecktiefe). Erfahrungsgemäß bringt man den Haken bei zu geringer Einstecktiefe nicht vollständig in den Riss hinein, während er bei zu großer Einstecktiefe nicht richtig »zieht«. Es ist nützlich zu wissen, ob der Haken aus Hart- oder Weichstahl besteht, man kommt aber auch ohne diese Information aus.

Übersicht	***Einstecktiefe***
Weichstahlhaken	*1/3 Schaftlänge.*
Hartstahlhaken	*2/3 Schaftlänge.*
Bei konstanter Schaftdicke	*1/3 Schaftlänge.*
Bei zunehmender Schaftdicke	*2/3 Schaftlänge.*
Profilhaken	*2/3 Schaftlänge.*
oder	
Vereinfachte Empfehlung	*1/2 Schaftlänge.*

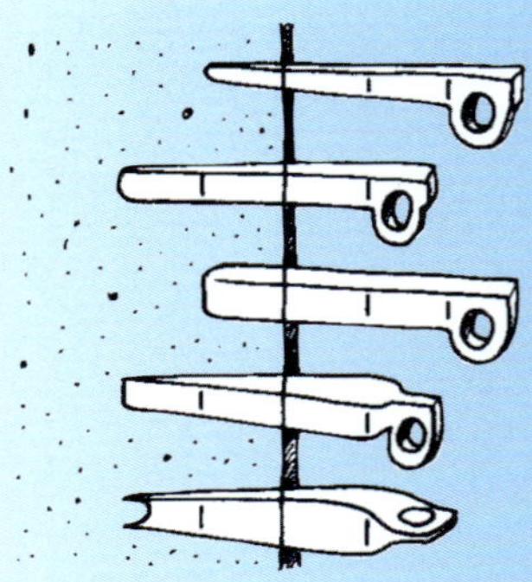

Die Qualität eines selbst geschlagenen Hakens erkennt man am Klang. Idealerweise wird der Ton bei jedem Schlag höher. Man spricht davon, dass der Haken »singt«.

Übersicht	***Haken schlagen***
Gut	*Singender, höher werdender Ton.*
Kontinuierlich dumpfe Töne	*Fels ist brüchig.*
Prellendes Geräusch	*Haken steht im Rissgrund an.*

Sitzt der Haken bereits angemessen, wenn das prellende Geräusch auftritt, belässt man ihn ohne weiteres Hämmern. Jeder zusätzliche Schlag würde seine Festigkeit mindern. Hat er noch nicht genügend gesungen, benutzt man ein dickeres Modell oder sucht eine tiefere Riss-Stelle.
Von unten nach oben geschlagene Haken sind ungünstig. Sie werden bei einem Sturz axial belastet (parallel zum Schaft), wohingegen in Querrissen geschlagene Haken im Wesentlichen radiale Kräfte

aufnehmen müssen (rechtwinklig zum Schaft). Bei Längsrissen erfolgt die Belastung zwar auch radial, der Haken kann aber im Riss nach unten kippen. Dieses Kippen ist bei dem ankerförmigen »Pecker« ausgeschlossen. Ein größerer Pecker kann insofern auch eine passable Zwischensicherung darstellen.

›››› Seite 238

Horizontale Öse

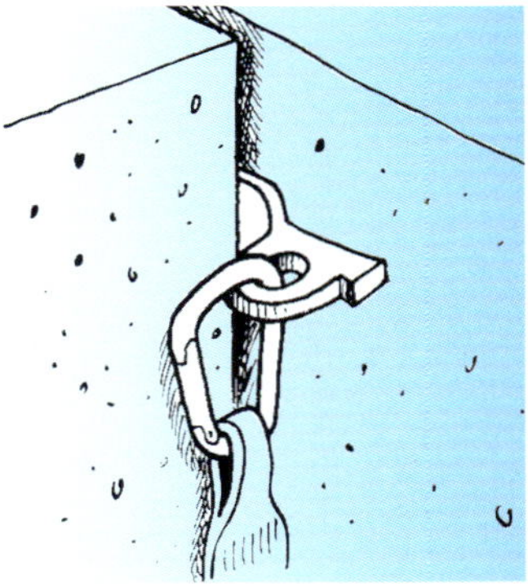

Die Öse sollte einigermaßen lotrecht stehen. Quer stehende Ösen begünstigen das ungewollte Ausklinken der Exe, sind also kein Beitrag zu mehr Sicherheit (›››› Seite 92). Das Argument, horizontale Ösen würden die Hakenstabilität aufgrund einer Drehmomentwirkung erhöhen, ist spekulativ und nicht bewiesen. Wichtig hingegen ist, dass sich die Öse des eingeschlagenen Hakens noch vernünftig einhängen lässt. Im Winkel einer Rissverschneidung kann dies einen Querhaken erfordern, obwohl die Öse dann horizontal steht.

Tipp Klinke horizontale Ösen wie Ringhaken! (›››› Seite 94)

Selbstgeschlagene Haken lassen sich nach diesen Kriterien einigermaßen beurteilen. Bei bereits vorhandenen Haken bleibt nur die Einschlagrichtung. Nicht einmal über die Länge des Schaftes kann man eine Aussage machen. Als Konsequenz sollte man vorgefundene Haken immer mit einer gewissen Skepsis behandeln.

Tipp Vertraue niemals einem einzelnen Normalhaken dein Leben an!

Um einen Haken zu entfernen, schlägt man ihn immer wieder bis zum Anschlag hin und her. Ist er locker genug, springt er heraus oder kann per Hand ausgezogen werden. Ggf. hängt man den Haken in der Endphase an. Die Wahrscheinlichkeit, dass er sich sonst mit ein paar hellen Tönen ins Tal verabschiedet, ist nicht unerheblich.

Im Yosemite (USA) war es lange Zeit üblich, alle Haken wieder mitzunehmen. Die spärlichen Platzierungsmöglichkeiten in feinen Rissen wurden durch diese Behandlung systematisch geweitet. Es gibt Routen, die man heute zwar frei klettert, dabei aber die zwei bis drei Zentimeter breiten Hakenlöcher (Pin Scar) benutzt. Aus der Idee, keine Spuren zu hinterlassen, wurden künstliche Griffe …
Bei häufig begangenen Routen macht es also keinen Sinn, Haken wieder zu entfernen. Solche Wege sollten vielmehr mit den nötigen Sicherungen ausgestattet sein. Weitere Haken zu schlagen ist dann unnötig und der Charakter der Route bleibt erhalten – sowohl das Gestein als auch die Absicherung betreffend. Natürlich existieren auch hierzulande Routen, in denen die Erstbegeher ihre Haken wieder entfernt haben. Man benötigt dann ein mehr oder weniger umfangreiches Hakensortiment und muss Haken schlagen. Belassen oder entfernen lautet dabei jedes Mal die Gretchenfrage.

Übersicht	***Haken belassen***
Qualität	*Generell nur, wenn der Haken gut sitzt.*
Fels	*Wenn das Herausschlagen die Platzierungsmöglichkeit zerstören würde.*
Erstbegehung	*Wenn man der Nachwelt eine eingerichtete Route hinterlassen möchte.*
Kohle	*Wenn der Geldbeutel es zulässt.*

Bedauerlicherweise ist die Anzahl der ursprünglich benutzten Haken oft nicht dokumentiert. Viele klassische Kletterwege wurden im Lauf der Zeit regelrecht »vernagelt«, also mit zusätzlichen Haken bestückt. Beispielsweise verwandelte sich die Rebitsch/Spiegl in der Fleischbank-Ostwand (Wilder Kaiser) erheblich. Aus einer mäßig gesicherten Freikletterei mit einigen Selbstzugstellen (persönliche Mitteilung des Erstbegehers) wurden anhaltende Technopassagen (A1). Bei der wiederum viel später erfolgten Sanierung (2001) wurde dieser veränderte Zustand dann sozusagen »zementiert«. Die Route kann heute an Verbund-Ankern technisch geklettert werden. Nichts erinnert mehr an das für damalige Verhältnisse phänomenale Kletterkönnen von Matthias Rebitsch.

»»» Seite 240

Um diesen für klassische Routen typischen Effekt nicht auch auf neuere Wege übergreifen zu lassen, sollten Erstbegeher Zahl und Ort sowohl der geschlagenen als auch der wieder entfernten Haken angeben. Mit dieser Information wissen Wiederholer, wo sie guten Gewissens Haken schlagen und diese im Sinne des Routencharakters auch belassen können – grünen Bereich hinsichtlich des persönlichen Könnens immer vorausgesetzt. In bedrohlichen Situationen darf niemand daran gehindert werden, Haken zu schlagen. Steht man zehn Meter über der letzten Sicherung und ist kurz vor dem Abschmieren, hat man wenig Sinn für Stilfragen.
Uff, alles klar – so was kann schon mal vorkommen. Wer allerdings derartige Situationen in regelmäßigen Abständen erlebt, sollte sich ernsthaft mit der Frage beschäftigen, ob sein Kletterkönnen wirklich den anvisierten Zielen entspricht.

Überschaubarer verhält sich die Veränderungsthematik in Bohrhakenrouten. Abgesehen davon, dass moderne Topos meist jeden einzelnen Fixpunkt mit beinhalten, ist vor Ort klar ersichtlich, wie

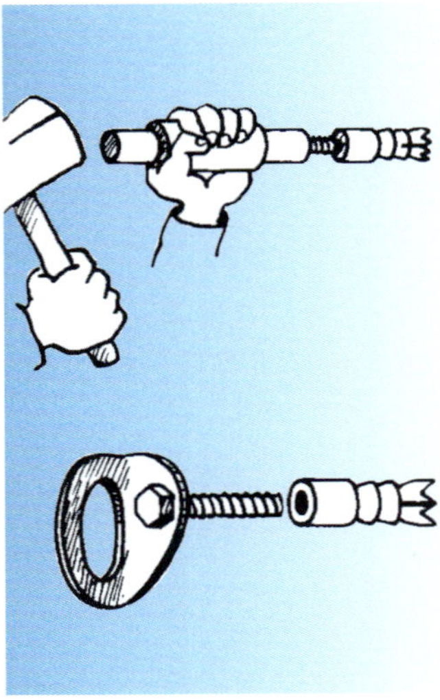

Selbstbohrdübelsystem

viele Bohrhaken gesetzt wurden und wo ggf. einer fehlt. Die Route ist somit sehr viel besser gegen Vernageln geschützt und ihr Charakter bleibt im Allgemeinen erhalten. Bohrhaken gehören nicht in den Rucksack von Wiederholern. In bestehenden Wegen eigenmächtig weitere Bohrhaken anzubringen, ist als Respektlosigkeit zu werten. Anders verhält es sich, wenn der Erstbegeher die bessere Absicherung befürwortet oder wenn ein zuständiger Arbeitskreis die Sanierung durchführt. Doch auch Arbeitskreise sollen nur mit Zustimmung des Erstbegehers agieren. Meist kann man ja miteinander reden. Lebt der Erstbegeher nicht mehr, sollte man versuchen, in seinem Sinne zu handeln.

Bohrhaken setzen ist aufwändig. Man benötigt Setzgerät oder Bohrmaschine und je nach Hakentypus weitere Utensilien.

Übersicht	***Bohrhakentypen***
Stiftbohrhaken	*Historisch, mit Respekt zu betrachten.*
Selbstbohrdübel	*Handsetzsystem der 80er-Jahre, inzwischen unüblich.*
Express-Anker	*Aktuelles handelsübliches Dübelsystem.*
Verbund-Anker	*Aktuell üblich bei Sanierungen.*
Zementierte Haken	*Gute Low-Budget-Variante.*
Sonstige Systeme	*Einschlag-Anker, Hinterschnitt-Anker, Schraub-Anker (bei letzterem wird eine Schraube mit Schneidgewinde direkt ins Bohrloch gedreht).*

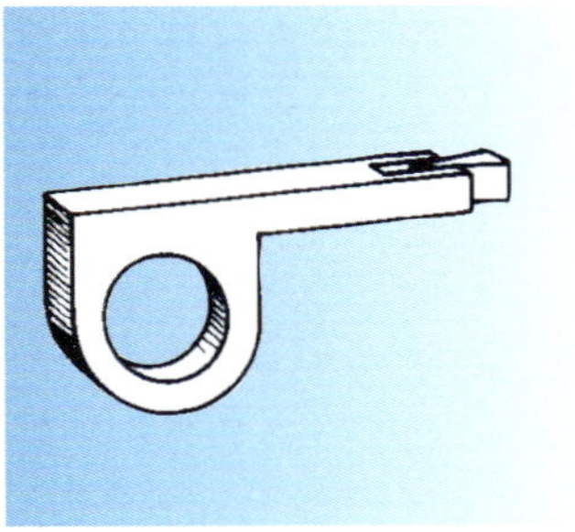

Stiftbohrhaken

Während aktuelle Bohrhaken in der Regel verlässliche Fixpunkte darstellen, kann man dies von den häufig 20 – 30 Jahre alten Selbstbohrmodellen nur noch bedingt und von den Stiftbohrhaken überhaupt nicht mehr behaupten. Schauen Sie sich solche historischen Exemplare genau an und wägen sie die Wahrscheinlichkeit eines Sturzes ab. Besonders gemein ist, dass der Zustand des sichtbaren Teils wenig mit dem nicht sichtbaren Schaft oder Dübel zu tun hat. In günstigen Fällen kann der Dübel zwar 20 Jahre schadlos überstehen – bei Feuchtigkeit im Bohrloch aber auch schon nach wenigen Jahren massiv korrodieren. Festigkeitsverlust ist die Folge. Auf die Setztechnik der alten Systeme wird hier nicht näher eingegangen. Weitergehende Informationen zu diesem Thema finden Sie in meinem Sportkletterlehrbuch (Hoffmann 2007).

Express-Anker haben sich ihrer einfachen Handhabung wegen durchgesetzt. Der Typ mit 10 mm Durchmesser (M10) hält allemal 20 kN. Bei Sanierungen ist auf Normkonformität zu achten (Norm u.a.: Festigkeit radial 25 kN; axial 15 kN; bohrlochtiefenunabhängiges System; mindestens V2A-Stahl).

»»» Seite 231

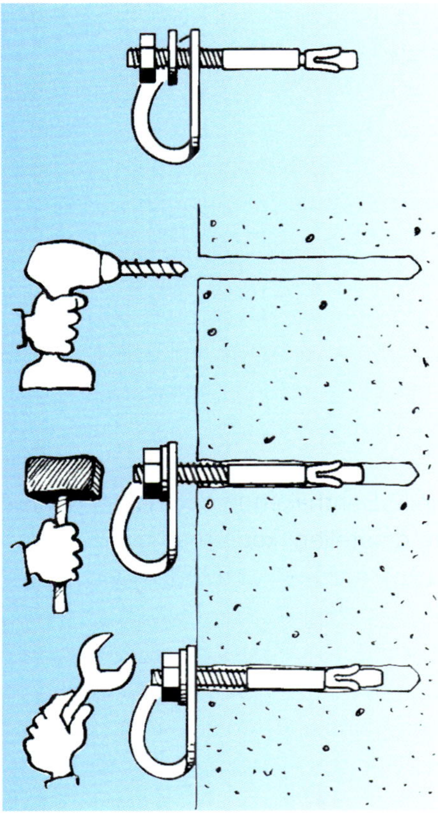

Technik	***Express-Anker setzen***
Vormontieren	*Füge Express-Anker, Lasche, Beilagscheibe und Mutter bereits vorab zu einer Einheit zusammen (Mutter weit aufschrauben).*
Platzierung	*Wähle eine ebene Felspartie. Achte darauf, dass das Gestein kompakt ist.*
Bohren	*Bohre ein Loch mit der Tiefe des Express-Ankers rechtwinklig zur Felsoberfläche.*
Eintreiben	*Stecke den Anker ins Loch und hämmere ihn tiefer. Drehe die Mutter bis kurz vor das Ende des Gewindes zurück und treibe den Haken vollends ein (Achtung, nicht auf die Mutter schlagen).*
Anziehen	*Positioniere die Lasche in Belastungsrichtung und ziehe die Mutter mit dem vom Hersteller empfohlenen Drehmoment an (30 – 40 Nm bei M10).*

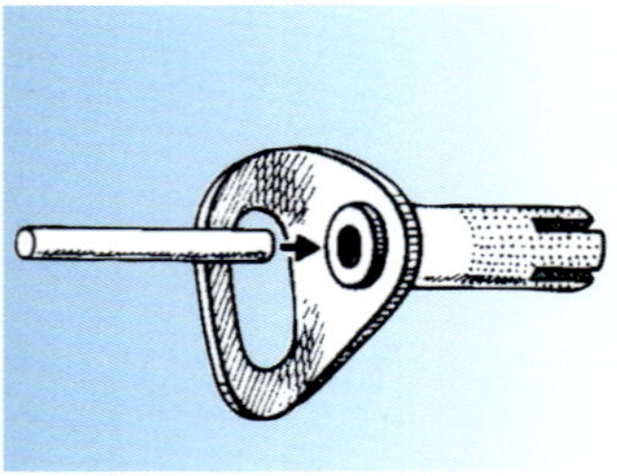

Einschlag-Anker

Zum Thema Muttern anziehen: 35 Nm bedeutet, dass man bei einem 20 cm langen Schraubenschlüssel mit circa 20 Kilo anziehen muss (mittlerer Kraftansatzpunkt bei 17 cm; 35 Nm / 0,17 m = 206 N). Ist die Mutter stärker angezogen, reduziert sich die Festigkeit. Im Extremfall kann dann bereits eine geringe Zusatzlast zum Bruch des Ankers führen. Nach »Fest« kommt »Ab«!

Trainieren Sie das korrekte Anziehen der Mutter mit einem Drehmoment-Schlüssel. Ein auf diese Weise gewonnenes Gespür für den richtigen Wert ist besser als rechnen.

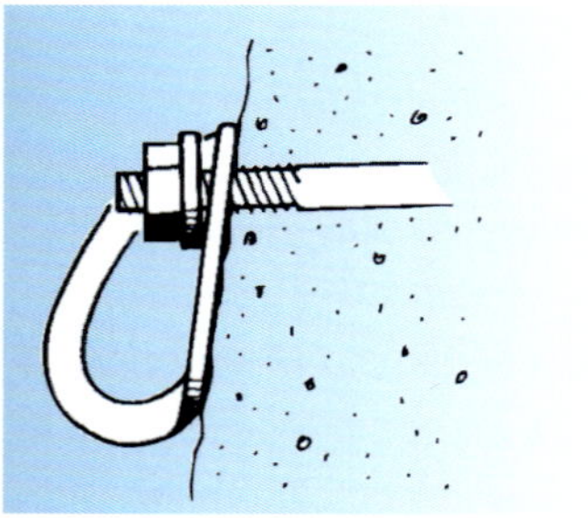

Weniger fest anziehen

Mutter gegenüber der Lasche verkantet, bewirkt zusätzliche Materialspannungen. Sitzt der Anker mal nicht rechtwinklig, ziehen Sie die Mutter einfach weniger fest an. Sollte sie sich im Lauf der Zeit lockern, mag das zwar unwissende Wiederholer ängstigen, ist aber de facto kein Problem. Eine nicht angezogene Mutter bedeutet keinen Festigkeitsverlust – ganz im Gegensatz zu den beschriebenen überhöhten Materialspannungen.

Stellt sich die Platzierung im Nachhinein als ungünstig heraus, ist ein etwas tieferes Loch vorteilhaft. Bei Lochtiefe gleich Ankerlänge können Sie den Anker kurzerhand im Fels versenken. Ist das Loch weniger tief, ragt die Gewindestange als hässliches Relikt aus der Wand. Schlägt man sie ab, was übrigens ganz schön Arbeit ist, hinterlässt man einen ähnlich unerfreulichen Anblick.

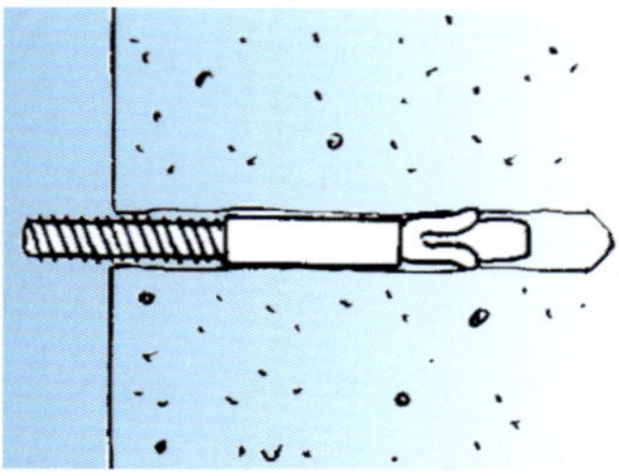

Lochtiefe gleich Ankerlänge

Für Einschlag-Anker bohrt man ein Loch passenden Durchmessers, steckt den Haken hinein und treibt den Spreizbolzen ein. Der Haken ist nicht mehr zu entfernen, kann sich aber im Lauf der Zeit lockern. Die bei Stürzen auf die Lasche wirkenden Drehmomente sind die Ursache. Stetes Abtropfen höhlt den Stein!

Um »Hinterschnitt-Anker« zu setzen, benötigt man einen speziellen Bohrer. Hat das Loch die korrekte Tiefe, »rührt« man mit der Maschine darin herum. Dabei erweitet der Bohrer den Lochgrund konisch. Ein Spreizmechanismus im Dübel sorgt dafür, dass dieser den Hinterschnitt ausfüllt.

Verbund-Anker sind erste Wahl bei Sanierungen. Sie sitzen spannungsfrei und der Schaft ist vor Korrosion geschützt. Neben Haken und Bohrmaschine benötigt man eine spezielle Bürste, einen Blaseschlauch sowie eine handelsübliche Mischpistole für Zweikomponenten- oder Verbundmörtel.

Technik	***Verbund-Anker setzen***
Bohren	*Bohre Löcher passender Tiefe (rechtwinklig zur Felsoberfläche). Bohre den Lochrand ggf. so auf, dass die Öse bündig oder gesenkt am Fels anliegt.*
Säubern	*Putze die Löcher mit Bürste und Blaseschlauch. Das Loch muss bohrmehlfrei sein.*
Organisation	*Bereite den Setzvorgang so vor, dass du mehrere Haken in kurzen zeitlichen Abständen setzen kannst (längere Pausen erfordern jeweils einen neuen Mischkopf).*
Mischpistole	*Entsorge den ersten Hub Mörtelmasse bei jedem neuen Mischkopf.*
Einkleben	*Fülle das Bohrloch von hinten nach vorne mit der erforderlichen Menge Mörtelmasse und drücke den Haken bis zum Anschlag hinein. Streiche den Mörtel am Lochrand glatt bzw. entferne überschüssige Reste.*

So weit, so gut. Richtig gesetzte Verbund-Haken sind verlässliche Fixpunkte. Allerdings können beim Setzvorgang Fehler unterlaufen, die möglicherweise zum Versagen des Ankers führen.

Übersicht	***Probleme bei Verbund-Ankern***
Bohrloch nicht sauber	*Schlimmstenfalls lässt sich der Haken samt Mörtelmasse aus dem Bohrloch ziehen.*
Bohrloch hinten nicht gefüllt	*Schwer erkennbarer Setzfehler.*
Mörtelmasse ausgelaufen	*Bei von unten nach oben gesetzten Haken läuft möglicherweise Mörtelmasse heraus. Man kann neben dem Schaft ins Bohrloch schauen.*
Mörtelmasse nicht gehärtet	*Bei falschem Mischverhältnis härtet der Mörtel nicht aus. Der Haken lässt sich gegen Widerstand im Bohrloch bewegen.*

Wer Verbund-Anker setzen will, sollte die Bedienungsanleitung kennen. Üben Sie darüber hinaus den Setzvorgang, bevor Sie zu großen Sanierungstaten schreiten. Prüfen Sie Ihre Verbund-Anker nach dem Aushärten. Man verkantet dazu einen Karabiner in der Haken-Öse und versucht, den Anker im Bohrloch zu drehen. Gelingt das, ist etwas schief gelaufen. Es sei in diesem Zusammenhang erwähnt, dass Privatpersonen juristisch gesehen nicht für die Folgen schlechter oder fehlerhafter Absicherungen zur Rechenschaft gezogen werden können. Wiederholer sind für ihr Tun selbst verantwortlich.
Anders verhält es sich bei offiziellen Sanierungen. Kümmern sich beispielsweise DAV-Sektionen im Rahmen so genannter Patenschaften um die Sanierung von Klettergebieten, übernehmen sie damit die Verantwortung für die angebrachten Sicherungen. Unfälle, die auf Setzfehlern beruhen, können Haftungsansprüche nach sich ziehen. Aber auch unabhängig von der juristischen Ebene sollte man alles tun, um Setzfehler zu vermeiden. Stellen Sie

sich vor, jemand stürzt mit einem von Ihnen angebrachten Haken zu Tode.
Zum Setzen einzelner Verbund-Anker gibt es Glas- oder Plastikpatronen, in denen die zwei Komponenten getrennt enthalten sind. Beim Setzen muss die komplette Patrone ins Loch. Probleme können beim Mischen auftreten. Industriell nimmt man die Bohrmaschine und mantscht eine Gewindestange mit mehreren hundert Umdrehungen in die Patrone. Per Hand hämmert man den Haken unter ständigem Weiterdrehen ein. Das macht in Summa weitaus weniger Umdrehungen. Obwohl die wenigeren Umdrehungen für den Mischvorgang ungünstig sind, härtet der Mörtel in der Regel korrekt aus. Das größere Problem stellen zu tiefe Löcher dar. Ist der Härter zufällig im Lochgrund, stimmt das Mischverhältnis nicht. Die Konsequenz kennen Sie bereits.

Werden Haken zementiert (z.B. Bühler), sollte das Bohrloch leicht nach hinten fallend angelegt sein. Man benutzt Schnellbinde-Zement und macht ihn so flüssig an, dass er freiwillig ins Bohrloch fließt. Bei horizontalen Löchern stochert man ihn mit dem Haken oder einem ähnlichen Werkzeug nach hinten. Es versteht sich von selbst, dass der Zement den gesamten Lochgrund ausfüllen muss. Haken reindrücken, Reste glatt streichen und aushärten lassen! Weder geklebte noch zementierte Haken dürfen vor dem Aushärten belastet werden. Hinterlassen sie eine entsprechende Notiz am Einstieg. Neue Bohrhaken wirken verführerisch.

Bohrhaken setzt man mit dem Ziel, verlässliche Sicherungen zu schaffen. Nur in speziellen Fällen werden sie als Provisorium benutzt. Im tschechischen Sandstein beispielsweise existiert die Regel, dass Ringe aus der Kletterstellung angebracht wer-

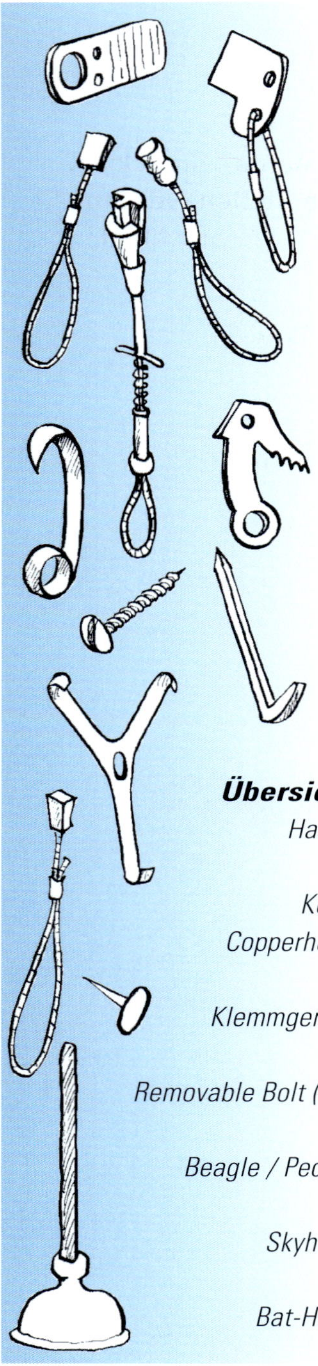

den müssen. Die dort üblichen Ringhaken sind massiv. Sie stecken circa 20 cm im Fels und benötigen ein monströses Bohrloch. Da es unmöglich ist, solche Löcher einarmig zu meißeln, dreht man mit einem speziellen Handbohrer ein kleines Loch in den Fels. Da hinein passt ein ebenfalls kleiner provisorischer Haken. Hat man den gesetzt, darf der endgültige Ring zweihändig platziert werden. Traditionell wurde er mit Bleistreifen auf Pressung in das Loch geschlagen (eingebleit), aktuell wird auch zementiert oder mit Verbundmörtel gearbeitet.

Während Bohrhaken bis auf die geschilderte Ausnahme im Sinne verlässlicher Fixpunkte gesetzt werden, dienen Normalhaken mitunter lediglich als Provisorium. Sei es für Technokletterei oder wenn man sich zwischenzeitlich fixieren möchte (z.B. zum Bohren). Provisorien können natürlich auch mit Klemmgeräten, Keilen oder anderen speziellen Tools geschaffen werden.

Übersicht	***Provisorische Sicherungen***
Haken	*Besonders Messerhaken und RURP (Realized Ultimate Reality Piton).*
Keile	*Besonders Mikrokeile.*
Copperhead	*Kabel mit aufgepresstem Weichmetallkopf. Zum Festhämmern.*
Klemmgeräte	*Hauptsächlich nach dem Friend-Prinzip arbeitende Geräte.*
Removable Bolt (RB)	*Nach dem Slider-Prinzip arbeitendes Klemmgerät für Bohrlöcher.*
Beagle / Pecker	*Ankerförmiges Metallblättchen, das in Riss-Spuren eingehängt oder eingehämmert wird.*
Skyhook	*Metallhaken, der an positiven Leisten eingehängt werden kann.*
Bat-Hook	*Spezieller Skyhook, vorzugsweise in kleinen Bohrlöchern einsetzbar.*

Technisches Klettern

Momentan nicht kletterbare Stellen werden mit Steighilfe bewältigt

Ein kleiner Exkurs in die Historie. Die 50er- und 60er-Jahre gehörten der Idee der Superdiretissima. Euphorisch wurden damals möglichst geradlinige Techno-Routen erschlossen. Seit den 80er-Jahren bemüht man sich, diese Linien auch frei zu klettern. »Frei« war dabei anfänglich nicht klar definiert. Es kamen einige sonderbare Zwischenformen auf. Bei A0 [A-Null] verzichtet man auf den Einsatz von Trittleitern und beim AF-Klettern (Alles Frei) ist Rasten an Zwischensicherungen erlaubt. Erst im Lauf der Zeit etablierte sich der Rotpunktgedanke. Er verlangt einen sturzfreien Vorstieg ohne Fixpunktbelastung. »»» Seite 95

Auf ein spezielles Problem beim A0-Klettern in unsanierten Routen sei hier noch hingewiesen. Man tritt hoch an und gibt sich Selbstzug. Der Fixpunkt wird dabei voll nach außen belastet und Haken »zupfen« ist vorprogrammiert. Durch das bereits eingehängte Seil entstehen zusätzliche Sturzmeter. »»» Seite 158

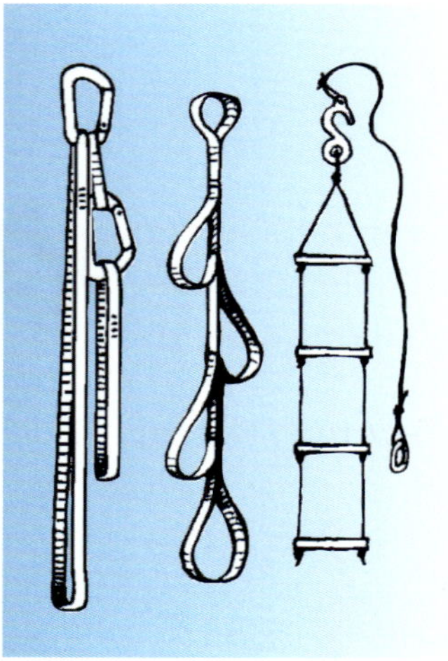

Aus heutiger Sicht ist A0 keine eigenständige Stilform. Besser, man benutzt Trittleitern. Mit ihnen werden die Haken günstiger belastet. Die für Klettern mit Trittleitern übliche Skala A1, A2, A3 usw. gibt zunehmende Schwierigkeiten beim Anbringen der Sicherungen und steigendes Risiko an.

Trittleitern kann man kaufen oder wie dargestellt improvisieren. Die Modelle mit »Fiffihaken« und Leine haben den Vorteil, dass sie beim freien Weiterklettern von selbst nachkommen. Um im Rahmen technischer Kletterei Zwischensicherungen anzubringen, benötigt man oftmals beide Hände. Benutzen Sie dazu eine der folgenden Techniken.

No-Hand-Positionen bei Technokletterei

Beine kreuzen	*Kreuze das in der Leiter stehende Standbein hinter dem anderen Bein.*
Absitzen	*Beuge das Standbein, bis es unter dem Gesäß einrastet (einbeiniger Schneidersitz).*
Fixieren	*Klinke den Hüftgurt mittels Exe in die Sicherung (Haken o.ä.) mit ein.*

Während man mit der Beinkreuzmethode große Reichhöhen in senkrechten und leicht überhängenden Passagen stabilisieren kann, liefert Absitzen in der Leiter gute horizontale Reichweiten bei Dachkletterei. Der Sichernde kann Technomanöver mit Zug unterstützen. Zug ersetzt Selbstzug – bis zu einer gewissen Höhe jedenfalls. Für mehr Höhengewinn fixiert man sich mittels einer Exe am Haken.

Man beachte, dass die Zwischensicherung dabei doppelt belastet wird. Während bei Selbstzug nur eine Person daran hängt, sind es jetzt zwei.
Sollten Sie längere Passagen technischer Kletterei anvisieren, sei Ihnen eine stringente Logistik nahe gelegt. Vielfach verstricken sich Leute derart in ihr Material, dass erst mal gar nichts mehr geht.

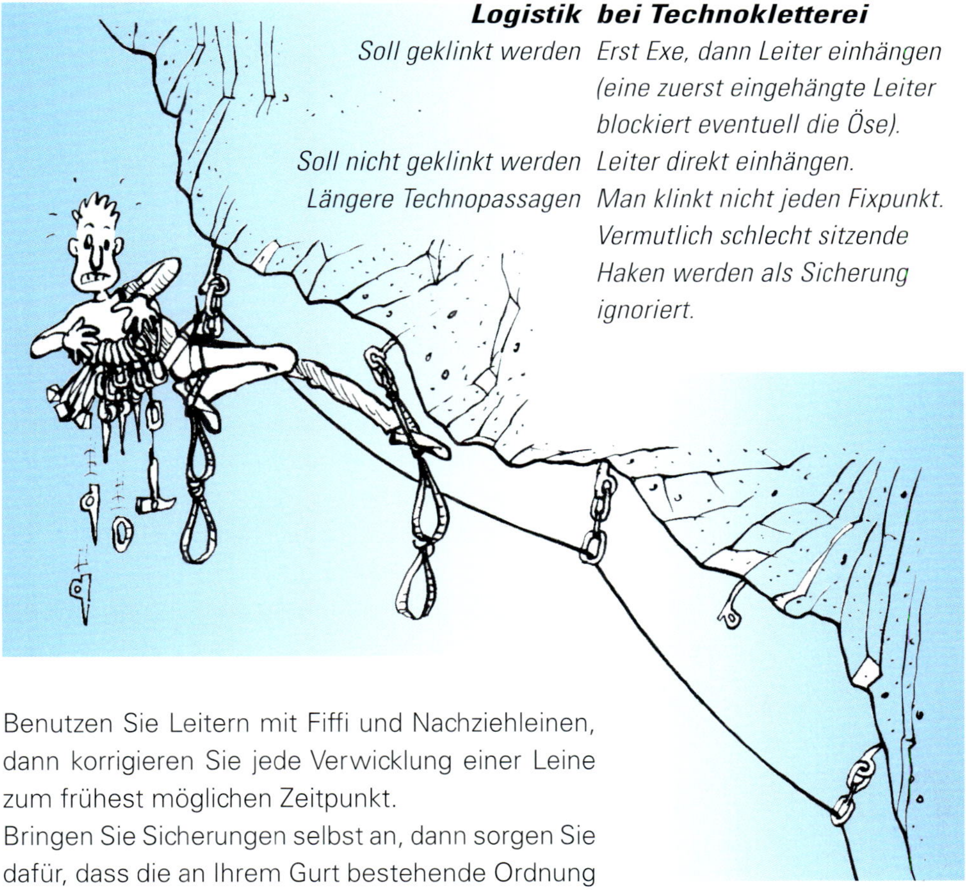

Logistik	***bei Technokletterei***
Soll geklinkt werden	*Erst Exe, dann Leiter einhängen (eine zuerst eingehängte Leiter blockiert eventuell die Öse).*
Soll nicht geklinkt werden	*Leiter direkt einhängen.*
Längere Technopassagen	*Man klinkt nicht jeden Fixpunkt. Vermutlich schlecht sitzende Haken werden als Sicherung ignoriert.*

Benutzen Sie Leitern mit Fiffi und Nachziehleinen, dann korrigieren Sie jede Verwicklung einer Leine zum frühest möglichen Zeitpunkt.
Bringen Sie Sicherungen selbst an, dann sorgen Sie dafür, dass die an Ihrem Gurt bestehende Ordnung (›››› Seite 32) dauerhaft erhalten bleibt. Es kann ausgesprochen unangenehm sein, wenn man in einer brenzligen Situation einen Klemmkeil legen muss und dann statt des gewünschten Keilbündels den Abseilachter in der Hand hält.

Bohren im Vorstieg

Eine Route wird im Vorstieg eröffnet

Bohrhaken werden erst nachträglich gesetzt

Bohrhaken sind erforderlich um überhaupt hochzukommen

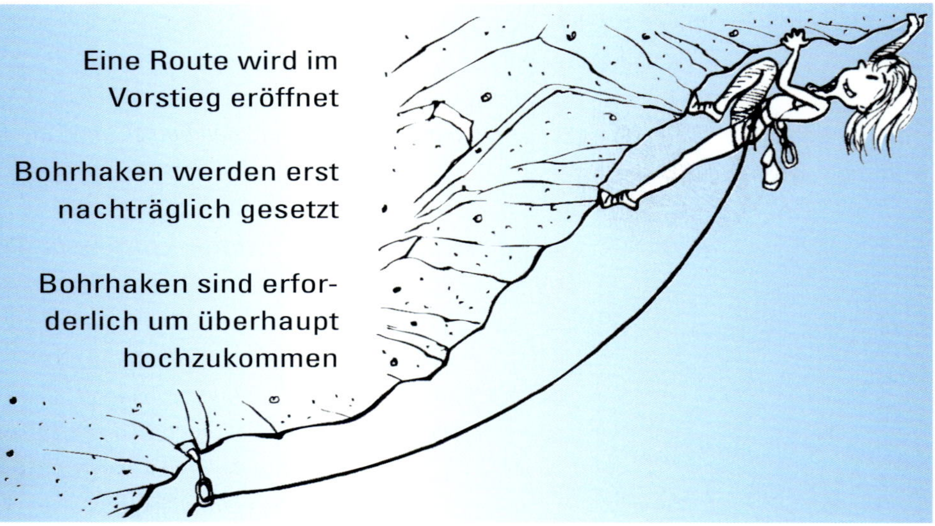

Während neue Routen in Klettergärten meist abseilend »geboltet« werden, ist dies weder im Elbsandstein noch im Gebirge üblich. Verantwortlich dafür sind im Wesentlichen ethische, also die Stilfrage betreffende Gründe.
Im Elbsandstein existieren klare Regeln für Erstbegehungen, und auch in etlichen alpinen Gebieten, etwa dem Oberreintal (Wetterstein), hat sich das Erschließen von unten so eindeutig etabliert, dass von oben gebohrte Routen vermutlich keine Überlebenschance hätten. Big brother is watching you.

Kann der Vorsteiger eine Seillänge ohne Bohrhaken bewältigen, ist alles einfach. Es geht dann nur noch um die Frage, ob er der Nachwelt einen Beweis seiner Kühnheit oder eine ordentlich abgesicherte Route hinterlassen möchte. Im zweiten Fall zückt der Nachsteiger die Maschine und bohrt an den gewünschten Stellen. Er beachtet dabei die folgenden Kriterien.

Übersicht	***Bohrhaken-Platzierungen***
Seilverlauf	*Unnötige Ecken erhöhen den Seilzug. Plane geradlinige oder weich geschwungene Seilverläufe.*
Klinkposition	*Platziere den Bolt so, dass er auch von kleinen Personen gut geklinkt werden kann.*
Aufschlaggefahr	*Setze in Boden- oder Bandnähe mehr Bohrhaken als bei »gutem« Sturzgelände.*
Anprallgefahr	*Platziere den ersten Haken im Überhang möglichst weit außen, aber so, dass er noch vor Beginn der Hauptschwierigkeiten geclippt werden kann.*

Fehlt Ihnen die nötige Moral für den bohrhakenfreien Vorstieg, wird die Sache komplizierter. Wohl oder übel müssen Sie jetzt selbst Hand anlegen.

Schritt Eins, bauen Sie eine Selbstfixierung. Was hält, ist gut! Schnaufen Sie durch und beruhigen Sie Ihre Nerven. Dann unterziehen Sie Ihre Konstruktion einer kritischen Prüfung. Es mag zwar völlig im Rahmen sein, an dieser Stelle abzutauchen – tun Sie es aber nicht mit der Maschine in der Hand und dem Bohrer im Loch. Keines der in diesem Fall möglichen Szenarien ist besonders angenehm. Prüfen Sie also Ihre Fixierung und bessern Sie ggf. nach. Sofern Sie freihändig stehen können, ist alles gut. Müssen Sie sich hingegen ohne Fixierungsmöglichkeit einarmig halten, geht es um Schnelligkeit. Können Sie ein paar Minuten ausharren oder nicht? Schritt Zwei, bringen Sie die Maschine in Position. Sie können sich hierfür unterschiedlicher Aktionsmuster bedienen.

Übersicht	*Bohrmaschine aktivieren*
Maschine dabei	*Die Maschine befindet sich im Rucksack, hängt mit einer Bandschlinge über der Schulter oder steckt in einem Halfter am Gurt. Verbindungsleine zum Gurt nicht vergessen.*
Vom Stand hochziehen	*Die Maschine wird vom Partner in ein zusätzliches Seil eingehängt und Hand über Hand (bzw. Hand über Mund) hochgezogen.*
Von Fixpunkt hochziehen	*Die Maschine hängt mit Fiffihaken an einer Zwischensicherung und wird von dort aus hochgezogen.*

Vom Stand hochziehen

Jede dieser Techniken hat sowohl Vor- als auch Nachteile. Maschine am Mann bedeutet Hammer, Schraubenschlüssel und einige Express-Anker zusätzlich mit am Gurt. Alles in allem ganz schön Ballast. An schwer Klettern ist so kaum zu denken.

Um die Maschine hochzuziehen, benötigt man ein separates Hilfseil. Diese »Leine« (ein Zwillingsseilstrang oder eine 6 – 7 mm Reepschnur) kann nicht zur Sicherung mit eingesetzt werden. Das andere Seil muss insofern ein Einfachseil sein.

Ganz nebenbei kombiniert man mit Seil plus Leine das angenehme Handling des Einfachseils mit der Möglichkeit, lange Strecken abzuseilen (›››› Seite 128). Der Vorsteiger bindet die Leine normal ein. Er achtet beim Klettern darauf, dass sie immer frei herunter hängt und nicht hinter bzw. vor das Sicherungsseil gerät. Der Sichernde fixiert das Ende der Leine und lässt sie zusätzlich durch einen Karabiner laufen. Er kann sie im Bedarfsfall abknoten und das gewünschte Material daran hängen. Mit dieser Logik benötigt der Vorsteiger beim Klettern nur das Material für die Selbstfixierung – im Extremfall nur einen Skyhook.

Zwischenfixieren der Maschine beruht auf einem ähnlichen System. Der Bohrhammer muss allerdings wie eine Trittleiter mit Fiffihaken ausgestattet sein. Man hängt ihn an eine Zwischensicherung, am besten an die vorletzte. Hängt man die Maschine an die oberste Zwischensicherung, könnte man sie bei einem Sturz auf den Kopf bekommen – sofern sie sich bei dem Sturz vom Haken verabschiedet.

Vom Fixpunkt hochziehen

In jedem Fall ist der Fiffi vorausschauend so in Haken-Öse oder Karabiner zu platzieren, dass er sich bei Zug ausklinkt. Die Leinenlänge bis zur Maschine muss adäquat bemessen sein. Bei zu wenig Seil klinkt sich der Bohrhammer noch während des Kletterns aus. Fängt sich die herabhängende Schlaufe, passiert selbiges – allerdings mit zusätzlichem Maschinenfreifall. Alles keine netten Vorstellungen, wenn man fünf Meter über dem letzten Haken herumturnt. Hochziehen von einer Zwischensicherung aus ist somit fehleranfällig und macht nur Sinn, wenn man weit oberhalb des Partners agiert. Unter Umständen ist ein Zwischenstand die bessere Alternative.

Ist die Maschine parat, folgt Schritt Drei – das Bohren. Hat das Loch mindestens 2 cm Tiefe, kann man die Maschine durchaus mal abschalten, um die geschundene Schultermuskulatur zu erholen. Es ist sogar möglich am Bohrer zu ruhen – und zwar mittels eines Karabiners, der direkt beim Bohrloch über den Bohrer geclippt wird.

Schritt Vier, setzen Sie einen Express-Anker. Schon bevor Sie die Schraube anziehen, können Sie den Haken clippen und sich dieserart von den letzten Zweifeln hinsichtlich Ihrer provisorischen Fixierung befreien (»I feel good«).

»»» Seite 233

BigWall-Stil

Arbeitsteilung, Erster klettert und »hault« den Sack

Zweiter jumart und nimmt die Zwischensicherungen wieder mit

»»» Seite 229, 230

Der BigWall-Stil verdankt seine Entstehung der Ethik, alle Sicherungen wieder mitzunehmen. Steigen Sie mal eine Techno-Seillänge nach und entfernen Sie dabei die Fixpunkte, an denen Sie gerade hängen. Geht nicht – jedenfalls nicht mit den üblichen Aktionsmustern.

Übersicht	***BigWall-Stil***
Vorsteiger	*Klettert mit normaler Sicherung, zieht am Stand das Restseil ein und fixiert es.*
Nachsteiger	*Steigt in Jumartechnik (»»» Seite 197) am fixierten Seil hoch und entfernt dabei die Zwischensicherungen (cleanen).*
Vorsteiger	*Nix da, Däumchen drehen! Der Materialsack (Haulbag) muss hochgezogen werden, während der Nachsteiger »cleant«.*

Solange es gerade nach oben geht, ist das Cleanen einfach. Man klinkt die betreffende Sicherung aus, jumart weiter bis zur optimalen Arbeitsposition und entfernt das gute Stück – was immer es sein mag. Je schräger oder überhängender die Route, desto schwieriger. Man pendelt weg und aus der optimalen Arbeitsposition wird Cleanen am »langen Arm«. Ggf. muss die erste Klemme über die Zwischensicherung manövriert werden (umhängen oder umclippen). In diesem sowie in weiteren Fällen leistet ein Seilschwanz gute Dienste. Man bindet sich so ein, dass das Seil-Ende zwei bis drei Meter lang ist.

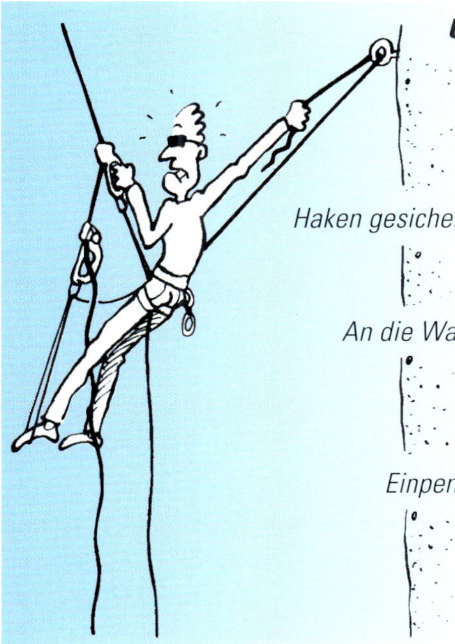

Übersicht	***Seilschwanzfunktion beim Cleanen***
Aushängen	*Lastübergabe auf einen direkt gefädelten Seilschwanz erleichtert das Aushängen der Exe.*
Haken gesichert entfernen	*Ein mit Seilschwanz gefädelter Haken kann ideal herausgeschlagen werden.*
An die Wand kommen	*Lastübergabe auf den Eins höher gefädelten Seilschwanz kann das Entfernen der unteren Sicherung erleichtern.*
Einpendeln lassen	*Nachgeben des gefädelten Seilschwanzes ermöglicht nervenschonendes Wechseln in die neue Fall-Linie (nur möglich, wenn der Haken belassen wird).*

Hat der Vorsteiger einzelne Sicherungen bereits selbst wieder mitgenommen, können beim Cleanen größere potenzielle Pendler auftreten. Schnellste Methode: Seilschwanz direkt fädeln, Exe aushängen und ab die Post. Ein längerer Seilschwanz für gemäßigtes Einpendeln stellt die zweitschnellste Variante dar. Alle anderen Techniken (z.B. Jumars umhängen) sind deutlich zeitaufwändiger. Müssen Sie einen mit Seilschwanz gefädelten Haken entfernen, dann vermeiden Sie es tunlichst, beim Hämmern den Seilschwanz zu treffen. Razzfazz ist Ihr Seil ein Stückchen kürzer. Springt der Haken raus, pendeln Sie je nach Situation auch mal etwas flotter in die neue Fall-Linie. Aber da wollten Sie ja sowieso hin.

Um den Nachziehsack hoch zu bekommen, gibt es unterschiedliche Methoden – je nach Gewicht.

Übersicht	***Haulen***
Sehr leichter Sack	*Hand über Hand.*
Leichter Sack	*Hand über Hand mit Umlenkung.*
Mittlerer Sack	*Umlenkung mit Rücklaufsperre.*
Schwerer Sack	*Zusätzlich lange Selbstsicherung und Körperzug mit Steigklemme.*
Sehr schwerer Sack	*Flaschenzug (»»» Seite 208).*

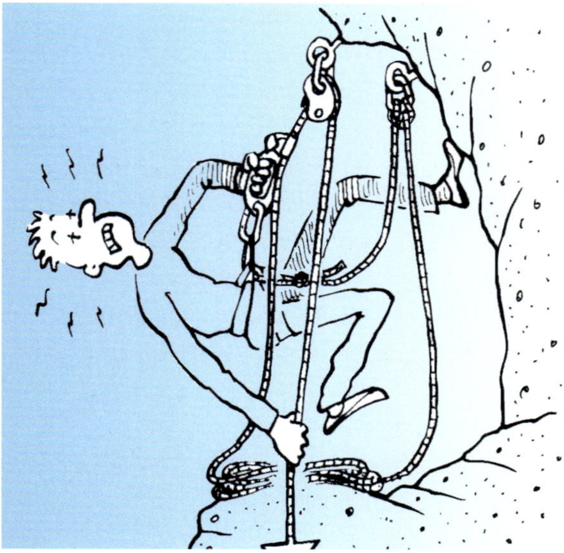

Wer regelmäßig hault, sollte eine reibungsarme Rolle mit integrierter Rücklaufsperre besitzen (z.B. Minitraktion). Der Reibungsvorteil gegenüber einem Gardaknoten ist enorm. Die abwärts ziehende Hand kann richtig Last übernehmen, während sie anderenfalls lediglich die Rücklaufsperre strafft.

Ist der Sack auch für dieses System noch zu schwer, befestigen Sie das abwärts zu ziehende Seil mit einer

Steigklemme am Hüftgurt und verlängern Sie Ihre Selbstsicherung (body-hauling). Sie können dann mit dem gesamten Körpergewicht abwärts ziehen und die Kraft durch Zug am hochlaufenden Seilstrang sogar noch erhöhen. Haulbags bis cirka Körpergewicht sind auf diese Weise möglich. Bei noch schwereren Säcken bauen Sie einen Flaschenzug. Vergessen Sie die Zugseil-Umlenkung nicht. Prüfen Sie, ob sie nicht zu viel Zeug dabei haben.

»»» Seite 209

Die Nachziehtechnik mit leichten oder mittleren Säcken kann übrigens auch bei normalem Seilschaftsklettern Sinn machen – besonders in steilen Routen und bei hohen Kletterschwierigkeiten. Keiner muss einen Rucksack tragen, warme Klamotten und ausreichend Flüssigkeit sind mit von der Partie. Beides ist wichtig. Man kann sich zwar abhärten und frierend oder mit Flüssigkeitsmangel agieren, wird so aber keinesfalls die maximale Leistung bringen. Langfristig erweist man außerdem seiner Gesundheit einen Bärendienst.

Zum Nachziehen benötigen Sie Einfachseil und Leine. Außerdem müssen Sie einen Rucksack (man nehme den älteren) zum Haulbag umbauen.

»»» Seite 244

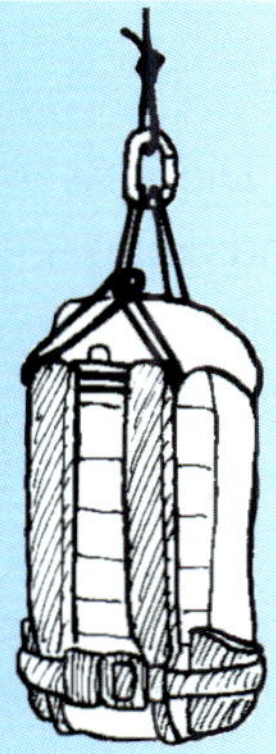

Technik	***Improvisierter Haulbag***
Trageriemen	*Riemen maximal straffen und oben um beide Riemen eine Ankerstichschlinge anbringen.*
Hüftgurt	*Um den Rucksack herum festzurren.*
Zweite Befestigung	*Eine zweite Schlinge so anbringen, dass der Rucksack lotrecht hängt.*

Der Sack soll möglichst wenig Angriffsfläche für Kanten oder Felszacken bieten. Hängt er doch einmal fest, bringt man ihn durch rhythmisches Ziehen und Nachgeben zum Pendeln. Man nützt die entstehende Bewegung, um ihn im richtigen Moment über das Hindernis zu hieven. Achtung, festes Ziehen schrottet den Rucksack und kann Steinschlag auslösen.

Tipp **Binde den Sack nicht ins Seil-Ende, sondern hänge ihn so kurz wie möglich an!**

Sack einpendeln lassen

Der am unteren Stand befindliche Partner hat dann noch eine ganze Weile die Möglichkeit, den Sack durch schrägen Gegenzug zu beeinflussen. Außerdem kann er ihn bei diagonalem Routenverlauf kontrolliert in die Fall-Linie einpendeln lassen.

Wird das Gelände leichter, machen Sie die Manipulation am Rucksack rückgängig und tragen Sie das gute Stück. In einliegenden Wandbereichen haben Sie beim Nachziehen keinen Spaß. Der Sack bleibt ständig hängen, Materialverschleiß und Steinschlaggefahr sind erheblich.

Stil und Ethik

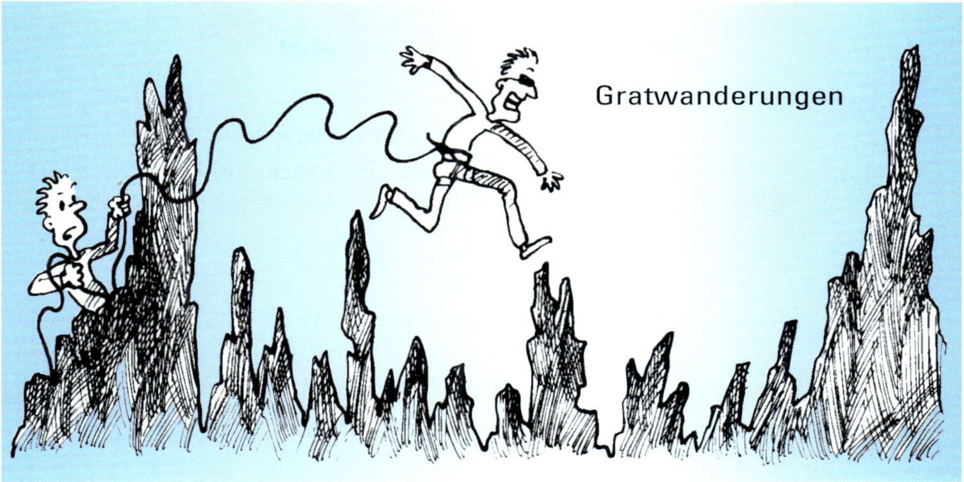

Was immer Sie in alpinistischer Hinsicht jetzt planen – sicherungstaktisch sind Sie gewappnet. Jedenfalls wenn Sie dieses Buch nicht nur überflogen haben, sondern die beschriebenen Techniken beherrschen! Bleiben Technik, Kondition und Psyche. Sind auch diese Faktoren auf vergleichbarem Niveau, steht weltbewegenden Abenteuern nichts mehr im Wege.

Unser Tun gleicht dabei praktisch immer einer Gratwanderung. Begeht jemand einige tausend Meter Fixseil, pumpt sich mit künstlichem Sauerstoff voll und gelangt so letztlich zum Gipfel des Mount Everest, dann hat er zwar dem Expeditionsveranstalter einen netten Umsatz beschert, aber den Grat, auf dem er wandern wollte, möglicherweise gar nicht gefunden. Oder jemand realisiert großartige Himalajabegehungen, nimmt dabei aber völlig selbstverständlich und ohne zu fragen die Zelte und Nahrungsmittel anderer, am Berg arbeitender Expeditionen in Anspruch.

»»» Seite 186

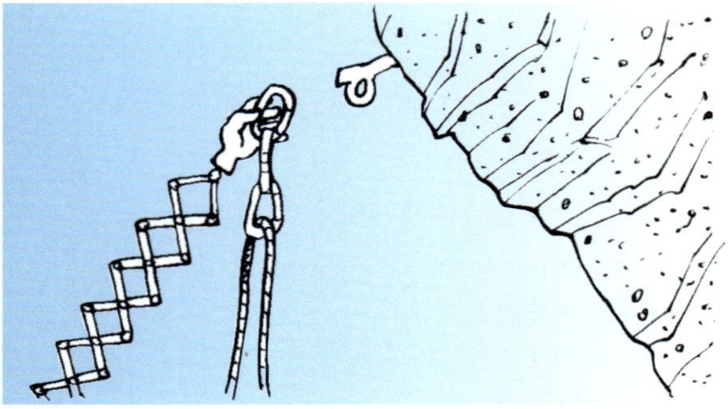
Clippstick

Bleiben wir auf dem Boden. Es gibt Sportkletterrouten, bei denen man den ersten Haken kaum clippen kann und im Falle eines Falles ganz böse runter knallt. In solchen Routen wird die erste Sicherung gerne vorab eingehängt (Preclipp).

Oft liegt irgendwo beim Einstieg schon ein Ast, an dem man eine Exe samt Kletterseil so befestigt, dass man vom Boden aus einhängen kann. Zu diesem Zweck gibt es auch professionelle »Clippsticks«, ausziehbare Gestänge mit einem Klammermechanismus für die Exe. So oder so, das Seil hängt im Haken und man klettert die Route. Rotpunkt? Schlechter Stil? Wie risikobehaftet müssen Gratwanderungen sein?

Die klassische Rotpunkt-Definition erlaubt Zurückklettern oder Zurückspringen zum Boden. Die Sportkletter-Route »Transsylvania« (Kochel) wurde seinerzeit so begangen, dass man nach dem Klinken des dritten Hakens auf den Boden zurücksprang (der Boden ist vergleichsweise nah). Im zweiten Anlauf und mit anderer Bewegungssequenz erfolgte dann der Durchstieg. Definitiv Rotpunkt?!

Aus anderen Routen sind Begehungen bekannt, bei denen Zurückklettern und Durchstieg nicht am selben Tag erfolgten. Etappenziel Nummer Eins ist dabei nach dem Clippen des entsprechenden Hakens wieder sturzfrei auf den Boden zu gelangen. Bei späteren Versuchen wird der Haken dann gleich vorgeclippt. Der Durchstieg ist somit Etappenziel Nummer Zwei. Immer noch Rotpunkt?

Wie wäre es mit dem bei Wettkämpfen üblichen Modus »Kein Zurück zum Boden«?

Auch die Erstbegehungs-Szene alpiner Sportklettereien kennt Gratwanderungen. »Alles im Vorstieg gebohrt« wurde mir einst von einem Erschließer mit stolz geschwellter Brust verkündet. Als ich die Route wiederhole, stellt sich heraus, dass alle schweren Passagen Bohrhaken in Meterabständen aufweisen. Trittleiter einhängen, aufstehen, bohren – solide Schlosserarbeit. An vernünftigen Stellen mit Hilfe eines Topropes platzierte Haken wären mir lieber gewesen.

Ebenfalls diskussionswürdig sind Skyhooks in Bohrlöchern. Man bohrt ein Loch, hängt den Hook hinein, positioniert sich in der Trittleiter und macht das nächste Loch. Bohrhaken werden nur in größeren Abständen gesetzt. Hat man sich daran gewöhnt an den Hooks zu hängen, ist der Rest ebenfalls solides Handwerk. Peinlich wird die Sache für Wiederholer, wenn deren Skyhooks nicht in die Bohrlöcher passen. Dann ist Ende der Vorstellung. Ähnliches gilt auch für den Removable Bolt (›››› Seite 238).

›››› Seite 238

Keine Gratwanderung ohne Abgrund – kein Stil ohne Haken! Im Grunde genommen muss jeder mit sich selbst ausmachen, was er in welcher Situation mit seiner eigenen Geisteshaltung vereinbaren kann und was nicht. Spüren wir in uns hinein! Ist es der zehnte Grad, ist es die 8000-Meter-Marke, die wir auf unserer Wanderung durch's Leben brauchen?

Index

A

B

C

D

E

F

G

H

I

J

K

L

M

N

O

P

Q

R

S

T

www.rotpunktschule.de
SPORTKLETTERN & ALPINAKTIV

U

V

W

Y

Z

Literatur

Britschgi, Walter — Begreiflich / Sicherheit beim Sportklettern, Eigenverlag Hausen CH 2004

Güllich, Wolfgang — Sportklettern heute / Technik – Taktik – Training, Bruckmann 1986

Freudig, Toni und Martin, Adalbert — Bergrettung, Eigenverlag Pfronten 1995

Hoffmann, Michael — Lawinengefahr, BLV-Verlag 2001

Hoffmann, Michael — Sportklettern / Technik – Taktik – Sicherung, 8te Auflage, Panico Alpinverlag 2007

Luebben, Craig und Harmston, Chris — The cold truth, Climbing Magazine, Nov. 1997

Lutz, Martin und Mair, Peter — Anseilart / Verletzungsmuster beim Sturz ins Seil, ÖAV Berg und Steigen 6/2002

Randelzhofer, Peter — Zur Funktion und Wirkung von Sicherungsgeräten beim Klettern, Diplomarbeit FH München 1996

Schubert, Pit — Sicherheit und Risiko in Fels und Eis, Bergverlag Rother 1994

Semmel, Chris und Stopper, Dieter — Bremskraftwerte, DAV Panorama 4/2002

Semmel, Chris und Stopper, Dieter — Anprallthematik, DAV Panorama 5/2002

Werner, Martin — Erste Hilfe, DAV Ausbildungshandbuch 2005

EDDY

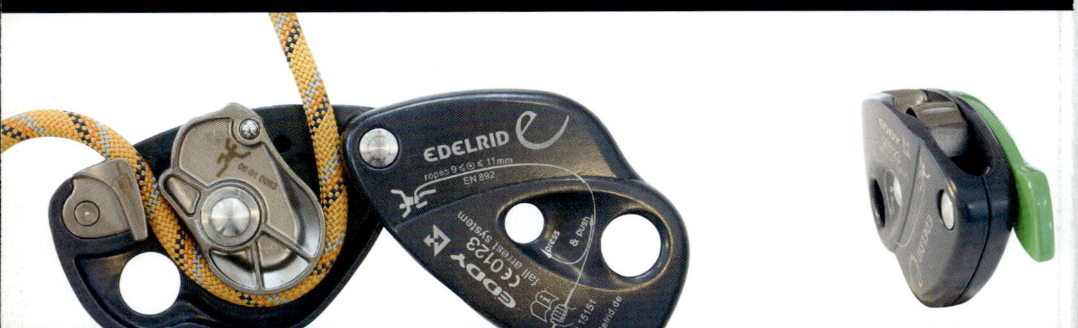

MADE IN GERMANY.

EDELRID

WWW.EDELRID.DE